普通高等职业教育十三五规划教材

# 城市轨道交通客运组织

主　编　胡小敏　张　鹏
副主编　庞婷婷

天津大学出版社
TIANJIN UNIVERSITY PRESS

**图书在版编目（CIP）数据**

城市轨道交通客运组织 / 胡小敏，张鹏主编 . — 天津：天津大学出版社，2020.9

普通高等职业教育“十三五”规划教材

ISBN 978-7-5618-6269-8

Ⅰ . ①城… Ⅱ . ①胡… ②张… Ⅲ . ①城市铁路—轨道交通—客运组织—高等职业教育—教材 Ⅳ . ① U239.5

中国版本图书馆 CIP 数据核字 (2018) 第 259008 号

**出版发行** 天津大学出版社

**地　　址** 天津市卫津路 92 号天津大学内（邮编：300072）
**电　　话** 发行部：022-27403647
**网　　址** publish.tju.edu.cn
**印　　刷** 北京盛通印刷股份有限公司
**经　　销** 全国各地新华书店
**开　　本** 185mm × 260mm
**印　　张** 15
**字　　数** 375 千
**版　　次** 2020 年 9 月第 1 版
**印　　次** 2020 年 9 月第 1 次
**定　　价** 36.00 元

# 前言

城市轨道交通以其节能、环保、高效、容量大的优势在各大城市飞速发展，因此对轨道交通专业技术技能型人才的需求持续高涨。客运组织与服务工作是城市轨道交通运营工作的重要组成部分，掌握城市轨道交通客运服务的工作标准和要求是城市轨道交通运营管理专业学生必备的基本素质和能力。

本书对城市轨道交通客运组织进行了全面而系统的介绍，主要内容包括：城市轨道交通系统概述、城市轨道交通客运岗位设置及工作职责、城市轨道交通车站设计、城市轨道交通客流组织、城市轨道交通车站技术设备、城市轨道交通客运安全管理、城市轨道交通车站运作管理、城市轨道交通网络化客运组织管理、城市轨道交通自动售检票系统。

本书强调能力的培养，结合实践教学，增加了拓展提高和实践训练环节，并融入了实际工作中具体问题的处理方法，强化对学生技能的培养和必要知识的掌握。

本书的主要特色如下。

（1）本书编写人员曾接受香港铁路有限公司培训部的强化培训，在培训理念、技巧及课程开发等方面有所提升。本书在内容上更注重理论与实践相结合。

（2）为了突出实用性，编写人员在仔细分析企业岗位技能具体要求的前提下进行了学习内容设置。为了实现技能目标，本书强调以学生为中心，在教学过程中突出引领学生参与的积极性

（3）本教材配有大量的实物图片、动态教学资源等，便于学生能更清晰地认知。

（4）为方便教学，每个单元结束后学生可通过复习思考题进行自我考核，从而及时检查学习效果。

（5）编写过程中体现了“工学结合、校企合作”的理念，由行业专家、学者全面参与编审。

本书可作为大学、高职院校轨道交通相关专业教材，也可作为城市轨道交通行业岗位培训教材，同时可供城市轨道交通运输行业技术人员学习参考。

# 目录

# CONTENTS

# 项目一 城市轨道交通系统概述

## 任务一 国内外城市轨道交通系统的发展

### 知识点

1. 国内外城市轨道交通系统的发展。
2. 城市轨道交通系统的类型。
3. 城市轨道交通系统的运营特性。

### 技能目标

1. 了解多种制式的城市轨道交通的发展。
2. 了解城市轨道交通系统的各种类型。
3. 掌握城市轨道交通系统的运营特性。

城市轨道交通自诞生以来已有100多年的发展历史，但世界各大城市重视和大规模修建城市轨道交通则是在第二次世界大战结束以后。20世纪下半叶以来，随着世界范围内城市化进程的加快，世界各国的城市区域逐渐扩大，城市人口也逐渐增多。随着城市经济、文化活动的日益发展，流动人口以及道路车辆的增加，城市客货交通量呈急剧增长态势，城市道路及客运交通工具的运能不足，从而引发交通阻塞、车速下降、事故频发等一系列问题。过饱和的城市道路、超负荷的客运交通，使得行车难、乘车难不仅成为市民工作和生活的一个突出问题，而且成为直接制约城市经济发展的一个严重问题。另外，汽车尾气、噪声等环境污染问题也越来越引起人们的重视。在这样的背景下，世界各国纷纷开始采用立体化的快速轨道交通系统来解决日益恶化的城市交通问题，并且逐步形成了目前以地下铁道和轻轨铁路为主体，多种轨道交通类型并存的现代城市轨道交通发展格局和趋势。

### 一、地下铁道

1863年1月，世界上第一条地下铁道在英国伦敦建成并投入运营，开始时列车采用蒸汽牵引，1890年起改为电力牵引。据有关资料统计，1863—1899年，世界上有7个城市修建了地下铁道，1900—1949年，世界上又有14个城市修建了地下铁道。第二次世界大战后，世界各国城市发展快速，产生大运量公共客运交通的需求，地下铁道发展极为迅速。据日本地下铁道协会统计，到1999年全世界已有115个城市建成了地下铁道，线路总长度超过了7 000 km，其中英、美、法、德、日、西班牙以及俄罗斯等发达国家的20个城市在第二次世界大战前开始了地铁建设，到1999年年末，总里程达2 840 km左右，其中一半以上为第二次世界大战后建设的。全世界其余95个城市的地铁均为第二次世界大战后所建，总里程约为4 300 km，即全世界近7 000 km地下铁道约有 5 600 km 是第二次世界大战后建成的，占总里程的 80%。当前，城市轨道交通有两个发展趋势。一是地铁从早期单一的地下隧道线路发展成地下隧道、高架和地面线路相结合的交通系统，新建地铁大多数属这种情况。一段地铁在市中心采用地下隧道，在城市边缘、近郊区或特殊地形地段采用高架或地面线路，这样可以降低工程造价、缩短施工时间。二是地铁建设呈现多元化趋势，它已经成为一个包括重型地铁、轻型地铁、微型地铁的地铁家族。

## 二、轻轨铁路

轻轨是从旧式有轨电车发展演变而来的。过去，国外许多城市发展的快速轨道交通以地下铁道为主，但地下铁道造价昂贵，从而使许多城市对修建地铁望而生畏。因此，从 20 世纪 70 年代开始，欧洲和北美的一些国家对 20 世纪 30 年代后纷纷拆除的城市旧式有轨电车系统产生了浓厚兴趣，它们通过对旧式有轨电车系统的技术改造，建成了一种全新的轻轨系统。据统计，至 20 世纪 90 年代初期，欧洲的十几个国家，北美的美国、加拿大，亚洲的日本、中国、菲律宾以及非洲的突尼斯等建成了轻轨系统，轻轨线路的总长约有 1 300 km。如同地铁的发展一样，轻轨的建设同样也朝着多样化方向发展。在多元化的轻轨技术标准系列中，处于技术标准高低两端位置的分别是准地下铁道和新型有轨电车系统。

## 三、单轨铁路

单轨铁路是铁路的一种，其特点是只使用一条轨道，而非传统铁路的两条平行路轨。和城市轨道交通系统相似，单轨铁路主要应用在城市人口密集的地方，用来运载乘客。早在 1824 年，英国就出现了为伦敦码头运货而修建的单轨铁路，当时只能靠畜力牵引车辆。世界上第一条跨坐式单轨铁路线诞生于 1888 年，由法国人设计，在爱尔兰铺设，线路长约 15 km，由蒸汽机车牵引，这条线路一直运行到 1924 年 10 月。1893 年德国人发明了悬挂式单轨交通，并于 1898—1901 年在著名悬车之城——德国鲁尔区伍珀塔尔修建了 13.3 km 的悬挂式单轨铁路。1960 年，法国的雷诺、米西兰、里昂水电公司等十几家公司联合设计出悬挂式单轨车，并以各公司名首字母命名为 SAFEGE（萨非基）悬挂式单轨车。20 世纪 60 年代，美国的飞机制造厂商洛克希德公司研制出了商洛克希德单轨车。1960—1965 年，日本引进阿尔威克式、商洛克希德式和萨非基式，研制出诸多日本式单轨车，并迅速将其发展运用。尽管单轨铁路在 20 世纪初期已经在城市交通中出现，但因其在技术上还不够成熟，没有像有轨电车和公共汽车那样在城市交通中得到广泛应用。直到 20 世纪下半叶，随着跨骑式和悬挂式单轨铁路技术的成熟以及单轨铁路作为解决城市公共交通问题的途径得到各方面的重视，单轨铁路才从博览会会场和游乐场所运送观光娱乐客流的工具逐渐成为现代化的城市客运交通工具。目前，日本、德国、美国、意大利和乌克兰等国家建有单轨铁路。重庆轨道交通 2 号线是我国第一次引进国外先进技术，通过消化吸收再创新而建设并成功运营的国内第一条单轨交通线路。

## 四、自动导向交通系统

自动导向交通系统是指不同于传统技术的轨道交通系统或有轨、无轨复合交通系统，它是新交通系统的核心，也称狭义的新交通系统。新交通系统包括以下 4 种类型：

（1）连续运输系统，如自动人行道等；

（2）轨道交通系统，已投入运营的有中、小运量的旅客捷运系（People Movers，PM）等系统；

（3）无轨交通系统，即由电子计算机集中管理运行的出租汽车和公共汽车系统；

（4）复合交通系统，是指有轨和无轨联运的运输系统，车辆可在轨道上以列车方式自动驾驶运行，也可在运输末端以单辆方式人工驾驶运行。

新交通系统的研究起源于1968年，当时美国在一个名为*Tomorrow's Transportation*《未来的运输》的报告中，针对城市交通问题首次提出了新交通系统的设想。此后，从事这方面研究开发的国家很多，据有关资料介绍，迄今为止已经提出的各种新交通系统设想有 600 多种，但大多处于研究试验阶段，实际达到应用阶段的较少。20 世纪 70 年代先后建成投入运营的自动导向交通系统有美国达拉斯沃斯堡机场的旅客捷运系统和摩根城的个人快速公交（Personal Rapid Transit）系统等。经过 20 世纪 70 年代的研制，进入 20 世纪 80 年代后，日本、法国和德国等国家也建成了自动导向交通系统，其中尤以日本发展最快，其在神户、大阪等城市先后建成了 7 个自动导向交通系统，线路总长达 48 km。

## 任务二 城市轨道交通系统的类型

城市轨道交通系统是指服务于城市客运交通，通常以电力为动力、轮轨运行方式为特征的车辆或列车与轨道等各种相关设施的总和。它具有运能大、速度快、安全、准时、成本低、节约能源、缓解地面交通拥挤、有利于环境保护等优点。

自 19 世纪中叶世界上先后出现城市地下铁道与有轨电车以来，经过 100 多年的研究、开发、建设与运营，城市轨道交通系统已经形成多种类型并存与发展的状态。

### 一、按基本技术特征分类

根据轨道交通系统基本技术特征的不同，城市轨道交通系统主要分为市郊铁路、地下铁道、轻轨铁路、单轨铁路和自动导向交通系统等类型。

#### 1. 市郊铁路

市郊铁路（图 1-1）是连接城市市区与郊区以及连接城市周围几十千米甚至更大范围的卫星城镇或城市圈的铁路，它往往又是连接大中城市干线铁路的一部分，因此它具有干线铁路的技术特征，如轨道通常是重型的。与城市轨道交通系统中的地下铁道等其他类型不同，在市郊铁路上，通常是市郊旅客列车、干线旅客列车和货物列车混合运行。

图 1-1　北京市郊铁路

2. 地下铁道

地下铁道，顾名思义，是修建在地下隧道中的铁路。这样理解，也许在地下铁道修建的初期没有什么不妥，但现在定义一个系统为地下铁道，并不要求该系统的线路必须全部修建在地下隧道内。对世界各国地下铁道系统进行分类研究可知，地下铁道可分为重型地铁、轻型地铁与微型地铁 3 种类型。重型地铁就是传统的普通地铁，其轨道基本采用干线铁路技术标准，线路以地下隧道和高架线路为主，仅在郊区地段采用地面线路，路权专用，运量最大。轻型地铁是一种在轻轨线路、车辆等技术设备工艺基础上发展起来的地铁类型，路权专用，运量较大，通常采用高站台。微型地铁，又称小断面地铁，隧道断面、车辆轮径和电动机尺寸均小于普通地铁，路权专用，运量中等，行车自动化程度较高。地下铁道简称地铁（Metro、Underground Railway、Subway 或 Tube），是城市快速轨道交通的最初形式。中国最早的地铁线路是北京地铁 1 号线一期工程，它始建于 1965 年 7 月 1 日，1969 年 10 月 1 日建成通车（图 1-2）。

图 1-2　北京地铁 1 号线

3. 轻轨铁路

轻轨铁路，就车辆对轨道施加的荷载而言，轻轨车辆与市郊列车比地下铁道车辆更轻。轻轨（图 1-3）是从旧式有轨电车系统发展演变而来的，早期的轻轨系统一般是直接对旧式有轨电车系统改建而成的。20 世纪 70 年代后期一些国家开始修建全新的现代轻轨系统。现代轻轨系统与旧式有轨电车系统相比，具有行车速度快、乘坐舒适、噪声较低等优点。同样，通过对世界各国轻轨系统进行分类研究可知，轻轨也存在多种技术标准并存发展的情况。高技术标准的轻轨接近于轻型地铁，而低技术标准的轻轨则接近于有轨电车。

图 1-3 轻轨

4. 单轨铁路

单轨铁路是车辆或列车在单一轨道梁上运行的城市客运交通系统。单轨的线路采用高架结构，车辆则大多采用橡胶轮胎。从构造形式上，单轨可分为跨骑式单轨（图 1-4）与悬挂式单轨（图 1-5）两种。跨骑式单轨是列车跨坐在轨道梁上运行的形式，而悬挂式单轨则是列车悬挂在轨道梁下运行的形式。

图 1-4 跨骑式单轨

图 1-5 悬挂式单轨

5. 自动导向交通系统

自动导向交通系统在一些文献资料中称为新交通系统，当然这是狭义的新交通系统。这种交通系统的主要技术特征是轨道采用混凝土道床、车辆采用橡胶轮胎，有一组导向轮引导车辆运行，列车运行自动控制，可实现无人驾驶等。

## 二、按路权及列车运行控制方式分类

根据城市轨道交通系统是否专用、列车运行控制的方式，城市轨道交通系统可分为路权专用、按信号指挥运行，路权专用、按视线可见距离运行和路权混用、按视线可见距离运行等类型。

1. 路权专用、按信号指挥运行

路权专用、按信号指挥运行类型系统的特点是线路专用，与其他城市交通线路没有平面交叉。由于路权专用及按信号指挥运行，这种轨道交通系统的行车速度高且行车安全性好。这种类型的轨道交通系统有市郊铁路、地下铁道和高技术标准的轻轨等。

2. 路权专用、按视线可见距离运行

路权专用、按视线可见距离运行类型系统的特点是线路专用，与其他城市交通线路没有平面交叉，行车安全性较好，但由于无信号，按可视距离间隔运行，行车速度稍低。这种类型的轨道交通系统主要有中等技术标准的轻轨。

3. 路权混用、按视线可见距离运行

路权混用、按视线可见距离运行类型系统的特点是线路与其他运输车辆和行人共用，与其他城市交通线路有平面交叉。除在交叉口设置信号控制外，其余线路段可按照可视距离间隔运行，行车速度和行车安全性较差。这种类型的轨道交通系统主要有低技术标准的轻轨和有轨电车（图1-6）。

图 1-6　有轨电车

## 三、按高峰小时单向运输能力分类

根据城市轨道交通系统高峰小时单向运输能力的大小，轨道交通系统可分为大运量、中运量和低运量 3 种类型。

（1）大运量轨道交通系统的高峰小时单向运输能力达 30 000 人以上，该种类型的轨道交通系统主要有重型地铁和轻型地铁。

（2）中运量轨道交通系统的高峰小时单向运输能力为 15 000 ～ 30 000 人，该种类型的轨道交通系统主要有微型地铁、高技术标准的轻轨和独轨铁路。

（3）低运量轨道交通系统的高峰小时单向运输能力为 5 000 ～ 15 000 人，该类型的轨道交通系统主要有低技术标准的轻轨、自动导向交通系统和有轨电车。

## 四、按列车运营组织方式分类

（1）传统的城市轨道交通，其服务范围以中心城区为主，通常站间距在 1 km 以内。

（2）区域快速铁路，其服务范围包括城市郊区的轨道交通系统，通常站间距较大，含有地面线路和高架线路。

（3）市郊铁路，是指位于城市范围内部分或全部服务客运的城市间铁路。通常其不属于所在的城市政府，而由铁路部门经营，主要运送城市区间与中心城区间的乘客。这种铁路通常在郊区采用平交道口形式，在市区为高架或地下铁路；其站间距长，运营组织方式与城市间铁路相近，可开行不停靠全部或部分中间站的直达列车；为减少环境污染，多采用电气化牵引方式。纽约、东京等国际大都市的市郊铁路很发达。

## 五、按构筑物的形态或轨道相对于地面的位置分类

按构筑物的形态或轨道相对于地面的位置，城市轨道交通可分为地下铁路、地面铁路和高架铁路3类。

（1）地下铁路，即位于地下隧道内的铁路，如图1-7所示。

（2）地面铁路，即位于地面的铁路，如图1-8所示。

图1-7 地下铁路

图1-8 地面铁路

（3）高架铁路，即位于地面高架桥上的铁路，如图1-9所示。

以上根据城市轨道交通系统的基本技术特征、路权是否专用、列车运行控制方式的不同以及高峰小时单向运输能力的大小进行的分类并不是绝对的。事实上，不同类型城市轨道交通系统之间并没有明确的、清晰的界限。专业文献资料表明，国外对同一种轨道交通系统有不同称呼，如轻型地铁也称轻轨等。此外，一种轨道交通系统归入何种运量类型也是有条件的，因为计算轨道交通系统高峰小时单向运输能力的基本参数是列车间隔时间、车辆定员人数和列车编组辆数等，即使是同一轨道交通系统，这些参数也可能是多值的，这里进行分类的基本依据是某一轨道交通系统有关参数的常用取值。

图 1-9 高架铁路

## 任务三 城市轨道交通系统的运营特性

城市轨道交通运营体系是一个联合运输的大系统，其服务宗旨是“安全第一，乘客至上”。只有很好地理解城市轨道交通系统的运营特性，才能更好地开展轨道交通系统的运营管理工作。城市轨道交通系统具有如下运营特性。

### 一、服务安全可靠性

城市轨道交通系统每天要面对数十万甚至数百万的乘客，要负责将乘客安全地从出发站送达目的站，同时让每位乘客对从进站乘车到下车出站的整个过程感到满意，这是城市轨道交通运营的宗旨。因此，城市轨道交通运营企业必须在每个环节均为乘客提供优良的服务。

### 二、系统联动性

城市轨道交通系统运营的目的是为乘客提供快速、安全、准时、舒适、便利的运输服务。城市轨道交通安全运行和优质服务的基础是城市轨道两大系统（列车运行和客运服务系统、检修保障系统）30 余项不同的专业设施、设备每天 18 ～ 24 h 同时正常、协调地运行。运营组织者应从基础入手，以目标为依据，结合时间、空间等因素，系统而协调地运作。

### 三、时空关联性

城市轨道交通系统的产品是人的位移，因此时间和空间的概念显得尤为重要。由于时间和空间在城市轨道交通运营中是不可存储的，一旦失去势必造成列车运行晚点，严重的甚至发生事故。具体来说，一旦运行的车辆、设备故障影响列车的正常运行，必须立即处理，尽快恢复正常，确保列车安全运行。对于安装在车站的设备，白天的检修与故障处理也要定时、定点；线路设备检修、巡视等工作一般安排在夜间进行。城市轨道交通系统在夜间也是十分繁忙的，各专业的检修要提前计划，经批准后才能进行。

下面举例说明时空概念的重要性。据报道，某区间隧道内供水管道漏水，负责检修的单位派人员在甲站登记后进入隧道检修，登记的是甲—乙区间，6：00—6：30，该检修人员在甲—乙区间内未发现漏水管道，出于责任心继续前往乙—丙区间内检查，直到 7：30 才在丙站出隧道，结果造成早班列车晚点 20 min。在一般企业，该员工责任心强，应受到表扬，但由于他的时空概念不强造成了列车运营晚点，而受到了处分。这个案例说明了时间、空间概念在地铁运营企业的重要性。

## 四、调度指挥集中性

城市轨道交通系统是多专业多工种联合运行的大系统，对时间、空间的概念要求很高，一旦发生故障，造成的后果及影响都很严重。因此，城市轨道交通运营系统需要严格的一体化系统进行统一调度。控制中心（调度所）就是为此而设置的。

一条完整交路运行的现代城市轨道交通线路设一个调度所，调度所一般内设信号系统、供电系统、环控系统、主机及显示屏等。列车运营时，由行车调度员、电力调度员、环控调度员分别担任行车系统、供电系统及环控系统的调度指挥。

## 五、管理严格性

对城市轨道交通运营企业而言，技术管理的核心是规章制度，它是人员生产活动的行为准则，各岗位人员只有严格执行规章制度才能使得规模庞大、技术复杂的系统有序、安全而高效运转。反之，系统运转就会受到阻碍，从而降低效率甚至发生事故，造成严重后果。

企业规章制度也是有层次的。具有“企业宪法”性质的是“技术管理规程”，简称“技规”。如《城市轨道交通运营管理办法》规定了城市轨道交通的运营宗旨、企业精神、技术规范、服务要求、管理规则、指挥系统等运营系统的规则及带有规律性的问题，以统领和规范列车运行、客运服务、检修保障系统的生产活动。它应该在采用设备的技术基础上反映运营企业的运行规律，涵盖三大系统的有机联系，适应城市轨道交通运营的社会要求。随着运营规模、运营技术、社会环境的发展，“技规”也应作不定期的补充和定期修改，使其更符合运营实际，以保持其统领的规范作用及“企业宪法”的性质。

具有系统性规范性质的有“行车组织规则”“客运组织规则”“调度规则”“安全规则”“事故处理规则”以及设备、设施的“运行检修规则”等。这些规则应该在“技规”原则的指导之下，在各系统设备技术基础上制定，以规范各系统的日常生产活动。如“行车组织规则”是列车运行系统的行为规则，可以在列车、线路、车站设施、信号（ATC）及通信系统的技术基础上，在列车不同的运行模式（如正常、晚点、故障等）下规范调度员、列车驾驶员、车站和各设备系统值班人员的活动以及进行活动所必须办理的手续（如调度命令）。“客运组织规则”是客运服务系统的行为规则。设备、设施的“运行检修规则”是检修保障系统的行为规则。“安全规则”“事故处理规则”是为贯彻“安全第一”的方针，保证运行、检修和服务的工作人员和设备安全而编制的从预防为主到发生事故后的调查、处理的各种规定。

此外还有各专业、各工种、各单项作业更为具体、详细的，针对性、操作性更强的技术管理方面的制度、工艺、办法等，如“车站管理细则”和各专业的具体规则、作业办法。

一系列的规章制度系统地涵盖了城市轨道交通运营系统的每个技术角落，使得日常运营和故障处理均有章可循，从而保证地铁运营这一庞大的联动运输机构的正常运行，更好地保证“城市动脉”的畅通。

**【拓展提高】**

通过查询书刊、网络等多种途径，了解不同城市轨道交通系统类型在世界各城市的应用情况，并分析该城市选用此类型轨道交通系统的原因。

**【复习思考题】**

1. 什么是自动导向交通系统？
2. 城市轨道交通系统按基本技术特征可分为哪几种？
3. 城市轨道交通系统的运营特性有哪些？

# 项目二 城市轨道交通客运岗位设置及工作职责

## 知识点

1. 较为系统地掌握车站客运岗位体系设置的主要模式以及不同模式的特点。
2. 熟悉车站客运各主要岗位角色、职责以及工作流程。

## 技能目标

1. 掌握车站客运各岗位的核心业务技能和主要工作任务。
2. 模拟实施车站各岗位工作流程中的关键点。

## 任务一 城市轨道交通车站客运岗位设置

车站客运工作主要包括车站行车、票务、服务、客运组织以及车站人员日常管理等。为保障车站的正常运作和各项工作的顺利开展，车站客运岗位体系设置根据车站运作管理模式的不同一般分为两种，一种为自然站管理模式，另一种为中心站管理模式。

（1）自然站管理模式以一个车站为一个单位进行日常工作组织和管理。岗位体系实行层级负责制，由上至下依次为：站长、值班站长、值班员（行车值班员、客运值班员）、站务员（如图 2-1 所示）。

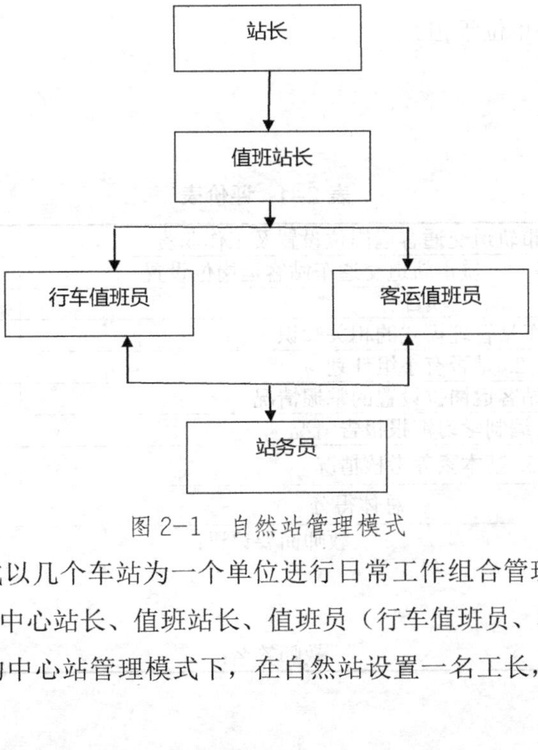


图 2-1 自然站管理模式

（2）中心站管理模式以几个车站为一个单位进行日常工作组合管理。岗位体系实行层级负责制，由上至下依次为：中心站长、值班站长、值班员（行车值班员、客运值班员）、站务员。国内部分城轨运营企业的中心站管理模式下，在自然站设置一名工长，以便更好地加强车站生产组织与协调（如图 2-2 所示）。

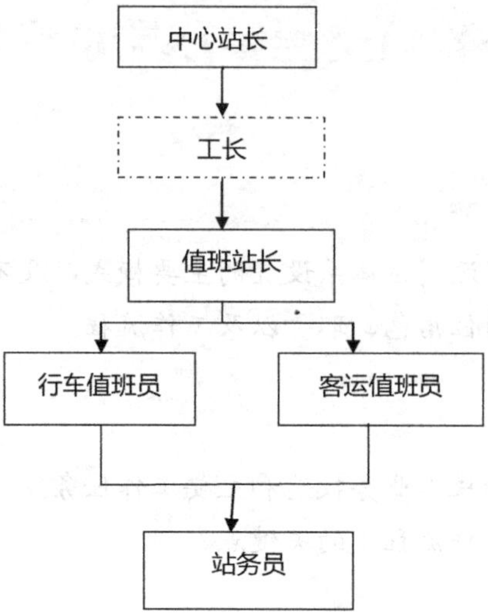


图 2-2　中心站管理模式

车站的客运组织工作实行统一领导、分级管理的原则，建立健全各项工作制度，以便搞好车站秩序，改善服务态度，提高工作效率。

## 【任务实施】

掌握不同车站管理模式下，车站基层岗位设置情况。不同城市轨道交通运营单位会有不同的设置，但是最基础的岗位主要分为值班站长、值班员和站务员三大类，值班员和站务员岗位会因为具体分工和实际在车站的工作地点而分为行车值班员、客运值班员、站台岗站务员、厅巡岗站务员以及票亭岗站务员，各个城市轨道交通运营单位会根据自身人员配置情况，将相关岗位工作合并或是委托外单位承担。

## 【效果评价】

效果评价见表 2-1。

**表 2-1　评价表**

| 项目名称 | 城市轨道交通客运岗位设置及工作职责 | 学生姓名 | |
|---|---|---|---|
| 任务名称 | 任务一　城市轨道交通车站客运岗位设置 | 分数 | |
| 项目 | | 分值 | 考核得分 |
| 1. 车站管理模式的相关知识 | | 20 | |
| 2. 是否有小组计划 | | 5 | |
| 3. 车站客运岗位设置的掌握情况 | | 50 | |
| 4. 编制学习汇报报告情况 | | 20 | |
| 5. 基本素养考核情况 | | 5 | |
| 总体得分 | | | |
| 教师简要评语：<br><br>教师签名： | | | |

## 任务二 站长岗位职责认知

根据不同的车站管理模式，站长的名称及角色定位不尽相同。中心站管理模式下，设置站长，称之为中心站站长或是站区长，有的城市地铁运营单位也叫区站长；以自然站管理模式的，称之为站长，两者工作的差别在于中心站站长负责多个车站的管理，而自然站站长则仅负责一个车站的管理，两者的岗位职责大致相似，当然具体的方面也会因各城市轨道交通运营赋予的权限不同而略有不同。下面重点以自然站管理模式下的站长岗位职责进行讲述。

### 一、站长岗角色描述

站长代表城市轨道交通运营单位在车站行使属地管理权，全面负责车站的现场管理，负责本站的消防、安全、治安、行车、施工、票务、服务和人员管理等工作；根据上级的要求计划、组织、指挥、控制、协调车站日常工作，开展车站其他各岗位工作讲评。

### 二、站长岗位职责

（1）全面管理车站的行车：

①根据行车组织工作流程规定，对车站行车岗位作业关键点进行检查、监督；

②定期计划、检查、总结车站行车、客运、服务、票务工作。

（2）根据上级下达的计划，完成客运任务：

①制定本车站的客运管理细则、作业程序和实施措施；

②根据客流量变化，及时协调和组织车站的售票、客流引导、组织和疏散工作。

（3）带领车站不断提升服务水：监督车站乘客服务工作，处理乘客投诉、来信、来访、纠纷。

（4）对车站的安全工作负责：

①根据企业安全制度，建立车站安全网络，执行企业的治安、消防工作要求；

②加强对员工的安全教育；

③落实安全检查和分析制度，定期进行安全生产检查，定期对发现的各类问题和隐患进行分析整改。

（5）对车站设备管理工作负责：

①及时了解和掌握车站有关设施、设备的使用、保养情况，发现损坏、故障情况，立即上报和协调维修，并跟踪落实处理情况；

②对车站装修、土建工程、服务设施情况、广告牌设置等，提出合理的改善建议。

（6）及时处理车站突发事件，对客伤、恶劣天气、大面积设施设备故障等情况进行应急处理。

（7）负责车站员工的日常管理：

①全面做好车站员工的排班、考勤、休假等管理工作；

②定期开展员工绩效考核、绩效反馈及辅导等工作；

（3）根据生产需要和员工技能水平，制定和组织相应的技能培训项目和措施，定期检查培训效果，进行培训总结。

（8）结合运营实际，做好车站对外的协调联络工作：

①协调车站与公安、保安、保洁、商铺、银行等组织的沟通合作；

②负责车站综合治理工作，组织召开综合治理会议。

## 三、站长岗胜任力特征

### 1. 计划能力

（1）能独立、有效地定义、策划、运营和管理生产相关的具体项目。

（2）监控计划的关键路径和风险，并能制定解决问题的措施。

（3）带领车站员工规划、运作具体的项目活动。

### 2. 安全意识

（1）有发现和消除安全隐患的能力，并帮助辅导团队成员处理安全问题。

（2）能有效发现生产中的安全隐患，并制定防范措施。

（3）展示安全操作的方法，监督检查安全规章的执行。

（4）辅导和培训他人处理安全与环境问题，帮助车站员工采取适当的安全防范措施。

（5）定期沟通安全和环境方面的问题，并将解决安全问题作为需要优先考虑的事情。

### 3. 团队管理能力

（1）在组织团队正常运作实现既定目标的同时，能关注员工的绩效及个人发展。

（2）能够描述当前团队的特点，并对团队成员提供各方面的指导。

（3）保证每一位团队成员在岗位上齐心协力向同一方向前进。

（4）公开、直接地与人谈论他人绩效表现的话题，给予必要的关注与指导。

（5）善于总结分析，在任务完成之后与员工一同分析经验和教训。

（6）能鼓励下属独立解决问题，提高工作能力。

### 4. 关注乘客

（1）关注乘客满意度，能够发现服务差距，定期反馈和沟通。

（2）能够描述出在保持乘客满意度方面的成功范例。

（3）组织并实施乘客满意度相关问题与要求的讨论。

（4）能够识别乘客期望与实际服务水平之间的差距。

### 5. 谈判能力

（1）以理性的态度，有策略地进行谈判，并能评估可能需要做出的让步妥协条件。

（2）评估可能需要做出的牺牲或妥协条件。

（3）以非防御性的态度使争论保持对事不对人的氛围。

### 6. 压力应对

（1）在各种较大的压力环境下能保持冷静，专注于工作。

（2）能灵活运用各种手段，缓解外界压力。

（3）面对他人的愤怒或失控，或面对投诉和抱怨时保持冷静。

（4）在时限迫近的时候仍保持效率。

**【小贴士】**

站长的作息通常采用常规日班制，但当车站发生突发性的大客流或是紧急情况时，站长需要及时到站进行盯控或是指挥。对于轨道交通运营单位而言，通常在重要的节假日期间或有个别活动的周末休息时间，站长仍然需要上班。某地铁 A 站站长一日工作流程见表 2-2。

**表 2-2 某地铁 A 站站长一日工作流程**

| 时间 | 工作内容 | 工作地点 |
|---|---|---|
| 8：30—11：00 | 参加部门组织的站长一周例会<br>会议内容：<br>①公布上周对各站安全及服务工作的检查情况，并提出包括 A 站在内的几个车站在摆放乘客导向标志牌方面存在不足<br>②针对部分车站短款情况，提出在售票、清点、对账等几方面存在的问题，要求各站进一步规范作业流程，并加强员工业务提升<br>③对 A 站实施的站内员工绩效考核细则进行表扬，倡议其他车站借鉴学习 | 车辆段会议室 |
| 11:00—11:45 | 组织 A 站当班值站、客值开会<br>会议内容：<br>①传达部门指出的站厅内导向标志牌摆放问题，安排客值按新的要求重新设计、摆放、布置导向标志；<br>②针对短款问题，与值站、客值讨论分析票务作业流程，结论是尽快用 DV 将站长提出的针对清点票款、票箱压票、打包、解行各单项票务作业的标准化作业制成模板，同时加强各岗票务作业演练培训 | 车站会议室 |
| 11：45—12：10 | 巡视站厅、站台，同时针对最近几周频繁保修的两部电扶梯运行情况进行查看和询问 | 站台、站厅 |
| 12：10—12：40 | 午餐休息时间 | 休息室 |
| 12：40—13：00 | 检查各岗位的工作情况，监督车站客流动态 | 站厅、站台、票务管理室 |
| 13：00—14：00 | 针对公司提出的节能降耗要求，分析和查找本站可实行定时关闭的部分照明电源 | |

续表

| 时间 | 工作内容 | 工作地点 |
|---|---|---|
| 14：00—15：00 | ①组织车站商铺开会<br>②会议围绕本站将在下月启动“清爽夏日”主题营销宣传活动，协调各商铺在各自店面进行相应的活动条幅悬挂，参与营销宣传的优惠商品的确定，相应的商品、礼品赞助等 | 站厅、站台、各出入口、站长室 |
| 15：00—17：00 | ①接到部门临时通知：根据最新气象预报，气象局发布橙色预警，未来几小时可能发生强降雨，要求各站随时准备启动应急防洪预案<br>②站长立即召集紧急会议，传达橙色预警信息，组织各岗快速复习防洪预案，做好防洪应急准备<br>③带领值站到备品库查看并清点防洪用品、工具等<br>④检查出入口玻璃顶漏水隐患 | |
| 17：00—17：20 | 一名老年乘客搭乘电扶梯摔倒，要求索赔。客值、值班与乘客无法达成一致，站长出面协调，安抚乘客，并在车站客伤赔付权限范围内给予了较为妥善的解决 | 车站会议室 |
| 17：20—19：20 | ①强降雨开始，车站正式启动防洪应急预案；<br>②车站准备充分，各岗位人员应急反应能力不错；<br>③仅C出口玻璃顶有少量雨水渗漏，安排放置沙袋；<br>④车站组织有序 | 站厅、站台、各出入口 |
| 19：20 | 强降雨结束，下班（比平日延迟约 2 h） | |

**【任务实施】**

结合站长的岗位职责，参照上述实例，模拟车站站长的一天工作流程。

**【效果评价】**

效果评价见表 2-3。

**表 2-3 评价表**

| 项目名称 | 城市轨道交通客运岗位设置及工作职责 | 学生姓名 | |
|---|---|---|---|
| 任务名称 | 任务一　城市轨道交通车站客运岗位设置 | 分数 | |
| 项　目 | | 分值 | 考核得分 |
| 1. 车站管理模式的相关知识 | | 20 | |
| 2. 是否有小组计划 | | 5 | |
| 3. 车站客运岗位设置的掌握情况 | | 50 | |
| 4. 编制学习汇报报告情况 | | 20 | |
| 5. 基本素养考核情况 | | 5 | |
| 总体得分 | | | |
| 教师简要评语：<br><br>教师签名： | | | |

# 任务三 值班站长岗位职责认知

## 一、值班站长岗角色描述

值班站长（图 2-3）在站长领导下，负责对当班期间本班组内站务人员的管理，监控当班期间的车站行车、票务、服务等工作，以保障生产的正常运作。

图 2-3 值班站长

【小贴士】

值班站长与站长的岗位职责区别在于，站长是车站的全面管理责任人，而值班站长仅负责其当班期间的车站管理工作。

## 二、值班站长岗位职责

### 1. 负责本班组的行车作业管理

掌握列车运行情况，安排本班次车站行车组织工作，检查和监督行车组织的作业关键点。

### 2. 做好本班组的车站票务管理

（1）加强票务管理，负责本班次车站的车票、现金安全及票款的解行。

（2）检查、监督本班次票务流程的执行情况和票务系统的运作情况。

（3）处理票务紧急情况及乘客票务纠纷，并及时上报相关部门或单位。

（4）做好票务管理相关通知、规定的传达、监督执行和检查。

### 3. 严格执行车站巡视制度

（1）根据实际情况制定车站的巡视时间，并按要求定时巡视。

（2）在巡视过程中，全权负责监督车站内部员工标准化作业的执行情况，并密切注意出入口情况及公共区各种设备的运作情况，乘客的动态，线路、施工场所是否有异常，设备区内管理用房是否按规定、按标准管理、使用等，并将具体情况记录在登记本上。

（3）在巡视中发现问题，如能够立即处理的应立即处理。

### 4. 灵活有效地做好服务管理

（1）负责监控当班整体服务工作，巡视并检查当班员工在语言、形体、着装等方面是否符合服务标准，指正员工服务工作不足，确保本班服务质量。

（2）要快速赶到现场处理乘客问题，如接到通知后预计不能及时赶到，必须马上安排有能力处理的员工代理。

（3）根据车站客流变化、设施运转情况，及时解决好客流引导、乘客排队、购票等服务问题。

（4）以礼为先，客观、公平、公正处理乘客投诉或纠纷等事务。

5. 严格做好生产安全控制

（1）认真落实车站安全管理职责，具体落实为每日工作标准。

（2）及时对生产组织、设施设备安全隐患进行报告和有效处理。

6. 车站施工管理

负责当班期间监控和管理站内的施工安全和防护。

7. 认真履行与其他班次交接班手续

（1）核对交接事项，对于突发事件或特殊情况，严格做好记录和传达。

（2）对上一班次记录问题要及时跟进和处理。

8. 认真执行突发问题应急处理程序

突发、紧急情况下组织全站员工按要求逐项处理事故，担任“事故处理主任”，负责恢复车站正常运作；对发生的问题要反馈及时，处理得当。

## 三、值班站长岗胜任力特征

1. 安全意识

（1）有发现和消除安全隐患的能力，并帮助和辅导团队成员处理安全问题。

（2）能有效发现生产中的安全隐患，并制定防范措施。

（3）展示安全操作的方法，监督检查安全规章的执行。

（4）辅导和培训他人处理安全与环境问题，帮助本班组员工采取适当的安全防范措施。

（5）定期沟通安全和环境方面的问题，并将解决安全问题作为需要优先考虑的事情。

2. 团队管理能力

（1）在组织本团队正常运作实现既定目标的同时，能关注本班组员工的绩效及个人发展。

（2）能够描述当前团队的构成情况，并评价每一团队成员才能、工作风格及贡献。

（3）向下属分配工作时，清晰地解释工作的目标及其逻辑关系。

（4）比较清晰地界定团队成员的优点和局限，能给予必要的关注与指导。

3. 关注乘客

（1）当班期间关注乘客满意度，能够发现服务差距，定期反馈和沟通。

（2）能够描述出在保持乘客满意度方面的成功范例。

（3）组织并实施乘客满意度相关问题与要求的讨论。

（4）能够认识到乘客期望与实际服务水平之间的差距。

4. 压力应对

（1）在各种较大的压力环境下能保持冷静，专注于工作。

（2）能灵活运用各种手段，缓解外界压力。

（3）面对他人的愤怒或失控，或面对投诉和抱怨时保持冷静。

（4）在时限迫近的时候仍保持效率。

5. 流程管理

（1）对车站运作的各模块业务流程、各个环节及存在的问题有所认识。

（2）能够分析和描述工作流程的关键点。

（3）对员工在业务流程中的瓶颈，提出改善方案。

**【小贴士】**

值班站长的工作作息，一般采用四班两运转（即白、夜、休、休），也有个别城市轨道交通车站采用三班两运转（早、中、休）。城市轨道交通车站 24 h 需要有人工作，白天车站主要以对外乘客服务为主，夜间除了进行部分时段的乘客服务工作外，还需要配合施工作业人员进行施工，进行运营结束后的票款清点以及次日运营前的准备工作等。

**【任务实施】**

结合值班站长的岗位职责，参照上述实例，模拟车站值班站长的一班工作流程。

## 任务四 行车值班员岗位职责认知

### 一、行车值班员岗角色描述

行车值班员（图 2-4）在值班站长的领导下，主要负责监控列车运行、设备运转及客流情况，同时负责信号设备故障情况下的车站行车组织和协调。

图 2-4 行车值班员

### 二、行车值班员岗位职责

（1）主管车站行车工作。

（2）服从行调指挥，执行行调命令，正确填写行车日志、相关台账；在信号设备正常情况下，严格按列车运行图组织行车，信号设备故障时，按照行调指示，主要负责车站的行车组织、应急处置和协调。

（3）负责车站施工作业登记、施工安全监控等工作。

（4）严格执行作业程序，监控和操作 LOW、FAS、BAS、IBP 盘等设备。

（5）控制车站广播，并密切关注 CCTV，实时监视各区域情况。

（6）负责监控站级 AFC 设备运行情况，发现报警提示，及时提醒客运值班员或值班站长。

（7）保管行车设备备品、保管车站日常钥匙及部分票务钥匙等。

（8）负责车站设备故障的报修及登记工作。

（9）负责车站信息的接收及转达等。

## 三、行车值班员胜任力特征

### 1. 安全意识

关注达成结果的过程与因素，寻求提高质量、效率的方法。

### 2. 流程管理

（1）熟知与自己工作相关的操作标准和程序。

（2）清晰明确地解释自己的工作流程，画出流程图。

（3）能够分析和描述车站行车组织工作流程的关键点所在。

### 3. 压力应对

（1）在各种较大的压力环境下能保持冷静，专注于工作。

（2）在困境中沉着应对，控制好情绪。

**【小贴士】**

行车值班员的工作作息，一般采用四班两运转（即白、夜、休、休）。

**【任务实施】**

结合行车值班员的岗位职责，参照上述实例，模拟车站行车值班员的一班工作流程。

# 任务五 客运值班员岗位职责认知

## 一、客运值班员岗位角色描述

客运值班员（图 2-5）在值班站长的领导下，主要负责车站票务、服务，同时负责设备故障情况下的客流组织、应急处置和协调。

图 2-5 客运值班员

## 二、客运值班员岗位职责

（1）负责车票的收发和保管工作。

（2）负责各种票务收益单据的填写及保管工作。

（3）负责车站收益解行的实施和安全。

（4）负责 TVM 钱箱更换、补币、清点以及票箱的补票工作。

（5）在非运营时间统计当日营收情况。

（6）协助值班站长协调和处理乘客事务，提供优质服务。

（7）紧急情况下，协助值班站长处理紧急事务。

## 三、客运值班员胜任力特征

### 1. 流程管理

（1）熟知与自己工作相关的操作标准和程序。

（2）清晰明确地解释自己的工作流程，画出流程图。

（3）能够分析和描述车站票务、服务工作流程的关键点所在。

### 2. 关注乘客

（1）对乘客的困难和期望有一定敏感度，发现和解决一般乘客关注的问题。

（2）能够关注服务承诺的履行，并保持目标与行动的一致。

（3）及时对乘客问题进行总结和分析，并采取措施避免出现类似的问题；

（4）能够为工作失误或客观困难而真诚道歉或表示遗憾。

### 3. 安全意识

（1）掌握并遵守各项安全规章制度。

（2）掌握基本的安全知识及应急措施。

（3）以适当的紧迫感应对安全问题。

### 4. 关注细节

（1）仔细检查关键信息及工作成果的准确性。

（2）将信息或沟通的重要细节记录下来以免被丢失或遗忘。

（3）按照流程和规范处理工作，并能考虑工作当中的细微环节。

### 5. 压力应对

（1）在各种较大的压力环境下能保持冷静，专注于工作。

（2）避免冲动的行为。

（3）面对投诉和抱怨时能理性对待。

**【小贴士】**

根据车站业务分工，部分城市地铁运营单位为车站的票务汇总处理工作设置专人，即客运值班员岗位人员来完成，也有部分城市地铁运营单位将此部分工作纳入值班站长的工作范畴内，由值班站长来完成车站的票务汇总处理工作，而不单独设岗；一般客运值班员的岗位作息时间与值班站长岗位相同，即四班两运转（白、夜、休、休），白班时间为8：00—20：00，夜班为19：30—次日8：30。

**【任务实施】**

结合客运值班员的岗位职责，参照上述实例，模拟车站客运值班员的一班工作流程。

## 任务六 站务员岗位职责认知

### 一、站务员岗角色描述

站务员(图2-6)在值班站长的领导下，协助值班员做好站台接发车、站厅巡视和票亭服务等工作，具体又分为站台岗、票亭岗、厅巡岗，在当班期间可以由站长或是值班站长根据需要进行灵活调整。

图2-6 站务员

### 二、站务员岗位职责

1. 共性

（1）严格执行安全作业规程，落实各项安全规章。

（2）严格执行客运服务作业标准，做好客运服务工作。

（3）负责及时向值班站长、值班员报告异常情况和问题。

（4）紧急情况下，开展有关应急工作。

（5）发现问题及时上报，并记录。

2. 站台岗站务员岗位职责

（1）监视列车运行状态、候车乘客动态，确保列车正常运行、乘客人身安全。

（2）按照站台作业标准进行接发车及乘客服务工作。

（3）若发现屏蔽门故障等异常情况及时采取措施，并与车控室联系。

（4）回答乘客询问，在力所能及的范围内，尽量帮助乘客解决问题，特别注意帮助老、弱、病、残、孕等需要帮助的乘客。

**【知识链接】**

车站站务人员是地铁的服务窗口，站务人员的作业直接体现着一个单位的形象，因此各运营单位都会对站务人员的作业进行规范。各个城市地铁运营单位对站台岗的作业要求不尽相同，以西安地铁为例，介绍其站台岗作业标准：

（1）站台无车时来回巡视站台，重点检查屏蔽门及端墙门状态、电扶梯运营情况、轨行区情况（有无漏水、异物等），同时引导乘客到乘客较少的地方候车；

（2）列车即将进站时，站台岗在紧急停车按钮附近面对屏蔽门立岗接车；

（3）见到车头灯时向车头灯方向转体 90°，立岗接车；

（4）列车越过接车地点（立岗位置）时转体 90° 面向屏蔽门站立；

（5）列车关门时背对屏蔽门平举右手（与身体成 90°），手掌伸开，显示拦截状，及时制止抢上车人员；

（6）列车尾部出清本站头端墙后，站台岗方可移动进行巡视工作。

### 3. 票亭岗站务员岗位职责

（1）对待乘客要有热心、耐心、细心，做好乘客服务工作。

（2）按“一收、二唱、三操作、四找零”的程序进行作业。

（3）负责车站票务中心当班的售票工作。

（4）保管当班报表、单据、现金、车票、票务钥匙、车站票务中心相关备品，并负责其安全。

（5）完成相应票务报表的填写。

（6）协助处理票务紧急情况。

### 4. 厅巡岗站务员岗位职责

（1）负责站厅巡视工作，检查电扶梯运行情况，TVM、GATE 运作情况等，及时主动向有需要的乘客提供服务。

（2）引导乘客正确操作票务设备。

（3）巡视车站 TVM、GATE 的运作情况。

（4）检查乘客车票的有效性，及时回收乘客遗留车票。

（5）协助处理票务紧急情况。

（6）及时向值班站长、值班员报告异常情况和问题。

## 三、站务员胜任力特征

### 1. 关注乘客

（1）能及时解决或妥善处理一般乘客的困难和关注的问题。

（2）能够较好地履行服务承诺。

（3）及时对乘客问题处理方法进行学习和总结。

（4）能够为工作失误或客观困难而真诚道歉或表示遗憾。

### 2. 关注细节

（1）能够发现和掌握工作中的关键环节和信息。

（2）将信息或沟通的重要细节记录下来以免丢失或遗忘。

（3）按照流程和规范处理工作，并能考虑工作当中的细微环节。

3. 安全意识

（1）掌握并遵守各项安全规章制度。

（2）掌握基本的安全知识及应急措施。

4. 压力应对

（1）在各种较大的压力环境下能保持冷静，专注于工作。

（2）避免冲动的行为。

（3）面对投诉和抱怨时能理性对待。

**【小贴士】**

一般城市地铁车站站务员岗位通常采用三班两运转方式，即早、中、休，也有个别地铁采用四班两运转方式。

**【任务实施】**

结合站务员（站台岗、票亭岗）的岗位职责，参照上述实例，模拟车站站台岗站务员和票亭岗站务员的一班工作流程。

**【拓展提高】**

各城市轨道交通运营企业结合自身管理模式及运营理念，其车站客运岗位设置略有不同，但是其各岗位的工作内容、性质大致相似，本章重点对城市轨道交通车站工作流程进行系统阐述，进一步对各岗位分工进行介绍，系统介绍了车站客运各主要岗位角色、职责以及工作流程，描述了车站客运各岗位的核心业务技能和主要工作任务。

**【复习思考题】**

1. 阐述车站客运岗位体系的主要结构。
2. 试对自然站管理和中心站管理两种模式进行比较分析。
3. 阐述站长岗的主要职责内容。
4. 评价站长岗在车站客运工作中的角色价值。
5. 阐述值班站长岗的主要职责内容。
6. 分析值班站长岗胜任力特征的主要因素与其工作职责的关系。
7. 阐述行车值班员岗的主要职责内容。
8. 评价行车值班员岗在车站客运工作中的安全职能角色。
9. 阐述客运值班员岗的主要职责内容。
10. 评价客运值班员工作职责中流程管理的重要性。
11. 阐述站务员岗的主要职责内容。

12. 分析“关注细节”这一胜任力特征对站务员履行好职责的重要性。

13. 角色模拟。

T 车站西侧的省体育场，本周五 19：00 举办中国台湾知名歌星的演唱会。演唱会使得地面交通格外拥挤，很多观看演出的观众会选择搭乘地铁。演唱会主办单位要求观众提前 90 min进场，演唱会持续到 23：00 结束，而 T 站末班地铁时刻为 23：30。

请按照车站各主要岗位角色分别模拟站长、值班站长、行车值班员、客运值班员、站务员（站厅、票亭、站台各 1 名），进行分工合作。

要求：

（1）站长在预期大客流到来前，进行相关的协调（包括与地铁公安配合）、计划、方案制订和组织；

（2）值班站长配合站长制订大客流组织方案，具体组织、落实客流组织；

（3）行车值班员做好相应的行车、安全监控；

（4）客运值班员做好客流引导、设施、围挡布置等；

（5）站务员完成客流、售票、乘车引导。

# 项目三　城市轨道交通车站设计

## 知识点

1. 城市轨道交通车站选型。
2. 城市轨道交通车站组成。
3. 城市轨道交通车站总体布局设计。

## 技能目标

1. 了解城市轨道交通车站的类型。
2. 掌握城市轨道交通车站的组成及功能。
3. 掌握城市轨道交通车站平面布局设计。

## 任务一　城市轨道交通车站类型

城市轨道交通车站的建筑选型必须结合城市的发展规划、地理条件及经济状况，因地制宜地进行设计，并与车站的各种建筑施工特点结合起来进行。城市轨道交通车站分类如下。

### 一、按照站台与线路的关系分类

（1）岛式车站。站台为岛式站台，便于乘客换乘其他车次。岛式站台需要两条单线和两个隧道。这种布线方式在城市地下工况复杂的情况下具有较大的灵活性。岛式车站是国内最常用的一种车站形式。

（2）侧式车站。站台分别位于两条线路的两侧，不利于乘客换乘其他车次。侧式站台轨道布置集中，有利于区间采用大的隧道或双隧道双线穿行，具有一定的经济性；在城市地下工况复杂的情况下，大隧道双线穿行则缺乏灵活性。侧式车站多设于城市轨道交通地面车站。

### 二、按照其施工及与地面的立体位置关系分类

（1）浅埋式车站。土方量较小，技术难度小，客流上下高度行程短，节省投资，多设于地面地况比较简单的地段。

（2）深埋式车站。深埋式基坑的技术难度较大，投资亦较大，客流上下高度行程长，多设于城市轨道线路上方地况比较复杂的地段。

（3）高架车站。与地面呈立体高架关系，一般城市轻轨车站多采用该形式。

# 任务二 城市轨道交通车站组成

## 一、按照车站的使用功能

按照车站的使用功能，大型城市轨道交通系统的车站包括：站厅、设备区、站台。其中站厅分为非付费区和付费区。

站厅非付费区设置售票、咨询、商业、服务设施，可以为乘客提供售票、咨询、商业等服务。站厅付费区是乘客通过闸机或免费通道进入站台候车前经过的区域，也是乘客检票、聚集、疏散的区域。设备区是车站管理用房及设备安装区域，一般分设于站厅和站台的两端。站台是乘客候车、乘降的区域。

## 二、按照车站建筑的空间位置

按照车站建筑的空间位置，车站的组成如图 3-1 所示。

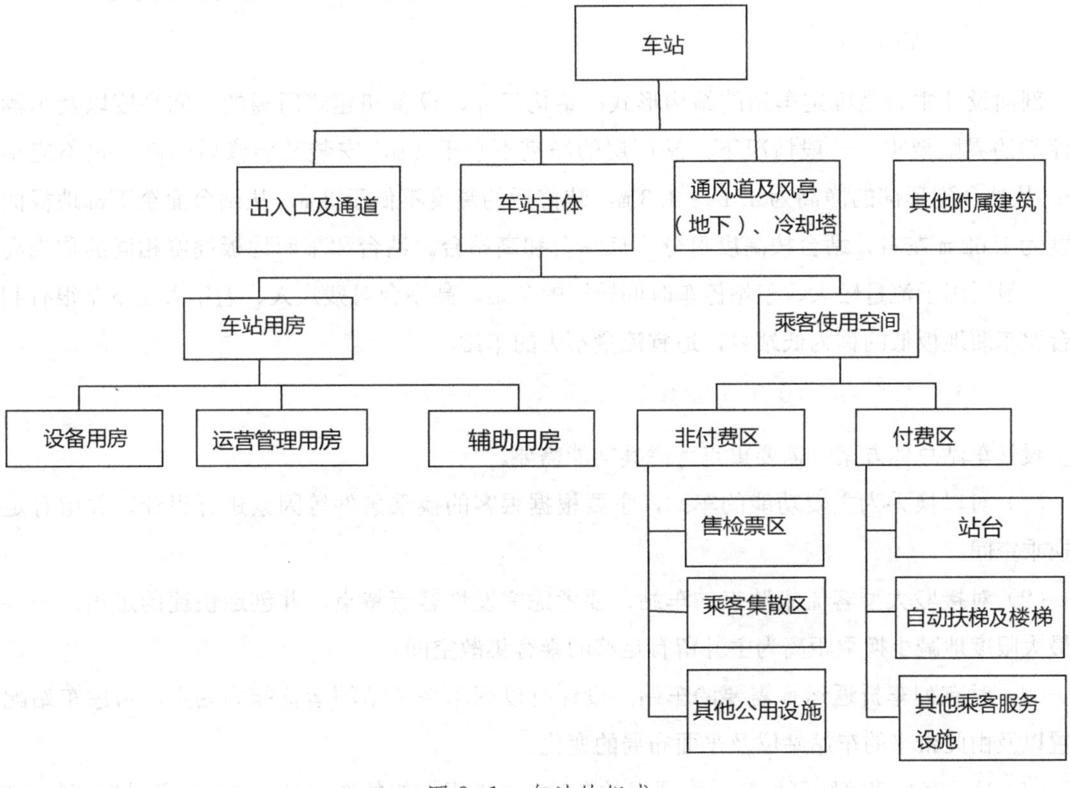


图 3-1　车站的组成

（1）车站主体。车站主体作为列车的停车点，不仅要供乘客上下车、集散、候车，一般也是办理运营业务和设置运营设备的地方。车站主体根据功能可分为乘客使用空间和车站办公用房。

在乘客使用空间内，包含非付费区和付费区。付费区包括站台、楼梯和自动扶梯、导向牌等，它是为乘客提供候车服务的设施。对于一般的城市车站来说，通常非付费区的面积应略大于付费区。

车站用房区域包括运营管理用房、设备用房和辅助用房。运营管理用房包括站长室、车站控制室、票务室、会议室和公安保卫室等。设备用房包括环控机械室、配电室、信号机械室等。辅助用房包括卫生间、茶水间、更衣室等。车站用房应根据运营管理需要设置，在不同车站配置必要房间，最大限度地减少用房面积，以降低车站投资。

（2）出入口及通道，是指乘客进入站厅的出入口及通道。

（3）通风道、风亭（地下）、冷却塔。

（4）其他附属建筑物。

## 任务三 城市轨道交通车站总体布局设计

### 一、分析影响因素，确定边界条件

影响车站位置和总体布局的因素包括周围环境、建筑物拆迁和管线改移条件、施工方法、客流来源方向以及综合开发条件等，必须进行综合规划、科学定位，确定其合理的边界。

### 二、车站的剖面设计

剖面设计主要是确定车站的结构形式、结构尺寸、设备和建筑所需的空间高度以及车辆通行停靠的界限要求。一般情况下，站厅层的净高不小于 4 m，安装及装修后的高度也不应小于 3 m；从站台到顶部的净高为 4.1 ～ 4.3 m，装修后的高度不低于 3 m，从站台面至下部地板面的高度为 1.62 m 左右。站台按高度可分为低站台和高站台。站台和车厢地板高度相同的称为高站台，一般适用于流量较大、车站停车时间较短的车站。高站台对残疾人、老年人上下车很有利。站台比车厢地板低的称为低站台，适宜流量不大的车站。

### 三、根据功能要求构思总体方案

设计车站总体方案时需要重点考虑其功能需要。

（1）对以换乘为主要功能的车站，主要根据乘客的换乘条件等因素进行设计，并留有足够的换乘空间。

（2）对接驳大型客流集散点的车站，要考虑突发性客流特点，并创造快捷的进出站条件，以最大限度地减少换乘距离为主并留有足够的乘客集散空间。

（3）对有列车折返运行需要的车站，设计时以列车在车站的运营能力为主，考虑车站配线设置以及由此带来的车站站位及平面布局的变化。

（4）对于有与建筑物开发相结合要求的车站，应考虑结构的统一性，并分清各种客流的流向，使进出站客流有独立的通道，并尽量减少与其他客流的交叉干扰。

（5）对于有其他特殊功能需要的车站，包括远期需进一步延伸的起点站、与其他交通系统的联运站等，应考虑留有后续延伸的余地。

## 四、车站平面布局设计

### 1. 确定车站平面布置原则

（1）站厅层布置。站厅层布置应分区明确，依据站内结构及设施配置情况对客流进行合理的组织，避免或减少进出站客流的交叉，合理布置车站用房；应满足各系统的工艺要求。

（2）站台层布置。站台层布置应以车站上下行远期超高峰小时设计客流量来计算站台宽度，根据线路走向及换乘要求确定站台形式，根据车站需要布置设备或管理用房区。

（3）车站出入口布置。车站出入口应设置于道路两边红线以外或城市广场周边，应具有标志性或可识别性，以利于吸引客流，方便乘客。此外，车站主要服务设施还应包括电梯、售票机、空调通风设施等。

### 2. 乘客流线组织设计

设计快捷、方便、流畅的乘客流线是城市轨道车站建设的方针和目标之一。车站站房内各类设施的设置原则是：合理组织各种流线，力求减少乘客的走行距离，方便乘客办理各种旅行手续，经济合理、节约用地。

流线是指车站内乘客的流动过程和流动路线。这些流线具体反映乘客对于车站站房各类设施的设置及布局的基本要求，其组织是否合理，不但影响车站的作业安全、效率及能力，同时也直接关系到对乘客服务质量的高低。

1）流线类型

在城市轨道车站，乘客流线主要有三种：进站乘客流线、出站乘客流线和换乘乘客流线。

（1）进站乘客流线。

进站乘客流线按照其流动过程，可以分为如下两种主要类型。

①通过站房直接上车的乘客流线。这种乘客流线主要包括绝大多数持城市交通一卡通或储值票等直接通过闸机结算费用的乘客。这类乘客大部分属当地上班族，出行高峰出现在上下班时间出行。

②进入车站购票上车的乘客流线。这类乘客主要是不经常乘坐城市轨道交通出行的当地居民或从其他交通工具换乘过来的外地乘客。一般这类客流在节假日或周末比较集中。

（2）出站乘客流线。

出站乘客流线比进站乘客流线简单，乘客办理手续少，使用站房时间短。一般情况下，乘客经过闸机出站，票卡有问题的需要到票务中心处理或者补票出站。

（3）换乘乘客流线。

在一些综合型枢纽站或城市轨道线路间换乘车站，存在大量的中转换乘乘客，他们的流动过程形成了换乘乘客流线。

2）流线组织原则

通过以上分析可以看到，车站内各种乘客流线均有其特定的内在需求，这些需求均需要通过合理设置与布局乘客站房的各类设备设施予以满足。为了尽可能满足其需求，在考虑乘客站房各类设施设备的设置与布局时，一般应遵循以下两个原则。

（1）避免各种流线相互交叉干扰。具体来讲，在对站房流线进行设计组织时，应力求将各种乘客流线分开，尤其是将进站乘客流线与出站乘客流线分开，将进出站乘客流线与换乘乘客流线分开。

（2）最大限度地缩短乘客行走距离，避免流线迂回。一般来讲，对于进、出站乘客流线中流量最大的普通乘客流线，应首先保证其流动路线最简捷、通畅、流程距离最短。对于流量不大的其他乘客流线，也应根据其特点、需要，尽量缩短流线距离，避免迂回。

通常来说，上述各种流线特点的满足及流线组织原则的实现都要依赖乘客站房内各种服务用房及设施的合理设置与布局，如站房出入口、楼梯、自动扶梯、售检票设备的布置等。

城市轨道交通车站的平面组成基本分为两大部分：一部分是与客流直接有关的公共区域，如站厅层、站台层及出入口通道；另一部分是涉及车站运行的技术设备用房及运营管理用房，一般分设于站厅和站台的两端部。

*3. 站厅层布局*

站厅层布局方式主要取决于车站的售检票方式（人工、半自动和自动售检票）。一般站厅层有两种布置方式：一种为分别在站台两端上层设置站厅；另一种为在站台上层集中布置站厅。有些地铁的站厅还可以考虑与地下商业建筑连在一起布置，如深圳、广州等大城市的一些大型枢纽车站，大都采用了联合设计方案。

大部分车站站厅层（图 3-2）主要是为乘客提供售检票等服务、供车站人员工作使用以及安放各系统设备的场所，大致分为公共区和车站用房区域。

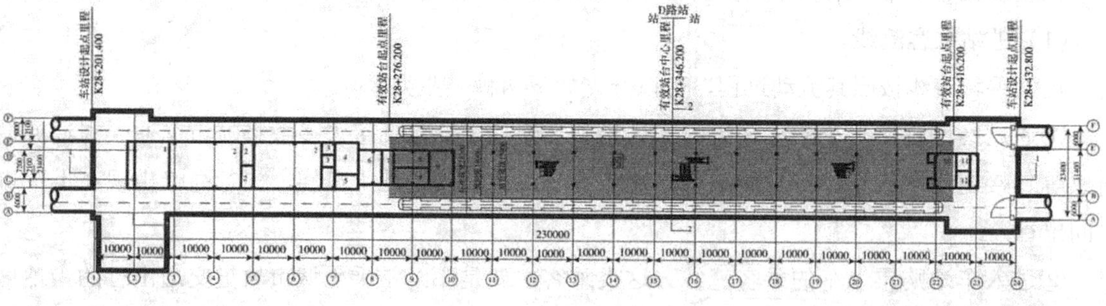


注：
1.本图尺寸除高程以m计外，其余均以mm计。

| 房间编号 | 房间名称 | 房间编号 | 房间名称 | 房间编号 | 房间名称 |
|---|---|---|---|---|---|
| 1 | 隧道柜室 | 5 | 照明配电室 | 9 | 安全门设备室 |
| 2 | 牵引降压变电所 | 6 | 污水泵房 | 10 | 隧道柜室 |
| 3 | 电缆井 | 7 | 车站备品库 | 11 | 废水泵房 |
| 4 | 钢瓶间 | 8 | 公共卫生间 | 12 | 照明配电室 |

图 3-2　站厅层平面布局

1）公共区

公共区是乘客集散的区域，可以划分为付费区和非付费区。进站乘客在非付费区完成购票后通过检票设备进入付费区，到站台乘车；出站乘客通过检票设备进入非付费区后出站。

非付费区内除了设置必要的售检票系统设备外，还可根据站厅面积大小设置商铺、自助银行、公共洗手间、自动售货机、公用电话等便民设备设施，布置原则以不影响乘客出入为首要条件。

自动售检票系统设备主要设置在站厅层，按乘客进出站流向合理布置，向乘客提供购票、检票等服务，主要有自动售票机、自动充值机、验票机以及进出站闸机等。

按照进站客流的流动路线特点，有一部分客流从入口进站后首先需要买票，所以售票设备一般设在站厅非付费区。随着城市经济的不断发展，大部分城市轨道售票设备都采用自动售票机，还有一些城市的轨道车站采用人工售票，有些车站则是采用人工售票与自动售票相结合的方式。

人工售票处应设在进站流线的前端，售票室的设置不能占用通道，必须在保证流线畅通的情况下尽可能将售票室设在流线一侧。根据我国的交通习惯，车站出入口流线应为右进左出，所以售票室应设在入口右侧为宜。自动售票机也应同理设置。

另外，售票设备的设置还应考虑车站规模。自动售票机大部分需要使用零钱，因此在自动售票机旁边还应配备找零钱的机器。机器识别人民币纸币面额不宜过大，否则会造成零钱紧张而影响正常服务。考虑城市轨道车站出入口特点，每个出入口基本都双向使用，因此，自动售票机如果设在入口进站客流一侧，虽然方便了乘客购票，但客流量大时会造成进出站客流拥堵。另外，若售票机配置数量太多又分散，则会增加投资，造成一定程度的浪费。

所以，自动售票机的放置位置及配置数量既要考虑方便入口乘客购票，也要考虑车站设备的利用率，其设置位置根据每个车站的站厅层的规模和结构，集中摆放在一个或两个区域，尽量避开直接进站上车无须购票的乘客流线和出站乘客流线。区域应留有余地，以满足客流高峰时期的需要。

客流通道口主要位于站厅层的公共区，分左右两侧布置，这样有利于地面道路两侧出入口的均匀布置。根据地铁设计规范，通道口宽度不能小于 2.4 m。

2）车站用房区域

各城市地铁运营公司对城市轨道车站用房的定义不尽相同。一般来讲，车站用房区域包括设备用房、运营管理用房和辅助用房等。根据客流的大小，在不影响客流集散的情况下可以设置商业用房。

（1）设备用房。设备、管理用房基本分设于车站两端，一端大、一端小，中间作为站厅公共区。设备用房是安置各类设备、进行日常维修及保养设备的场所，一般分为票务维修室、通信机械室、信号机械室、环控配电室、照明配电室、低压配电室、蓄电池室、环控机房、钢瓶间、污水泵房、混合风室、风机房、电缆井、屏蔽门控制室、电梯机房、变电所控制室、动力变压器室、变电所储藏室、变电所检修室、变电所整流变压室、金属封闭高压开关设备室、整流器柜及直流开关柜室等。设备用房中最大的是环控机房，其中包括冷冻机房、通风机房及环控电控室。

地铁车站的环控系统基本上由五个子系统组成：①车站公共区域的环控系统，主要是站厅、站台的制冷送风（包括新风）系统；②车站的排风（排烟）系统；③站台层列车及车道产生的热量和废气的排热、排烟系统；④车站活塞风及区间隧道发生灾害时的送风排烟系统；⑤各管理用房的小环控系统。

（2）运营管理用房。运营管理用房包括站长室、会议室和公安保卫室（警务室）、车站控制室、票务室、信号值班室以及站台监视亭等。在管理用房中，主要解决站控室及站长室的位置以及消防疏散工作楼梯的位置等。

（3）辅助用房。辅助用房的主要功能是为乘客办理各种有关乘车的业务，或提供与乘车相关的咨询业务。如客服中心，设置在站厅层付费区与非付费区之间，为乘客提供售票、兑零、充值及乘客事务处理等服务。又如临时票亭的位置，一般应根据突发客流的流量和方向进行设置，主要是为乘客提供人工售票服务，以弥补车站售票能力的不足，如为乘客办理储值票、学生票以及老年人、儿童等优惠票业务。根据各城市具体情况，有些城市轨道运输的票制设置比较灵活多样，有月票、季票、半年票或年票等，一般以交通卡的形式，采用实名登记制。为了方便乘客办理，某些较大的车站设有业务服务用房。同时这些服务用房也担负着为乘客提供其他交通咨询等服务的使命。

辅助用房的数量应结合车站客流规模和业务量来具体设置，业务量比较大的车站，可考虑将办理特殊票务业务的服务用房和办理咨询业务用房分开设置。票务服务用房的位置可考虑避开大部分客流，单独设置一个区域，而将咨询服务用房设置在进出站乘客流经的某个区域。这样设置的成本相对较高，包括人员成本和设备成本。如果业务量不大，则可考虑混合设置在方便乘客的区域，这样可节约成本。

（4）其他用房。其他用房包括洗手间、更衣室、休息室、备品库、垃圾间、清扫工具间等。车站站厅层一般设有公共洗手间，有条件的车站还专门设置残疾人专用洗手间。

有些车站将公用电话安装在站厅层和站台层，方便乘客使用。有些车站将公用电话安装在通道一侧。根据各城市的轨道交通设施状况不同，有些城市在大中型轨道车站内设置银行或自助银行，一般设在站厅层，为乘客提供兑零、取款、存款、转账服务。

4. 站台层布局

站台层（图 3-3）主要是供列车停靠、乘客候车及乘降车的区域。站台层布局首先应确定站台形式，再进行站台设施设备的设置。

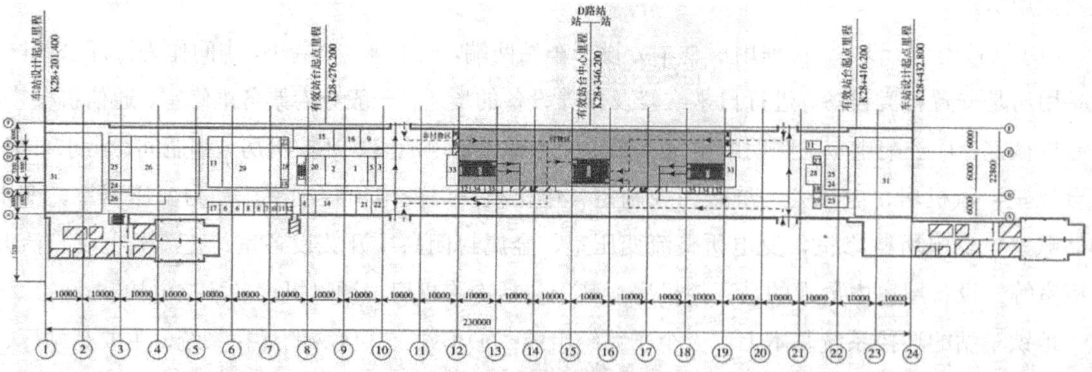


| 房间编号 | 房间名称 | 房间编号 | 房间名称 | 房间编号 | 房间名称 | 房间编号 | 房间名称 | 房间编号 | 房间名称 |
|---|---|---|---|---|---|---|---|---|---|
| 1 | 车站控制室 | 8 | 公共卫生间 | 15 | 商用通信设备室 | 22 | 票务室 | 29 | 小系统机房 |
| 2 | 总控设备室 | 9 | 公安安全室 | 16 | 公安通信设备室 | 23 | AFC配线间 | 30 | 冷冻站 |
| 3 | 值班站长室 | 10 | 开水间 | 17 | 车站备品库 | 24 | 配电室 | 31 | 通风机房 |
| 4 | 会议交接班室 | 11 | 清扫工具间 | 18 | 弱电电缆竖井 | 25 | 环控电控室 | 32 | 乘客服务中心 |
| 5 | 值班休息室 | 12 | 垃圾间 | 19 | A通信设备间 | 26 | 冷冻站电控室 | 33 | 售票厅监票亭 |
| 6 | 男女更衣室 | 13 | 蓄电池室 | 20 | 信号设备室 | 27 | 强电电缆竖井 | 34 | 自动取款机 |
| 7 | 专用卫生间 | 14 | 专用通信设备室 | 21 | AFC机房 | 28 | 钢瓶间 | 35 | 自动售票机 |

图 3-3 站台层平面布局

1）站台类型

常见的站台形式有岛式站台、侧式站台和混合式站台。

（1）岛式站台：上、下行线分布在站台的两侧。站台面积可以得到充分利用，乘客换乘方便。例如北京、上海等大多数城市轨道交通中间站站台均属岛式站台，如图 3-4 所示。

（2）侧式站台：站台分别分布在上、下行线两侧，乘客乘降车互不干扰，不易乘错方向，站台横向扩展余地大，如图 3-5 所示。

（3）混合式站台：既有岛式站台，又有侧式站台的称混合式站台，一般多为始发 / 终点站，设有道岔和信号连锁等设备。

图 3-4　岛式站台

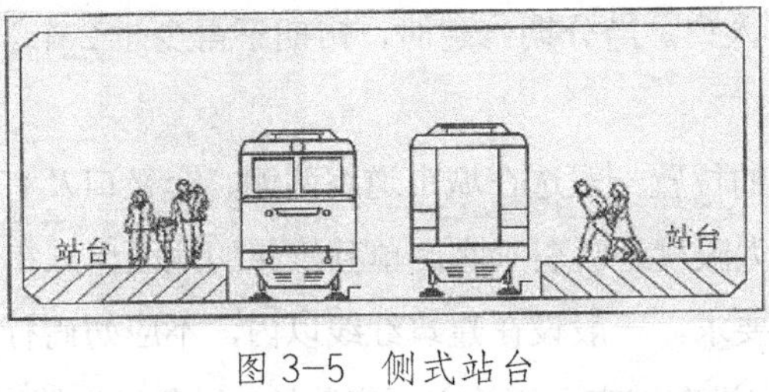

图 3-5　侧式站台

2）站台设备设施设置

站台分为公共区和设备区，一般两端为设备区，中间为公共区。设备区设有设备用房和一些管理用房。公共区的功能是供乘客上、下车和候车之用，主要有站台监控亭、乘客座椅、公用电话、紧急停车按钮等设备设施。车站站台的有效长度一般由车辆的编组长度加上车辆停靠的误差来决定，对于远期列车编组在 6 ～ 8 辆的轨道交通系统，站台长度一般为 130 ～ 180 m。站台还设有立柱、屏蔽门或安全护栏等。

（1）立柱。站台立柱是站房建筑的一部分，根据车站规模，其设置数量也不尽相同。立柱位置设置应考虑不占用乘客通道，尽量避免遮挡乘客或工作人员的视线，同时可以充分利用立柱的表面来实现其他功能，如悬挂宣传牌、导向标志、广告等。根据站台宽度不同，有的车站设置双排立柱，有的车站设置单排立柱。

（2）安全护栏、屏蔽门、安全门。安全护栏或屏蔽门都是为了保证乘客在站台上乘降安全而设置的。针对轨道运输车站站台高的特点，为有效防止乘客乘降前后从站台边沿掉入轨道的事故发生，车站应设置护栏或屏蔽门。

安全护栏和屏蔽门应根据车站具体情况设置。屏蔽门相对护栏造价要高，但安全程度也高，适合在大量地铁车站设置。同时，屏蔽门还能节约车站空调能源，降低列车噪声，为乘客提供良好的候车环境。

安全护栏虽然造价低，视线也较开阔，但还是存在安全隐患，适合在轻轨或地铁地面部分车站设置。由于目前国内各城市轨道交通大部分采用进口设备，而各城市进口设备的来源各有不同，因此屏蔽门和护栏的技术装备存在一定差异。屏蔽门虽然在维护上有一定的投入，但其安全效益是长远的。其位置设置应与列车停靠时车厢门相对应，做到列车停稳时门对门位置准确无误，否则会给乘客上下车造成极大的不便。

5. 车站通道设计

1）车站出入口及风亭设计

车站出入口是车站的门户，除了功能设计需要科学先进外，还需要具备美观大方等艺术特点。出入口是地面客流与城市轨道交通车站的衔接口，也是城市轨道管理辖区的分界点。车站出入口一般都设有一定数量和类别的导向标志引导乘客的出行。

车站位置确定以后，不管是地下还是地上轨道，车站出入口及通道的设计都很重要。如果车站设在地面交通道路的干道大型交叉口，应按照地面道路的数量来设置出入口数量。《地铁设计规范》（GB 50157—2013）规定：“车站出入口的数量，应根据客流需要与疏散要求设置，浅埋式车站不宜少于 4 个出入口。当分期修建时，初期不得少于 2 个。小站的出入口数量可酌减，但不得少于 2 个。”

单独设置的车站出入口的位置一般选在城市道路两侧、交叉口及有大量人流的广场附近。出入口宜分散均匀布置，以便最大限度地吸引乘客。单独修建的地面出入口和地面通风亭，其位置应符合当地城市规划部门的规划要求，一般设在建筑红线以内，不应妨碍行人通行。此外，要考虑城市人流流向来设置出入口，不宜设在城市人流的主要集散处，以免发生堵塞，且应设在较明显的位置，以便于识别。车站出入口和地面通风亭不应设在易燃、易爆、有污染源并挥发有害物质的建筑物附近，与上述建筑物之间的防火安全距离应符合有关规范的规定。应尽可能创造条件使车站出入口、风亭与周围建筑物相结合，尽可能减少用地和拆迁。车站出入口应尽可能与城市过街地道、天桥、下沉广场相结合，以方便乘客，节约投资。

如果地铁车站设在地面街道十字路口下方，地铁出入口应分别设在十字路口的 4 个角。如果地铁车站设在两条以上道路交叉口下方，为了避免乘客和行人横穿马路，一般应在各个角都设置出入口，如香港地铁的车站出入口最多可达十几个。如果车站位置在社区附近，则出入口位置应尽量靠近社区出入口设置，最大限度地方便居民乘车。如果车站设在大型购物休闲地带，则车站出入口应设在离购物休闲出入口最近的地点，有些出入口可直接设在购物中心的一楼或地下一层，这样可极大地方便乘客，减少地面露天走行距离。

车站出入口的位置，一方面既要保证地下通道的顺畅，又不宜过长；另一方面也要考虑能均匀地、尽量多地吸纳地面客流。此外，还应考虑防灾设计要求，出入口被称为“生命线”。每个地铁车站人员出入口不得少于 2 个，且必须位于车站的两端。

另外，车站出入口的设计还应考虑与周边物业接驳，尽量与地面交通车站、停车场靠近，形成较佳的换乘组合；尽量与地面建筑结合，可设在地面建筑物内，也可独立设置，并承担部分过街客流需求。有条件的车站出入口一般都应设置无障碍通道，以方便残疾人或年老体弱及幼儿等特殊人群使用。出入口的规模必须满足高峰时段客流集散的需求，保证人流的有效流动。

总之，车站出入口的设计需要科学定位，既要充分为乘客考虑，同时也需要考虑城市建筑的美观，应融入城市或地区的人文特色，具有鲜明的标志，这样对一些乘客的紧张情绪也可起到一定的缓解作用。法兰克福的Bockenheimer Warte地铁站出入口设计极具特色，如图3-6所示。风亭、风道的面积取决于当地的气候条件、环控通风方式和车站客流量等因素，由环控专业人员来计算确定。地面风井可以与地面开放建筑物融为一体，风井建于地面建筑物内。在城市街区中，风井应独立设置，其形体设计应结合城市建筑及绿化，使之协调一致。

图3-6 法兰克福的Bockenheimer Warte地铁站出入口

2）通道设备

乘客从车站出入口到站厅层或从站厅层到站台层需要通过一定的通道，通道是联系城市轨道交通车站出入口和站厅层的纽带。不管是地下还是地上车站，一般从立体结构上分为三层或两层，大型换乘枢纽站分层更多，所以每层之间的联系通道设计也将直接影响站内乘客流线的组织。通道的设计应以乘客流动的路线为主要依据，遵循两个原则，即减少进出站乘客流线的交叉和最大限度地缩短乘客从出入口到站台的走行距离。

通道主要由楼梯、电梯和步行道构成。

由于地下或高架车站一般由地下两三层或地上两三层组成，因此各层之间都设有楼梯、自动扶梯或垂直电梯，以方便不同需要的乘客进出车站和乘车。

（1）楼梯。有些车站从出入口到立体一层的通道为步行楼梯，进站客流和出站客流混用，没有严格划分区域，这样当客流较大时就容易产生进出站客流对流的情形，对客流组织不利。有些车站既有步行楼梯也有自动扶梯，自动扶梯可有效地将进出站客流分开，避免对流或拥挤。在人流量大的车站，一般在步行楼梯中央设置栏杆，这样可有效地将进出站客流分开，例如北京西直门地铁站出入口，人流疏解护栏一直延伸到地面街道数十米。

车站立体一层到立体二层之间的通道应按照进出站客流流线设计，严格分流，以免客流过量或产生紧急情况时因进出站客流对流而发生事故，因此对闸机的状态设置以及导向标志都应配合通道的设计。

通道坡度的设计也很重要。坡度大容易给乘客造成疲劳感和不安全感；坡度太小会增加车站占地面积和施工的工程量。因此，应科学地设计坡度，当通道台阶数量多时，在不同段设置缓解平台，同时应尽量减少工程量和占地面积。楼梯一般采取 26° ～ 34° 倾角，其宽度单向通行不小于 1.8 m，双向通行不小于 2.4 m。当宽度大于 3.6 m 时，应设置中间扶手，且每个梯段不宜超过 18 步。当车站发生紧急情况时，楼梯主要用于车站向外疏散乘客，所以平时应保持车站楼梯畅通，任何物品不得堆放在楼梯处，任何人员不得滞留在楼梯处。

（2）电梯。电梯是垂直电梯、倾斜方向运行的自动扶梯、倾斜或水平方向运行的自动人行道的总称。

地铁电梯系统设计应遵循如下标准。

①直升电梯。平台须离路面 150 ～ 450 cm；为方便轮椅使用者，应设置斜坡；采用玻璃外墙增加站内透明度，各层电梯门宜安排在相反方向。

②自动扶梯。每座车站至少有一个出入通道设置自动扶梯；当通道提升超过 7.2 m 时，宜设上行扶梯；提升高度超过 10 m 时，宜设上下行扶梯；站厅层与站台层之间宜设上、下行扶梯；客流量不大且高差小于 5 m 时，可用楼梯代替下行扶梯；自动扶梯须沿整个车站平均分布。

自动扶梯一般采取 30° 左右倾角，两台相对布置的自动扶梯工作点间距不得小于 16 m；扶梯工作点至前面影响通行的障碍物间距不得小于 8 m；扶梯与楼梯相对布置时，自动扶梯工作点至楼梯第一级踏步的间距不得小于 12 m。车站出入口若不受提升高度的限制，应设置上、下行自动扶梯。当发生火灾时，车站的自动扶梯须停止运行，作为固定楼梯来疏散乘客。按照《城市快速轨道交工程项目建设标准》，自动扶梯和步行梯的设置标准见表 3-1。

**表 3-1 自动扶梯和步行梯的设置标准表**

| 提升高度 /m | 上行 | 下行 | 备用 |
|---|---|---|---|
| $H \leqslant 6$ | 自动扶梯 | — | — |
| $6 < H \leqslant 12$ | 自动扶梯 | △ | — |
| $12 < H \leqslant 19$ | 自动扶梯 | 自动扶梯 | △ |
| $H > 19$ | 自动扶梯 | 自动扶梯 | 自动扶梯 |

注：△表示重要车站也可设置自动扶梯。

自动扶梯是由一台链式输送机和两台胶带式输送机组合而成的升降传送系统。自动扶梯主要特点是：输送能力大，生产效率高；自动扶梯能逆转，满足不同需要；当停电或零件损坏时，可作步行梯用；提升高度较大；造价高。

③垂直电梯。车站垂直电梯设置在出入口、站厅层和站台层，一般是给有需要的人使用，如伤残乘客、携带大件行李的乘客或其他有特殊情况的人员。

3）车站无障碍通道设计

无障碍通道设计要“以人为本”，针对地铁车站设置的位置不同，可采取三种不同的设计方法。第一种设计方法为车站位于道路地面以下，出入口位于道路的两侧，残疾人乘坐的轮椅挂在楼梯旁设置的轮椅升降平台下到站厅层，然后再经设置于站厅的垂直升降梯下到站台；为盲人设置盲道，从电梯门口铺设盲道通至车厢门口。第二种设计方法为车站建于街坊内的地下，车站的垂直升降梯可直接升至地面。第三种设计方法要求盲道的铺设必须连贯，在站台层，上行和下行两个方向都需要铺设，但一般只需自站台中心处的车厢门铺设至垂直升降梯门口。

6.车站防灾设计

1）人防设计

在车站的人防设计中，应结合六级抗力等级设防，“平、战结合”。将一个车站加一个区间隧道作为一个防护单元，相邻防护单元设置一道防护隔断门。在出入口密闭通道两端设活置式门槛防护密闭门、密闭门各一道，每个车站还要设置不少于 2 个人防连通道，连通口净宽不小于 1.5 m。附近没有人防工程或暂不知设施的情况下，做完人防连通口后，在通道预留出接口。风口在进排风口及活塞风口采用一道防护密闭门的设置。内部装修应考虑防震抗震要求。

2）消防设计

车站内划分防火分区，中间公共区（售检票区或站台）为一个防火分区，设备用房区各为一个防火分区。有物业开发区的车站，物业开发区为独立的防火分区。每个防火分区内设 2 个独立的、可直达地面的疏散通道。所有的装修材料均按一级防火要求控制。

现场级火灾监控与报警设备如下。

（1）火灾传感器。用于对站内设备用房、站厅、站台旅客公共区等进行火灾自动探测。

（2）手动报警器。在站内旅客公共区、设备用房区域及列车上安置手动报警器，以便及时通报火灾情况。

（3）感温电缆。用于对站台层变电所下的电缆夹层实施火灾自动探测报警。

（4）紧急电话插孔。在站内旅客的公共区以及设备用房区域设置的消火栓箱上，配置紧急电话插孔，对于区间隧道以及站内轨道外侧所设的消火栓箱，也应设紧急电话插孔。

（5）干粉灭火系统。干粉灭火系统具有灭火历时短、效率高、绝缘好、灭火后损失小、不怕冻、不用水、可长期储存等特点。灭火器轻便灵活，使用广泛，对扑灭初期火灾具有显著效果。

（6）灭火系统的选择。针对地铁不同部位的环境条件、器材安装、设备特点等要求，选择相应的灭火系统和器材。消防系统的配置要有针对性，不能千篇一律，否则灭火效果不好。在车站公共区，要以灭火栓系统为主，将整个车站覆盖在消火栓的保护范围内。在车站的设备用房，由于仪器众多，设备复杂，在此类相对封闭的区域要以气体灭火系统为主。自动喷水灭火系统在公共区的作用不是很显著，甚至会造成地滑从而影响人群疏散的速度，因此在车站的公共区可不设自动喷水灭火系统。在区间隧道中要沿线布设消火栓灭火系统，条件允许时可在区间隧道中加装移动式灭火系统。移动式灭火系统宜采用泡沫灭火器。

3）防洪涝设计

车站防洪涝设计按有关设防要求执行，地面站应考虑防洪要求。

7．照明与低压配电系统设计

照明与低压配电系统称为低压动力照明配电系统。该系统包含两个子系统，即照明系统和低压配电系统。

1）照明系统

地铁车站的地下地域特征及地铁运营性质决定了地铁内照明种类的多样化，进而决定了照明配电回路的数量不少于动力用电回路。按属性分，有应急照明、节电照明、标志照明、出入口照明、一般照明、广告照明、事故照明等若干种。

一般照明是地铁车站地道、站厅、站台内设置灯具最多的一种照明。这种照明用来保证乘客在地铁车站里能安全地候车和上下车。

应急照明是正常照明以外的一种备用照明装置。这种应急照明装置是一种新颖的照明灯具，其内装有小型密闭蓄电池、充放电转换装置、逆变器和光源等部件。

地铁车站内还有许多运营设备用房，例如变电所、环控机房、通风机房、消防机房、通信机械室等。这些用房内除了正常照明外，也必须设置事故照明，保证在正常电源失电的情况下，工作人员能继续监视设备的运行和进行必要的技术处理。地铁车站是一个比较大的公共场所，上下通道及进出口较多，须设诱导灯指示方向，特别是在紧急情况下，更显其重要性。照明系统按区域可划分为出入口照明、公共区照明、区间隧道照明以及电缆廊道照明。

（1）照明系统设计原则如下。

①避免使出入地铁的人员感受过大的亮度差别。

②保障停留在地铁内人员的安全和感觉舒适。

③光源的光色和灯具的安装位置都不能导致与信号图像相混淆。

（2）照明系统设计要求如下。

①照明方式，根据视觉工作程度、照度、显色性、配光及布置方法等因素选择。

②照明光源，根据发光的机理等因素选择照度标准。

③灯具布置应保证照度充足均匀。

④维修方便、安全。

⑤灯泡安装容量小。

⑥布置整齐美观。

⑦与建筑空间相协调。

⑧光线射向适当，无眩光，无阴影。

2）低压配电系统

地铁的独特性决定了低压配电的复杂性。低压用电设备数量大、类型多、负责范围广，系统设计考虑因素比较复杂，如电线电缆的选择、配电结构的设计等。低压配电系统是直接向城市轨道交通中的低压用电设备提供电能，并且监控通风空调、给排水设备和照明设备运行状态的系统。

8. 紧急疏散设计

在车站紧急疏散设计中，车站内所有步行楼梯、自动扶梯和出入口宽度总和应分别能满足远期高峰小时设计客流量在紧急情况下，6 min 内将一列车满载乘客和站台上候车乘客（上车设计客流）及工作人员疏散到安全地区，此时车站内所有自动扶梯、楼梯均作上行，其通过能力按正常情况下的 90% 计算。垂直电梯运力不计入疏散能力。车站设备用房区内的步行楼梯在紧急情况下也应作为乘客紧急疏散通道，并纳入紧急疏散能力。车站通道、出入口处及附近区域，不得设置和堆放任何有碍客流疏散的设备及物品，以保证疏散的通畅性。

9. 其他设备设计

（1）冷却塔。大部分车站需要设置冷却塔。冷却塔是主要为中央空调提供散热的设备。冷却塔原则上按车站“一端布置，每站一组”设置。

（2）商业设备。如售货厅、自动售货机等。

（3）对讲器。安装于售票问询处和车站控制室的玻璃窗前，当乘客需要帮忙时，可以及时与地铁车站工作人员对话联系。

**【拓展提高】**

根据车站所在环境、功能要求及设计原则，设计一座轨道交通换乘站，最终用 Auto-CAD 绘制车站平面布局图，上交纸质版，并以 PPT 形式汇报设计方案。

要求如下：

（1）按比例绘制；

（2）车站组成部分完整，要包含车站出入口、（换乘）通道、站厅、站台、各种运营管理用房、设备用房等；

（3）设施设备种类和数量齐全，位置合理，包括自动售票机、自动检票机、售票亭、自动扶梯、电梯、楼梯等设施设备；

（4）乘客流线合理，尽量避免客流交叉、迂回及绕行严重等情况；

（5）体现人性化，增设自动升降平台等无障碍设施，体现地铁站的人性化设计。

**【复习思考题】**

1. 简述岛式站台和侧式站台的特点。

2. 城市轨道交通车站由哪几部分组成？各部分的功能是什么？

3. 城市轨道交通车站平面布置原则有哪些？

# 项目四　城市轨道交通客流组织

## 知识点

1. 掌握城市轨道交通客流规律特征。
2. 了解城市轨道交通客流调查及预测方法。
3. 熟练掌握城市轨道交通车站日常客流组织方法。
4. 掌握特殊情况下的车站客流组织措施。

## 技能目标

1. 能根据城市轨道交通客流数据分析轨道交通客流特点。
2. 能选择合适的预测方法对城市轨道交通客流进行预测。
3. 能够有序组织好各种情况下的城市轨道交通客流。

## 任务一　城市轨道交通客流特点分析

客流是指在单位时间内，轨道交通线路上乘客流动人数和流动方向的总和。

客流的概念既表明了乘客在空间上的位移及其数量，又强调了这种位移具有方向性和起讫位置。

客流特点与城市经济发展水平、城市各功能区域布局、交通道路网布局、城市道路交通服务水平、常规公共交通服务水平、人口、交通运输政策、客运服务的价格与质量、私人交通工具的拥有量等方面密切相关，在路网的方向上、断面上特点突出，具有明显的时空性。

### 一、城市轨道交通客流分类

#### 1. 按出行目的分

（1）工作客流是因工作和学习产生的客流，由上班流和学生流组成。特点是时间集中、客流量大、规律性强、高峰期短、稳定性高，是高峰时客流的主要来源，是全日客流量的主要部分。

（2）日常客流是由人们的日常活动构成的，如探亲、访友、购物、就医、娱乐、体育、出游等。这种客流在一天中持续的时间长，受气候变化和季节变化影响较大。

#### 2. 按出行时间分

（1）平时客流指周一至周五的客流，比较稳定，每个时间段的客流情况容易掌握。

（2）特殊日客流指周末客流和节假日客流，流量变化大，发生时间突然，每周或者每年的情况都会有所差异。

### 3. 以乘距长短分

（1）城市客流是起始点和目的地都在市内的客流，它们乘距短、流量大、时间性强，高峰低谷明显，起伏变化大，换乘频繁。

（2）市郊客流的特点是流量相对较小，乘距长，早晚方向差异大，早晨主要从市郊流向市内，傍晚从市内流向市郊。

### 4. 按客流真实性分

（1）实际客流：通过城市轨道交通自动检票设备及人工检票计算得出的实际客流量。

（2）预测客流：通过一定的客流及影响客流因素调查后预测得出的未来一段时间后的客流量，预测客流与真实客流存在一定误差。

### 5. 按客流来源分

（1）基本客流：轨道交通线路既有客流加上按照正常增长率增加的客流。

（2）转移客流：由于轨道交通具有快速、准时、舒适等优点，使原来经由常规公交和自行车出行转移到经由轨道交通出行的这部分客流。

（3）诱增客流：轨道交通线路投入运营后，促进沿线土地开发、住宅区形成规模、商业活动繁荣所诱发的新增客流。

## 二、客流时间特点分析

### 1. 某站一天各小时客流特点

一天各小时客流量用以确定城市轨道交通出入口、通道等设备容量，是计算全日行车计划和车辆配备计划的参考基础。小时客流量随着人们的生活节奏和出行特点而变化，一般清晨与夜间的乘客较少，上班、上学时段客流达到最高峰，高峰过后逐渐进入低谷，傍晚下班和放学时段客流再次达到高峰，进入晚间客流又逐渐减少。

轨道交通线路走向、轨道交通站点周边土地开发情况、城市轨道交通所处交通走廊特点、城市轨道交通运能、城市轨道交通服务水平是影响轨道交通客流时段分布的主要因素。总结不同运能轨道交通的不同类型车站，可归纳出以下五种客流小时分布类型。

（1）单向峰型。轨道交通线路所处的交通走廊具有明显的潮汐特征，或车站周边地区用地功能性质单一时，车站客流分布集中，有早晚错开的一个上车高峰和一个下车高峰（图 4-1）。

（2）双向峰型。车站位于综合功能用地区位时，客流分布与其他交通方式的客流分布一致，有两个配对的早晚上下车高峰（图 4-2）。

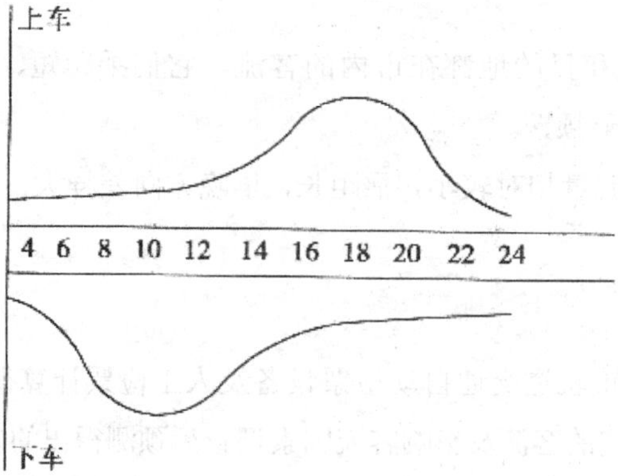


图 4-1　车站一天客流为单向峰型

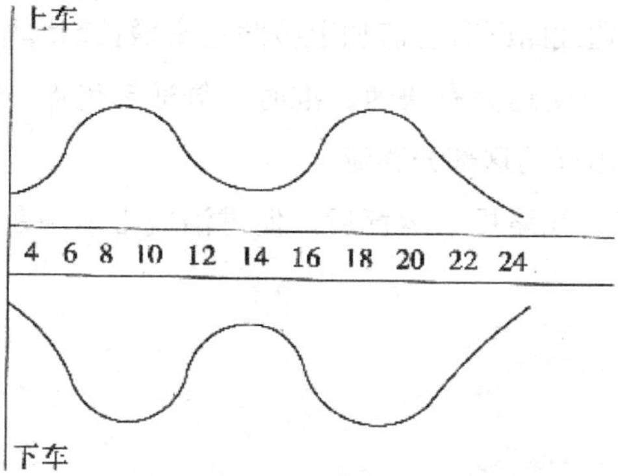


图 4-2　车站一天客流为双向峰型

（3）全峰型。轨道交通线路位于用地已高度开发的交通走廊，或车站位于公共建筑和公用设施高度集中的地区时，客流分布无明显的低谷，双向上下车客流全天都很大，此种客流分布较少（图 4-3）。

（4）突峰型。车站位于体育场、影剧院等大型公用设施附近，演出或体育比赛结束时，有一个持续时间较短的突变的上车高峰。一段时间后，其他部分车站可能有一个突变的下车高峰（图 4-4）。

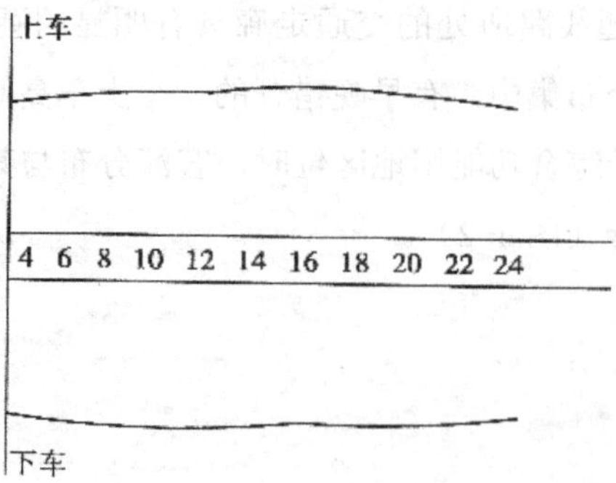


图 4-3　车站一天客流为全峰型

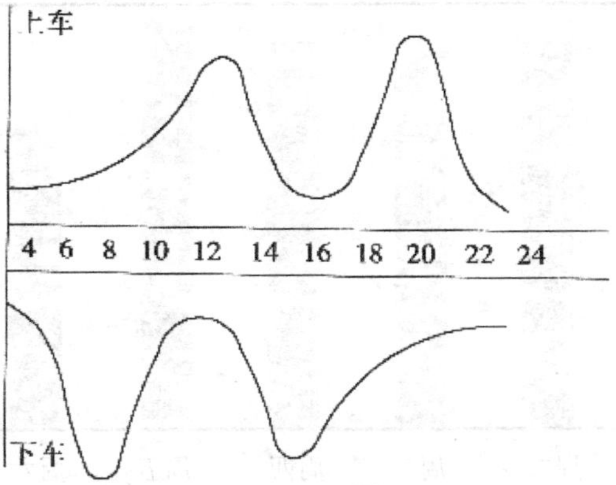


图 4-4 车站一天客流为突峰型

（5）无峰型。当轨道交通本身的运能比较小或车站位于用地还没有完全开发的地区时，客流无明显的上下车高峰，双向上下车客流全天都较小（图 4-5）。

2. 一周每日客流特点分析

一周每日客流情况不同，周一至周五客流以上下班为主，周六、周日客流以休闲、娱乐、购物为主。

由于人们的工作与休息是以周为周期循环进行的，这种活动规律性必然会反映到一周内各日客流的变化上来。在连接商业网点、旅游景点的轨道交通线路上，双休日的客流会有所增加（图 4-6），而在以通勤、上学客流为主的轨道交通线路上，双休日的客流会有所减少（图 4-7）。

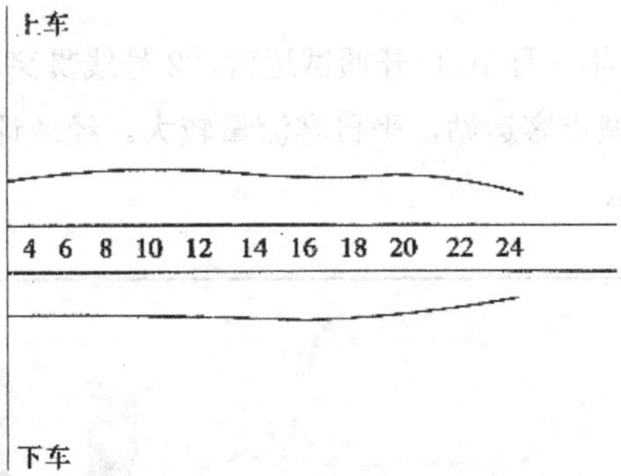


图 4-5 车站一天客流为无峰型

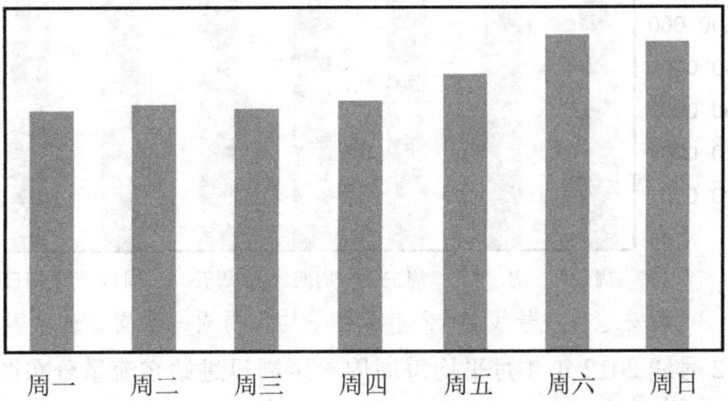


图 4-6 一周每日客流分布规律 1

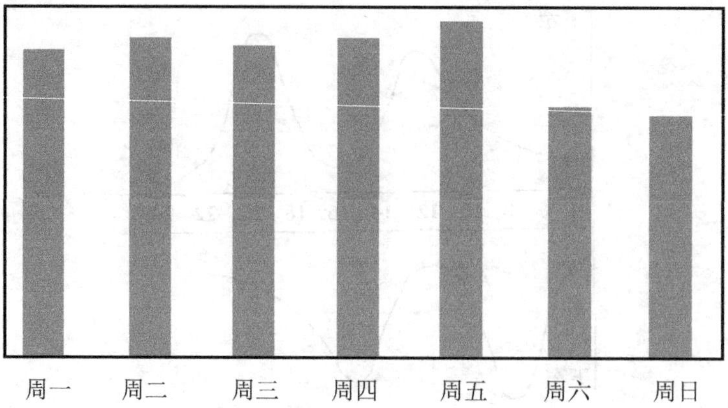

图 4-7　一周每日客流分布规律 2

另外，周一与节假日后的早高峰小时客流和周五与节假日前的晚高峰小时客流，都会比其他工作日早、晚高峰小时客流大。

根据全日客流在一周内分布的不均衡和有规律的变化，从运营经济性考虑，轨道交通系统常在一周内实行不同的全日行车计划和列车运行图。以西安地铁为例：西安地铁 2 号线在运营开通后，根据周一至周日客流的不均衡性特点，周一至周五采用一个时刻表，周六、周日采用另一个时刻表，不同时刻表上线列车数量与列车间隔均不同，合理地分配了地铁的运能和资源，提高了乘客服务水平。

**【任务实施】**

西安地铁 2 号线于 2011 年 9 月 16 日开通试运营，2 号线贯穿西安市南北中轴线，沿线经过城市中心区、多个商业区及城市客运站，平日客流量较大。经统计 2012 年 4 月平均每周周一至周日进站客流量如图 4-8 所示。

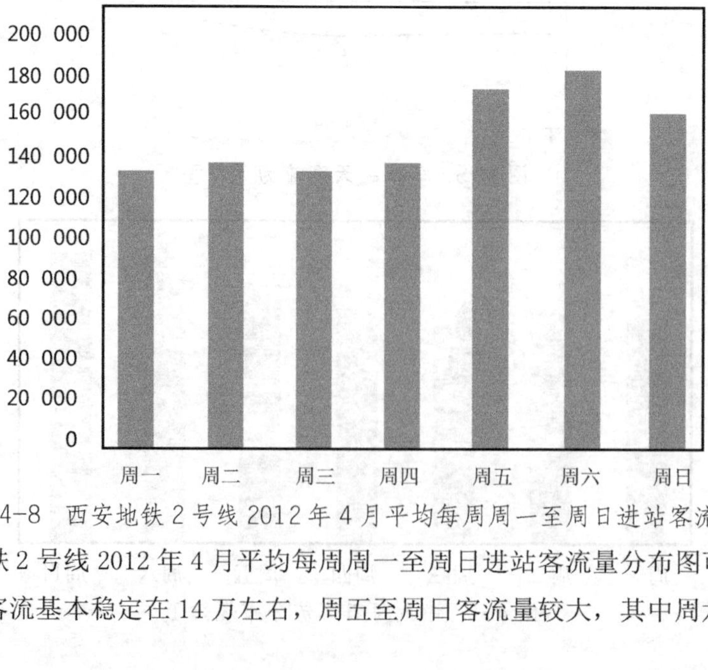

图 4-8　西安地铁 2 号线 2012 年 4 月平均每周周一至周日进站客流量

通过西安地铁 2 号线 2012 年 4 月平均每周周一至周日进站客流量分布图可以看出周一至周四客流较平稳，客流基本稳定在 14 万左右，周五至周日客流量较大，其中周六客流最大，达到

19 万。

【小贴士】

根据上海轨道交通系统年日均客流量统计，得出以下结论：①平均周一至周四每天客流量基本相同，客流量的波动幅度较小；②非节假日情况下，周五客流量最大，周日客流量最小；③周一与节日后的早高峰小时客流和周末与节日前的晚高峰小时客流，比一般工作日早、晚高峰小时客流要大。

3. 季节性或短期性客流特点

在一年内，客流还存在季节性的变比，如由于梅雨季节和学生复习迎考等原因，6 月份的客流通常是全年的低谷。另外，在旅游旺季，城市中流动人口的增加又会使轨道交通线路的客流增加。短期性客流激增通常发生在举办重大活动或遇到天气骤然变化的时候。

根据相关调查发现，季节性的轨道客流规律与节日特点密切相关，7 月至 9 月与学生假期有关，10 月至 12 月与“十一”长假、元旦节日活动有关。

4. 节假日客流特点分析

节假日大客流的特点如下：①国庆节是旅游、购物黄金周，大批游客的到来以及市民在节假日期间出行购物、休闲等会使地铁的客流大幅上升，特别是商业区或旅游景点附近的车站，客流的冲击会很大；②春节前后大批外地劳务人员返乡，将对客运站附近的地铁车站造成较大冲击，但春节期间的客流会相对稳定，不会有太大起伏；③元旦、清明、端午、中秋、劳动节假期短，游客不会对地铁的客流变化产生较大影响，但市民出行、购物会使商业区附近的车站产生较大客流，同时其他车站的客流也会比平常有所上升。

节假日出行活动与日常出行活动差别较大，目前国家法定节假日按照时间长短可以分为 3 天节假日和 7 天节假日两类，以下分别对这两类节假日的客流特点进行分析。

1）国庆节客流分析

西安地铁 2 号线 2011 年“十一”期间进站客流数据统计如图 4-9 所示。（统计数据日期为 9 月 30 日至 10 月 12 日）

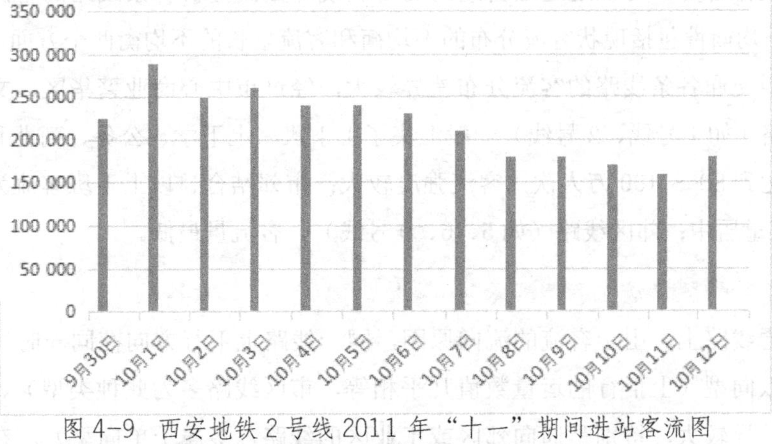


图 4-9 西安地铁 2 号线 2011 年“十一”期间进站客流图

通过图 4-9 可以看出，城市轨道交通国庆节期间一般在 10 月 1 日出现最大客流，随后客流逐步减小，至节日最后一天 10 月 7 日达到节日期间的最小客流量，10 月 8 日以后客流量比国庆节期间有明显下降，并趋于稳定，国庆节前一天 9 月 30 日客流量明显高于正常日的客流量。

2）圣诞节和元旦客流特征分析

除传统的大客流十一黄金周外，近几年，圣诞节平安夜、元旦出现大客流的趋势较明显，以下统计是西安地铁 2 号线 2011 年圣诞节和元旦期间日客流量，具体如图 4-10 所示。

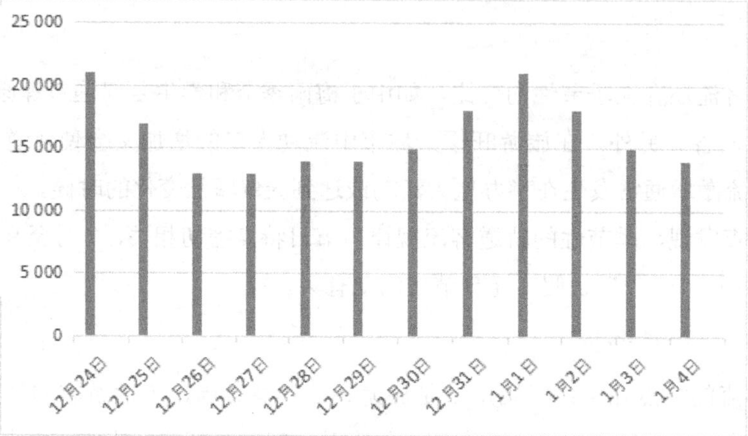


图 4-10 西安地铁 2 号线 2011 年圣诞节和元旦客流量

根据图 4-10 可以看出，圣诞节前一天（平安夜）、元旦放假前一天的客流量增加较多，增量明显，节日前一天全线客流量具有平时周五客流量或者稍高的水平；元旦期间，1 ～ 3 日客流量持续减少，3 日的客流量最小。

## 三、客流空间特点分析

客流的空间不均衡性主要分为同一条线路上下行不均衡、各个断面客流不均衡、分时客流不均衡、各条线路不均衡及各车站乘降人数的不均衡。

### 1. 各条线路客流分布特点

城市轨道交通线网的各条线路因其所在的城市客流走廊带不同、沿线用地性质不同，其客流规模和分布规律各异。可以通过运营期间的客流统计数据分析各条线路的客流分布特征。各条线路客流的不均衡性包括现状客流分布的不均衡和客流增长的不均衡两个方面。

如上海轨道交通各条线路的客流分布差异较大，经过市中心商业繁华区、文化聚集区、客流集散点的线路（如 1 号线、2 号线）一般汇集了上下班、上下学、公务、商业和旅游等客流，工作日客流量达到 80 ～ 100 万人次，客流强度较大；市郊结合、以上下班客流为主的线路（如 3 号线），客流量居中；郊区线路（如 5、6、9 号线），客流量最低。

### 2. 上下行方向客流分布特点

在轨道交通线路上，由于客流的流向原因，同一线路上下行方向在同一时段内客流具有以下两种特征：双向型（上下行的运量数值几乎相等，市区线路多为此种类型）、单向型（上下行的运量数值差异较大，特别是通向郊区或工业区的线路，多属于单向型）。在放射状的轨道交通线路上，早、晚高峰小时的上下行方向客流不均衡尤为明显。可以采用轨道交通线路上下行方向不均衡系数来描述轨道交通线路上下行方向客流均衡程度，计算公式如下：

$$\alpha_1=\frac{\max\left\{A_{\max}^{上},A_{\max}^{下}\right\}}{\left(A_{\max}^{上}+A_{\max}^{下}\right)/2}$$

式中：$A^{上}{}_{\max}$，$A^{下}{}_{\max}$—— 上行、下行最大断面客流量；

$\alpha_1$—— 上下行客流不均衡系数。

一般线路的上下行不均衡系数 $\alpha_1$，为 1.1 ～ 1.2，工业区线路的 $\alpha_1$，为 1.4 ～ 1.5。当 $\alpha_1$ 较大时，在上下行方向最大断面客流量不均衡的情况下，直线走向（需要折返）的轨道交通线路要做到经济合理地配置运力比较困难，而环形轨道交通线路则常采用内外环线路安排不同运力的方法来解决，即分别在环线轨道交通上下行安排不同的运力与此相适应。

3. 各个断面的客流分布特点

在轨道交通线路上，由于线路行经区域的用地开发性质不同，所覆盖的客流集散点的规模和数量不同，因而出现线路各个车站乘降人数不同，线路单向各个断面的客流存在不均衡现象是不可避免的。

轨道交通线路单向各个断面客流不均衡系数可按下式计算：

$$\alpha_2=\frac{A_{\max}}{\frac{1}{n}\sum_{i=1}^{n}A_i}$$

式中：$A_{\max}$—— 单向最大断面客流量；

$A_i$ —— 第 $i$ 个区间单向断面分时客流量；

$n$—— 轨道交通所设区间数量。

当 $\alpha_2$ 较大时，断面客流量不均衡性明显，轨道交通运营管理单位常在客流量较大的区段加开区段列车，但在行车密度较大的情况下，加开列车会有一定难度，而且加开区段列车对运营组织和车站折返设备的要求较高。一般情况下，$\alpha_2$ 在 1.5 以上的线路，运营组织要采取措施，增大最大断面的运输能力，保持线路各个断面运力与运量的平衡。合理的列车交路计划既能改变这种状况，提高列车和车辆运营效率，又能给予乘客较大的方便。因此不同列车交路相结合的运行方式能使行车组织做到经济合理。列车交路主要有长交路、短交路及混合交路等几种方式。

4. 各个车站乘降人数分布特征

轨道交通线路各个车站的乘降人数是不均衡的。一些城市在不少线路上，全线各站总的乘降量主要集中在少数几个车站，新的居民住宅区形成规模和新的轨道交通线路投入运营，也会使车站乘降量发生较大的变化，使不均衡加剧或带来新的不均衡。车站乘降人数的不均衡决定了各个车站的客运工作量、设备容量或能力的配置、客运作业人员的配备以及日常运营管理的重点。总结不同类型城市轨道交通线路，各个车站乘降人数空间分布特征可归纳为以下五类。

1）均等型

当城市轨道交通线路呈换线布置或沿线用地已高密度开发成熟时，各车站上下车客流接近相等，沿线客流基本一致，不存在客流明显突增路段。

2）两端萎缩型

当城市轨道交通线路两端延伸至还没有完全开发的城市边缘地区或郊区时，线路两端路段的客流小于中间路段的客流。

3）中间突增型

当城市轨道交通线路途经大型的对外交通枢纽、高密度开发地区或者车站利用常规公交线路辐射吸引范围广阔时，位于该区位车站的上下客流明显偏大，线路客流存在突增的路段。

4）逐渐缩小型

当城市轨道交通线路首末车站位于大型对外交通枢纽附近或接近城市中心 CBD 地区时，随着线路向外延伸，线路客流逐渐减小。

5）组合型

当城市轨道交通线路结合了以上多种特点时，城市轨道交通线路乘降人数反映出的特征无具体规律，主要受车站周边土地利用影响。如西安地铁 2 号线属于该种类型，2 号线贯穿西安市南北中轴线，沿线经过对外枢纽北客站、行政中心站、经济技术开发区、市中心钟楼、小寨商业区及会展中心。图 4-11 是西安地铁 2 号线 2012 年 4 月各站平均每日进出站人数分布图，从该图可以看出各站乘降量的不均衡性。

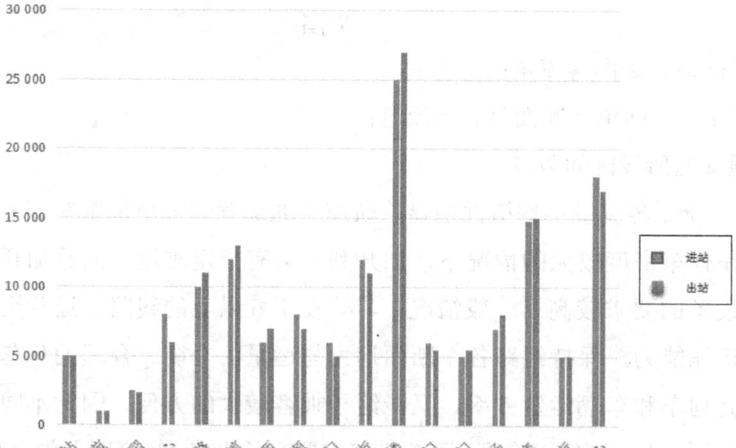


图 4-11 西安地铁 2 号线 2012 年 4 月各站平均每日进出站人数

从图 4-11 可以看出，西安地铁 2 号线各站客流相差较大，客流最大的车站为钟楼站，其次为会展中心站和小寨站，客流最小的车站为北苑站。钟楼站因所处城市中心，周边商业、旅游景点较多，开发成熟度高，所以此处的本地人和外地人都较多，乘降量是全线最大的车站，会展中心站处于曲江会展中心场馆旁边，经常有展览、演唱会等活动，并且该站为西安南郊市民通过其他交通方式换乘地铁进入市区的换乘站，所以进出站客流量较大，位居全线第二。

5. 车站内客流分布特点

分析轨道交通车站内乘客流向及行程轨迹，车站内客流在空间分布上也存在不均衡现象，它们包括经由不同出入口的客流不均衡、各个换乘方向的客流不均衡、通过不同收费区的客流不均衡、通过同一收费区不同检票机的客流不均衡、上下行方向的乘降客流不均衡等。

通过调查了解西安地铁 2 号线钟楼站早晚高峰客流情况得出以下结论：通过各台进站闸机的客流，按照距离自动售票机 TVM 及距离出入口的近远，呈现出明显的阶梯状递减分布，而通过各台出站闸机客流则相对均匀。分析原因，进站客流是陆续到达的，乘客为争取时间通常会选择最近的进站闸机，而出站客流是集中到达的，乘客为避免排队通常会选择比较空闲的出站闸机检票出站。

掌握客流在车站内，尤其是掌握客流在换乘站内的空间分布特征，对车站自动售检票设备合理配置与优化布局、制定车站客运组织方案与客流组织措施具有重要意义。

## 四、轨道交通网络化客流特征

当轨道交通逐渐成网以后，客流分析不能仅局限于单条线路分析后的简单叠加。随着线路增多逐渐成网，各条线路相交于换乘站，客流互相作用，构成了网络效应。随着网络规模的增大，换乘更加便捷，居民出行乘坐轨道交通可达性提高，线网客流量会迅速增大，轨道交通分担率迅速上升，轨道交通的优势得以充分体现。

以上海城市轨道交通线网规模发展及相应客流变化的情况进行分析。

上海轨道交通日均客流由 10 万人次到 100 万人次历时 10 年，而在 2007 年至 2008 年，网络日均客流从 200 万人次迅速提升至 300 万人次。2010 年达到日均 500 万人次，特别是 2010 年 10 月，轨道交通日均客流量接近 600 万人次。2002 年至 2008 年上海轨道交通日均客流及换乘客流情况如图 4-12 所示。

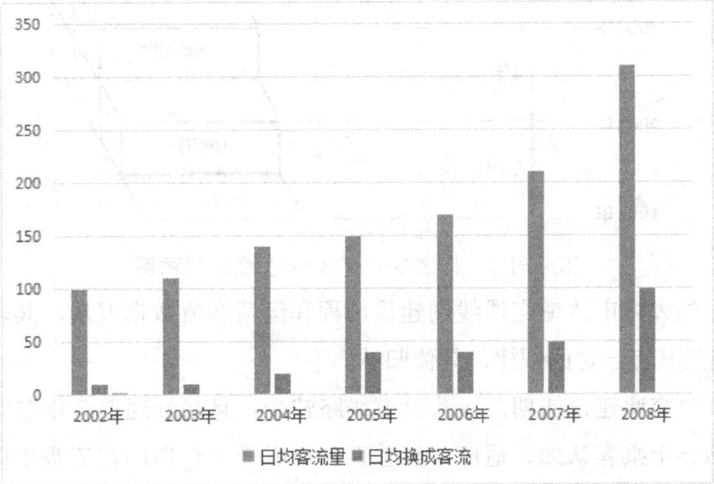


图 4-12 上海轨道交通日均客流及换乘客流情况

随着城市轨道交通网络规模的增大，换乘站的地位越重要，客流量就会越大。以上海人民广场站为例，2008 年上半年日均吞吐量达到 38.81 万人次，2010 年达到日均 70 万人次，世博会期间最高日达到 110 万人次。

城市轨道交通随着网络规模的增大，线路之间换乘便捷性越来越高。2002—2005 年，上海城市轨道交通网络只有人民广场站 1 个换乘站，日均换乘客流比例一直维持在总客流量的 10% 左右，2005 年年底，上海地铁交通网络“一票换乘”实施后，换乘客流大幅增加，比重达到 20%；2008 年各线换乘客流比例持续增加，全网络最大日换乘客流甚至超过 120 万人次，网络换乘比例也首次超过 30%。图 4-13 所示为上海地铁人民广场站日均吞吐量变化趋势。

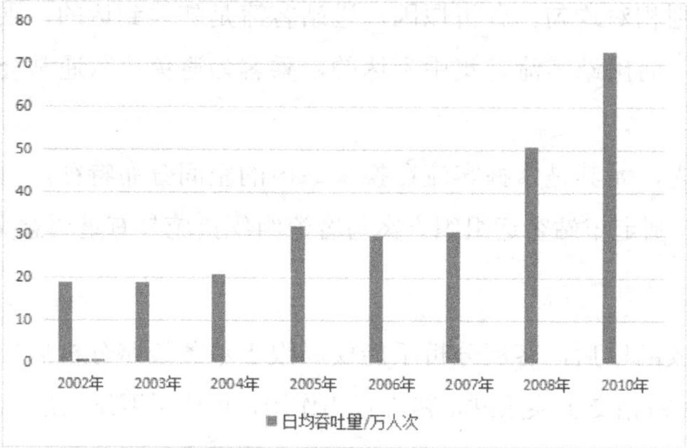


图 4-13 上海地铁人民广场站日均吞吐量变化趋势

北京市轨道交通日均客流量从 10 万人次增到 100 万人次用了 10 年；从 100 万人次增到 200 万人次用了 4 年时间；从 200 万人次增到 300 万人次仅用了 1 年时间；从 300 万人次到 400 万人次仅用了不足 1 年时间，图 4-14 为北京市轨道交通网络客运量增长示意图。

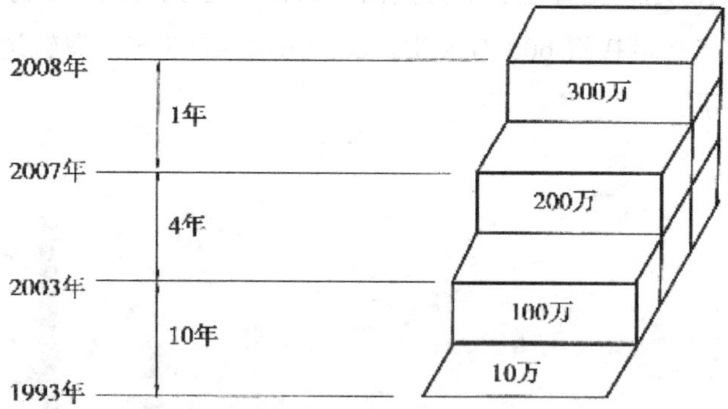


图 4-14 北京市轨道客运量增长示意图

通过调研国内外大城市轨道交通线网建设历程和运营客流数据发现，其轨道交通随着线网建设，客流变化趋势具有一定的规律，具体归纳如下。

（1）在城市轨道交通建设初期，运营轨道线路较少，且在开通前 3 年左右有一个客流培育的阶段，必须经历一个乘客认知、适应、熟悉直至形成一个合理的客流吸引区域的过程，客流的增长比较平缓。

（2）随着轨道交通线路逐步成网，轨道交通线网日均客流呈现总体上升趋势，在初期、近期日均客流上升幅度均较大。

(3) 位于郊区的轨道交通线路，其客流形成和培育时间较长。位于中心城内的轨道交通线路，其客流强度与线路走向和主要客运走廊的重合度有关，一般在开通初期客流增长较快。

(4) 市区线路呈现客流总体保持增长：运营后初近期客流增长较快、中远期增长较慢、远期客流趋于平稳。

(5) 郊区线轨道交通线路在开通运营之后相当长的时间内，客流呈现总体上升趋势，直至沿线区域开发相对成熟后趋于稳定。

## 五、换乘客流特点分析

轨道交通的换乘包括乘客在线网内同一线路上换乘、乘客在线网内不同线路间换乘、乘客在轨道交通与其他交通方式间换乘三种情形。因城市轨道交通与其他交通方式换乘一般在站外换乘，本书不做介绍。

线网内同一线路上换乘是指部分乘客在中间站换乘同线路、同方向或不同方向列车，这部分客流人数较少，部分乘客因乘车坐错方向换乘至同一线路相反方向，或是等候他人一起前去目的地，这类换乘客流对车站客流组织影响不大。

乘客在线网内不同线路间换乘是指乘客在城市轨道交通线网内通过换乘车站实现不同线路之间的换乘。不同线路之间的换乘可分为同站台换乘、节点换乘、站厅换乘、通道换乘等基本形式。

### 1. 同站台换乘

同站台换乘一般适用于两条线路平行交织且采用岛式站台的车站形式，乘客换乘时，由岛式站台的一侧下车，横穿过站台到另一侧上车。这种换乘方式比较方便，但是存在部分客流换乘距离较远的缺陷。

### 2. 节点换乘

节点换乘是在两线交叉处，将两线隧道重叠部分的结构做成整体的节点，并采用楼梯将两座车站站台直接连通的换乘形式，一般有“十”字型、“T”字型、“L”字型等几种形式。该种换乘方式乘客通过楼梯进行换乘，较为方便，但存在客流交叉的问题，若换乘设施设置不当，会造成换乘客流交叉拥堵。该种换乘方式客流组织的关键是注意上下楼的客流组织，避免进出站客流和换乘客流的交织紊乱。

### 3. 站厅换乘

站厅换乘为两线或多线共同设置共用站厅，乘客下车后，无论是出站还是换乘，都必须经过公用站厅，再根据导向标志出站或进入另一个站台继续乘车。由于下车客流只朝着一个方向流动，客流组织简单，减少了站台上人流的交织，乘客行进速度快，在站台上滞留时间短，可避免站台拥挤，同时又可减少楼梯等升降设备的总数量，从而增加了站台的有效使用面积。此种换乘方式，换乘乘客必须先上（下）后下（上），换乘总量大。另外，由于出站客流和换乘客流一起经过站厅，因此站厅内客流导向和指示标志以及各种信息显示屏等换乘诱导系统设施的设置显得尤为重要，它是保证乘客有序流动必备的硬件条件。另外，城市轨道交通运营单位应在换乘线路上设置一定的导流、隔离装置，当换乘客流较大时，在一些重要位置增加人工引导。

4. 通道换乘

通道换乘是在两线交叉处，用通道和楼梯将两车站连接起来，属于一种间接换乘形式，乘客换乘步行距离长，换乘能力有限，有时需要出付费区换乘（需要重新购票），但是此类换乘布置灵活，连接通道可以设置于两站站厅之间，也可直接设置在站台上。

【小贴士】

换乘乘客需求特征有如下两点。

1）心理需求

（1）方便性。乘客对换乘时耗有一定的心理可接受度，换乘时间过长会产生焦虑心理。参照香港地铁调查研究，如能将换乘通道长度控制在 60 m 以内，换乘时间是适宜的，大部分乘客均可以接受。

（2）顺畅性。换乘流线顺畅，尽量减少不必要的绕行，减少换乘路线高程起伏；换乘设施摆放位置和方向应与流线一致，减少客流交织和冲突；同时换乘路径中的设施能力要匹配，避免能力瓶颈带来的拥堵。

（3）舒适性。换乘站设施能力适应客流需求，设施拥挤会降低换乘舒适度。另外，配有自动扶梯或自动步道也会使换乘更加舒适。

2）行为特征

（1）简单化。由于地下车站空间封闭性，很容易让人失去方向感，要求换乘设施空间布局紧凑、换乘流线清晰，应尽量减少对换乘路径的选择，从而减少乘客的滞留时间，提高乘客在站台、站厅的疏散速度。

（2）就近性。在换乘路径上人们习惯选择最短路径，如在到达站台时，倾向就近选择换乘车厢，因此易导致换乘客流分布不均衡，如 T 型换乘站的客流易聚集在端头。

## 六、终端站客流特点

由于轨道交通终端站一般位于城市的外围区，土地开发利用比较单一，终端站的高峰时段与平峰时段存在较大的差异，主要有以下几种情况的客流时间分布特征。

（1）终端站位于以居住区为主的客流发生区，主要表现为早高峰上客流量比较大，下客流量比较小；晚高峰则相反，即早高峰以进站客流为主，晚高峰以出站客流为主，在车站常出现早晚高峰乘降客流的潮汐现象。

（2）终端站位于以旅游区或就业区为主的客流吸引区，主要表现为上午下客流量比较大，上客流量比较小；晚上则相反，即上午以出站客流为主，晚上以进站客流为主。

（3）终端站位于对外交通枢纽区时，这种类型的终端站既是客流发生区，同时也是客流吸引区。客流时间分布表现为随机性，上下客流量呈现出不规律性，与对外交通到发时间密切相关，如与火车站直接换乘的枢纽车站，城市轨道交通车站客流会表现出明显的波峰型，当某趟火车到站后，将有大量乘客涌入地铁站乘车，波峰客流持续到这趟火车的客流疏散完毕。

**【知识链接】**

## 客流敏感性分析

影响城市轨道交通客流的因素众多，不同时间周期的客流量统计指标会受到不同社会与经济因素的影响。一般年客流量、季度客流量及月客流量受到宏观经济因素的影响较大；日客流量受到自然气候条件、节假日、重大活动的影响较大。城市轨道交通客流量的影响因素主要有以下几个方面。

（1）城市轨道交通网络的规模、客流吸引区域的大小。

（2）轨道交通在整个城市公共交通网络中所处的位置。

（3）列车运行速度、安全、舒适、正点率等因素。

（4）票价政策。

（5）与其他公共交通的性价比比较。

城市的经济水平和人口规模能从根本上决定轨道客流的规模。不同人口规模和分布的城市里，其上班、上学、购物旅游等客流量及分布都会具有明显区别。另外由于轨道交通票价一般会高于常规交通方式，所以城市经济水平的提高会有助于轨道交通客流规模的增大，反之则减小。

城市未来发展规划也对其轨道客流规模起着重要的作用。各个城市都会根据本身的性质规模、经济发展水平和有关国家政策制定未来若干年的发展规划，其中就包括交通设施发展的宏观构架和目标。对于将轨道交通列入未来发展规划的城市，其客流规模自然有一定的扩大趋势。

相关产业因素：有旅游人数、旅游床位数量、公共交通车辆数、游园人数、在校学生人数、房地产开发量、第三产业产值等。城市产业结构的变化建立在高效的交通系统和经济区域化的基础上，对城市公共交通需求产生的内在机制和需求强度有着关键性的影响。

沿线土地利用对轨道客流规模存在着举足轻重的影响。城市中因为各种经济活动而进行的土地利用是轨道客流产生的“源泉”。如果轨道线路经过城市主要的居住区和商业区，就会具有较大的客流规模。

自然气候条件：如平均气温、最高温度、最低温度、风力等级、日照时数、总降雨量等。自然环境会影响人们在出行时对交通工具的选择，恶劣天气和晴朗天气，适温与高温或低温等对交通工具的选择有所不同。城市公共交通的客流量会随自然气候条件有一定波动，尤其在周末加上好天气，公共交通客流量的增加相当可观。

在这些因素都确定的情况下，城市客流的产生和分布就客观存在。轨道交通迅速、大运量的特点，增强了轨道沿线的通达性，对周边的土地利用和社会经济发展有了相应的反作用，轨道客流的产生和分布在一定程度上也随之改变。

**【任务实施】**

以香港地铁尖沙咀车站为例，分析该站一天各小时客流特征。香港地域狭窄、人口密度高，城市道路交通出行较拥堵，而香港地铁较发达，站点布置密集，地铁出行方便，市民日常出行已将地铁作为主要交通工具。

香港地铁尖沙咀车站平日客流统计平均值（一天各小时客流分布如图 4-15 所示。

通过图 4-15 中显示的尖沙咀车站客流数据分布可以看出，尖沙咀车站的一天各小时客流分布是双向峰型，因为该车站位于综合功能用地区位，客流分布与其他交通方式的客流分布一致，有两个配对的早晚上下车高峰。

尖沙咀车站早高峰时段，7：00—10：00 出站的乘客明显比进站的乘客多，其原因是该站附近商业、办公、金融建筑较多，早上到达该区域上班的人较多，没有大量居住人口，进入车站的乘客相对较少。11：00—16：00 时段进出车站的乘客数量基本相同，因为这个区域是旅游热点，区内有大量酒店、饮食店及购物中心。在下午高峰时段 16：00—19：00 主要为下班或到尖沙咀附近休闲、观光、购物的乘客，所以乘客进出车站流量均较大。

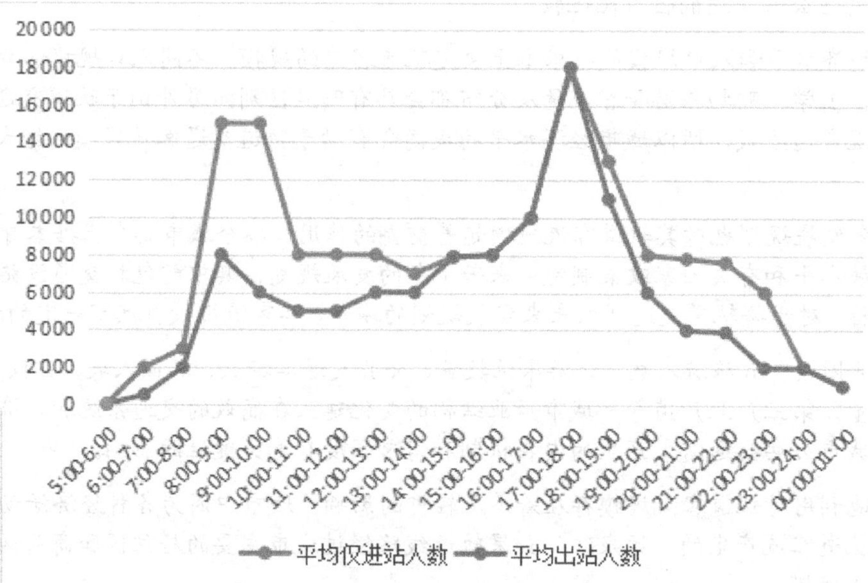


图 4-15　香港地铁尖沙咀车站平日客流分布图

**【效果评价】**

效果评价见表 4-1。

**表 4-1 评价表**

| 项目名称 | 城市轨道交通客流组织 | 学生姓名 | |
|---|---|---|---|
| 任务名称 | 任务一 城市轨道交通客流特点分析 | 分数 | 考核得分 |
| 1. 城市轨道交通客流特点相关知识及图片的搜集、整理 | | 10 | |
| 2. 是否有小组计划 | | 5 | |
| 3. 城市轨道交通客流时间、空间特点掌握情况 | | 20 | |

续表

| 项目名称 | 城市轨道交通客流组织 | 学生姓名 | |
|---|---|---|---|
| 任务名称 | 任务一 城市轨道交通客流特点分析 | 分数 | 考核得分 |
| 4. 城市轨道交通客流网络化及其他客流特点掌握情况 | | 50 | |
| 5. 编制学习汇报报告情况 | | 10 | |
| 6. 基本素养考核情况 | | 5 | |
| 总体得分 | | | |
| 教师简要评语：<br><br>教师签名： | | | |

## 任务二 城市轨道交通客流调查与预测

客流是动态变化的，对城市轨道交通运营客流调查数据进行统计分析，可以了解客流在时间、空间上的动态变化规律；同时对既有线路的运营客流特征分析，能为后续实施线路或者其他城市的规划路网提供参考数据，从而为其线网规模的控制、基建工程和设备采用与布置以及运输组织等诸多方面提供参考。另外，根据客流的动态变化，可以及时调整上线列车数量，为乘客提供良好的公共交通服务。在轨道交通系统的运营过程中，要掌握客流在时间、空间上的动态变化规律，必须经常进行各种形式的客流调查。

### 一、客流调查种类

本任务介绍的客流调查是指调查已建成投入运营的轨道交通实际客流。为了反映客流的不同特征，达到不同的调查效果，客流调查主要有以下几类。

#### 1. 全面客流调查

全面客流调查是对全线客流的综合调查，通常也包含了乘客情况抽样调查。全面客流调查时间长、工作量大、需要较多的调查人员。但通过对调查资料进行整理和统计分析，能对客流现状及客流规律有一个全面清晰的了解。

全面客流调查有随车调查和站点调查两种调查方式。随车调查是在车门处对全日运营时间内所有运行列车的上下车乘客进行调查，站点调查是在车站检票口对全日运营时间内所有在车站上下车乘客进行调查。轨道交通系统全面客流调查多采用后者，调查一般应连续进行两天或三天，并考虑周一至周五、周六与周日的不同客流特征，在全日运营时间内，调查全线各站所有乘客的下车地点和票种情况，并将调查资料以 5 min、10 min 或 15 min 为间隔分组记录下来。

#### 2. 乘客情况抽样调查

抽样调查是用样本来近似地代替总体，这样做有利于减少客流调查的人力、物力和时间消耗。乘客情况抽样调查通常是以问卷方式进行的，调查内容主要包括乘客构成情况和乘车情况及乘客满意度调查等。

乘客构成情况调查一般在车站进行。调查内容包括年龄（老、中、青）、性别（男、女）、职业、居住地（本地、外地）和出行目的（工作、学习、购物、游览、访友、就医、其他）等，调查时间可选择在客流比较稳定的运营时间段。

乘客乘车情况调查可以根据需要分类进行，也可在特定的时间、地点进行。调查内容除年龄、性别和职业外，还可包括家庭住址、家庭收入、日均乘车次数、上车站和下车站、到达车站的方式（步行、自行车、出租车、公交车）和所需时间，下车后到达目的地的方式（步行、自行车、出租车、公交车）和所需时间等。

满意度调查反映轨道交通系统使用者对交通设施状况、供给水平、服务质量的评价，通过各种调查方式，可以准确掌握客运交通系统的改善方向，为提高客运管理水平提供改进依据。

进行抽样调查，首先需要确定抽样方法与抽样数，以确保抽样调查的结果具有实用意义。抽样方法主要有简单随机抽样、分层抽样、整群抽样和多阶段抽样等。抽样数取决于总体数量、总体的异质性程度以及调查的精度要求。表 4-2 所示为美国交通部规定的家访出行调查抽样率。20 世纪 80 年代，国内天津、上海、广州、南京等城市进行的家访出行抽样调查率均为 3% ～ 4%。

**表 4-2　家访出行调查抽样率（以家庭为单位）**

| 调查范围内人口 / 万 | 最小抽样率 /% | 推荐抽样率 /% |
|---|---|---|
| ＜5 | 10 | 20 |
| 5 ～ 15 | 5 | 12.5 |
| 15 ～ 30 | 3 | 10 |
| 30 ～ 50 | 2 | 6.6 |
| 50 ～ 100 | 1.5 | 5 |
| ＞100 | 1 | 4 |

### 3. 断面客流调查

断面客流调查是一种经常性的客流抽样调查，可选择一两个断面进行调查。一般是对最大客流断面进行调查，调查人员用直接观察法调查车辆内的乘客人数。目前城市轨道交通大多采用自动售检票系统，通过系统记录的历史数据可以分析得出断面客流数据。

### 4. 节假日客流调查

节假日客流调查是一种专题性客流调查，重点对春节、元旦、国庆节、五一、双休假日和若干民间节日期间的客流进行调查。调查的内容除了节假日期间轨道交通客流量外，还包括机关、学校、企业等单位的休假安排，都市旅游业、娱乐业的发展程度，城市居民生活方式的变化等，该项调查一般通过问卷方式进行。

### 5. 重要活动客流调查

重要活动客流调查主要是针对影剧院、体育场馆等客流快速集散的站点进行的专项客流调查，该项调查主要涉及影剧院、体育场馆的规模与附近轨道交通车站的客流影响程度和持续时间之间的相关关系。

## 二、客流统计指标

客流调查结束后，对客流调查资料应认真整理，采用适当的统计方法来汇总分析各项指标。轨道交通系统全面客流调查后应汇总计算的主要指标如下。

### 1. 乘客人数

（1）分时各站上下车人数；

（2）全日各站上下车人数；

（3）分时各换乘站换乘人数；

（4）全日各换乘站换乘人数；

（5）全线全日乘客人数；

（6）全线高峰小时乘客人数。

### 2. 断面客流量

（1）分时各区间断面客流量；

（2）全日各区间断面客流量；

（3）分时最大断面客流量；

（4）全日最大断面客流量；

（5）高峰小时最大断面客流量。

### 3. 乘客乘坐站数与乘车距离

（1）本线乘客乘坐不同站数人数及所占比例；

（2）跨线乘客乘坐不同站数人数及所占比例；

（3）乘客平均乘车距离。

### 4. 乘客构成

（1）全线持不同票种乘客人数及所占比例；

（2）车站按年龄、出行目的等统计的乘客人数及所占比例；

（3）车站三次吸引（步行、公交车、轨道交通）乘客人数及所占比例；

（4）从不同距离，以不同方式到达车站的乘客人数；

（5）居住在城市不同区域乘客人数及所占比例。

### 5. 乘客乘车情况

乘客乘车情况包括年龄、性别、职业、家庭住址、到达车站的方式（步行、骑车、乘公交车等）和时间，上、下车站及换乘站，乘坐轨道交通比其他常规公共交通方式所节省的时间等。

6. 列车运输

（1）客车公里。

客车公里的计算公式为：

$$客车公里 = 客运列车数 \times 列车编组辆数 \times 列车运送距离$$

（2）客位公里。

客位公里的计算公式为：

$$客位公里 = 客运公里 \times 车辆定员$$

（3）乘客密度（人 / 车）。

乘客密度的计算公式为：

$$乘客密度 = （客运量 \times 平均运距）/ 客车公里$$

（4）客车满载率。

客车满载率的计算公式为：

$$客车满载率 = 乘客密度 / 车辆定员 \times 100\%$$

或：

$$客车满载率 = （客运量 \times 平均运距）/ 客车公里 \times 100\%$$

（5）断面满载率。断面满载率的计算公式为：

$$断面满载率 = 单向最大断面客流量 /（客运列车数 \times 列车编组辆数 \times 车辆定员）\times 100\%$$

## 三、客流预测

1. 客流预测年限

预测年限也就是轨道交通的设计年限，是控制工程规模和投资的重要因素，其合理性将直接影响工程建成后的效益和效率。设计年限定得长，虽为将来的发展留下余地，但却使轨道运营长期处于欠负荷状态；设计年限定得过短，会使整个系统的交通容量很快饱和，系统将长期处于超负荷运营状态，不但降低了服务质量，也不能很好地解决交通问题，恰当地定好设计年限是非常重要的。《城市轨道交通工程项目建设标准》规定，客流预测年限分为初期、近期和远期。初期为建成通车后的第三年，近期为交付运营后的第十年，远期为交付运营后的第二十五年。每条线路的客流预测应按初期、近期和远期设计年限对相应建成范围分别预测，若一条线路分段建设，每段通车时间相距 3 年以上应按不同项目实施。后期实施的项目设计年限应按后期项目建成通车年为基准年，重新推定初期、近期和远期设计年限进行全线客流预测。

2. 轨道交通客流形成机理分析

快速轨道交通承担的客流量主要包括趋势客流量、转移客流量和诱增客流量。趋势客流量指轨道车站及沿线正常增长的客流量，转移客流量指由于快速轨道交通具有快捷、准时、安全、方便等优点，原来主要由地面常规公交和自行车方式承担的中长距离客流转移到快速轨道交通。诱增客流量指快速轨道交通建设促进沿线土地开发、人口聚集，使区域之间可达增加、服务水平提高、居民出行强度增加而诱增的客流。

城市客流主要取决于城市土地利用空间布局和交通组织。同时，由于轨道交通作为一种快速、大运量的城市客运系统，改变了轨道线路沿线的可达性，相应地会对城市土地利用空间布局产生一定的影响，如加快郊区城市化进程和提高轨道线路沿线土地的开发强度等，从而影响轨道客流的产生和分布。而城市客运交通结构和城市客流的流向、流量由居民的平均出行距离、交通设施的服务水平、出行者的经济承受能力和价值观念以及城市所采取的宏观调控政策等因素综合决定。轨道交通承担的客流量还涉及与城市中其他交通方式的协调关系。因此，城市客流的产生、分布、方式和路径选择并不是一个单向的作用机制，而是一种相互反馈的动态平衡机制。因此轨道客流的形成是建立在城市空间布局、交通发展战略、城市各种客运方式的特点和相互间的协调关系以及出行者的经济能力的基础上的。

### 3. 客流预测的目的与意义

城市轨道交通的建设是为了满足城市居民的出行需求，这种需求数量的变化随着交通状况、路网建设和不同交通方式竞争而呈动态性变化。轨道交通建设的模式和规模要适应近期城市交通的需求，又要适应远期城市交通发展的要求，预测的客流量是城市轨道交通规划、设计、建设及运营各环节的基本依据。客流预测是城市轨道交通建设的一个重要环节，是城市轨道交通规模设计工作的基础。预测结果的可靠性直接关系到城市轨道交通的建设投资、运营效率和经济效益。

（1）客流预测是进行轨道交通项目宏观和微观投资决策的依据。从宏观角度看，要对城市轨道交通建设的投资做出合理规划，就必须对城市客运需求的现状和趋势做出科学的判断或预测；从微观角度看，一个具体的轨道交通项目是否值得建设，也必须以未来客运需求为依据才能做出正确的决策。

（2）客流预测是轨道交通项目可行性研究和项目评估的基础。可行性研究和项目评估都涉及项目经济评价，经济评价是对费用、效益的一种科学的比较分析，但是从衡量、计算费用到衡量、计算效益都离不开项目的客流预测。具体而言，一个项目的投资额和运营成本主要取决于在客流预测基础上确定的系数规模，同样，项目建成后运营期内效益如何，也需要借助逐年的客流预测结果才能衡量和计算。如果没有科学、合理的客流预测，就项目的费用和效益必然被低估或高估，经济评价失去真实性，从而误导投资者和决策者。

（3）客流预测是运营阶段管理方案的基础。在运营阶段，票价变化、运营组织变化、服务水平改变、与其他交通方式衔接变化、发车间隔改变、其他交通方式的服务水平改善等都影响轨道交通客流，需要对轨道交通客流进行精细预测。

### 4. 轨道交通客流预测的内容

客流预测应按不同研究阶段分别进行。

1）线网规划阶段客流预测

（1）线网总量预测。

依据城市总体规划和综合交通规划分析城市现状和规划区域客流，分析和确定远景线网规划承担的客运总量及在公交总量中分担的比例、平均运距、客流负荷强度等相关指标，并在全线网范围内按总量控制原则进行各线客流总量预测。

（2）线路客流预测。

以远景线网客流总量为基础预测各条线路的全日客流（双向）总量、分段断面流量（图）、全日平均运距和客流负荷强度等相关指标，进行总量控制分析，并估测各线高峰小时单向最大断面流量。

2）工程可行性研究阶段客流预测

应按每一条线路项目的设计年限进行初期、近期和远期的客流预测，预测内容应符合下列规定。预可行性研究阶段客流预测可参照执行。

（1）线网客流预测。

在远景线网规划阶段客流预测基础上，预测项目远期设计年限建成的线网规模的全日客流总量、各条线路的全日客流总量和客流负荷强度，并对各条线路的客流进行总量控制与分析。

（2）线路客流预测。

预测各条线路全日客流量和各小时段的客流量及其比例、全日和高峰小时的平均运距及平均客流负荷强度、全日各级运距每分级的乘客量。全日客流量是总体表现和评价运营效益的直观指标，也是进一步评价线路负荷强度的重要指标。各小时段的客流量及比率，是为全日行车组织计划提供依据，在保证运营能力和服务水平的前提下，合理安排行车间隔，提高列车的满载率及运营效益。

（3）车站客流预测。

预测全日和早、晚高峰小时的各车站上下行的乘降客流、站间断面流量以及相应的高峰系数；在大型社会活动期间或节假日、双休日对具有突发客流的特殊车站应单独作特别预测和分析。高峰小时时段的站间最大单向断面流量是确定系统运量规模的基本依据，由此选定交通制式、车型、车辆编组长度、行车密度及车站站台长度。全线高峰小时的站间断面流量是全线运行设计的基本依据，由此确定区域折返交路、折返列车数量、折返车站位置及配线形式，并计算车辆配置数量。

（4）OD客流预测。

预测全日、高峰小时的各车站站间客流，对跨越不同区域的线路应进行各区域的内外客流预测，并对客流特征进行分析。通过站间客流数据可以反映出不同区域之间出行特征、线路客流重点集中区段，对轨道交通票制票价制定、建设投资、运营成本财务分析、社会经济效益分析提出项目效益评价意见。

（5）换乘客流预测。

对全日和高峰时段的各换乘车站（含支线接轨站）的换乘客流量及占车站总客流量的比重进行并应预测相关线路之间、不同方位和方向的换乘客流。此项数据对主客流方向的评价很重要，并为换乘形式设计和换乘车站间的换乘通道或换乘楼梯宽度的计算提供依据。

（6）出入口分向客流预测。

根据每一座车站确定的出入口分布位置，预测每个出入口分向客流并分析其波动性，为每个出入口宽度计算提供依据，包括各个车站出入口在不同高峰时段的分担客流。预测可在初步设计阶段车站出入口稳定后进行。

5. 客流预测方法

客流预测方法主要有定性预测和定量预测两种，具体方法如图 4-16 所示。

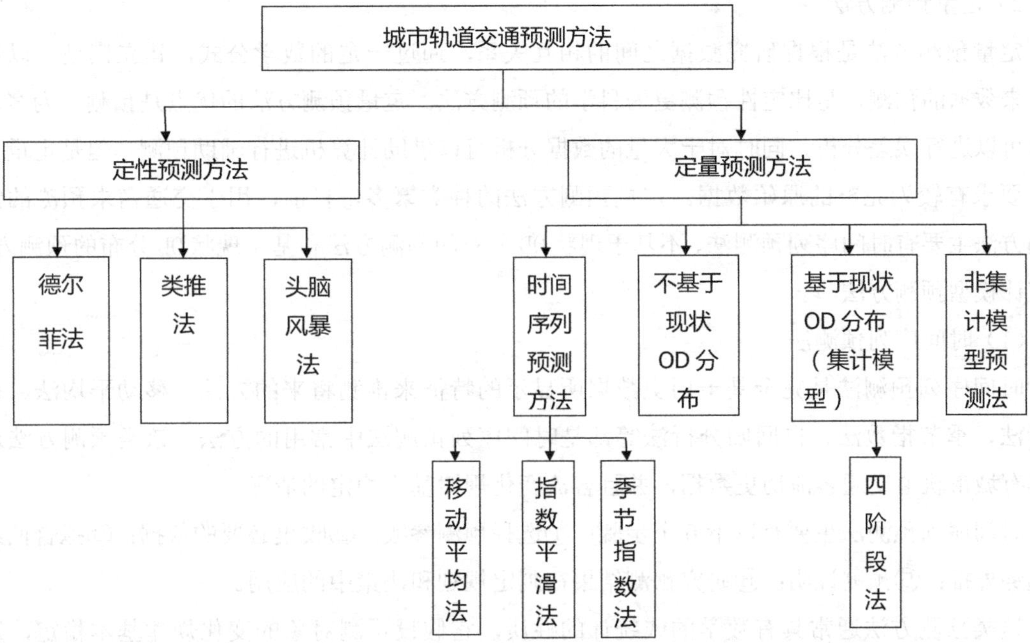


图 4-16 城市轨道交通客流预测方法

1）定性预测方法

定性预测是主要依赖个人的经验感觉或专家的判断，运用预测者的经验，综合考虑各种影响因素，分析城市轨道交通运营的特点和构成，进行预测的一种方法。

这类方法的优点是简便直观，不需要建立烦琐的数学公式，通过研究系统的定性分析，根据专家丰富的经验，对未来的交通需求进行预测，但这类方法的缺点也比较明显，通过定性预测法预测产生的结果往往带有主观色彩。定性预测方法主要有德尔菲法、类推法、头脑风暴法等。

（1）德尔菲法。

德尔菲法是依据系统的程序，采用匿名发表意见的方式，即专家之间不得互相讨论，不发生横向联系，只能与调查人员发生联系，通过多轮次调查专家对问卷所提问题的看法，经过反复征询、归纳、修改，最后汇总成专家基本一致的看法，作为预测的结果。其实施步骤可以分为以下四步：第一步成立专家组；第二步给出所要预测的问题以及有关背景及要求；第三步专家预测结果收集、统计、反馈，进行第二轮预测；第四步是进行第三、四轮预测，综合整理专家意见，得出预测结果。

（2）类推法。

类推法是通过不同事物的某些相似性类推其他的相似性，从而预测出它们在其他方面存在类似的可能性的方法。

（3）头脑风暴法。

头脑风暴法是让与会者敞开思路，使各种设想在相互碰撞中激起与会者脑海的创造性风暴，综合各方意见后得出结论。其又可分为直接头脑风暴法和质疑头脑风暴法。

2）定量预测方法

定量预测方法是根据研究数据之间的相互关系，通过一定的数学公式，建立模型，以进行对未来数据的预测，是比定性预测更为科学的预测方法。定量预测方法的优点是预测较为客观，并且可以进行误差分析，同时对于大量的数据分析可以借助计算机进行辅助预测。但是定量预测方法要求有较为完整的原始数据。定量预测方法的种类繁多，目前，用于交通需求预测的定量预测方法主要有时间序列预测法、不基于现状OD分布的预测方法和基于现状OD分布的预测方法、非集计模型预测方法。

（1）时间序列预测法。

时间序列预测法是完全基于历史数据所显示的特征来推测将来的方法。移动平均法、指数平滑法、季节指数法、自回归分析法等都是时间序列预测法中常用的方法。该类预测方法适用于具有城市轨道交通客流历史数据，并且客流变化规律基本稳定的情况。

时间序列预测法主要有以下6个步骤：①选择预测参数；②收集必要的数据；③拟合曲线；④趋势外推；⑤预测说明；⑥研究预测结果在制定规划和决策中的应用。

这类预测方法通常具有数学的或统计的性质，它假设预测对象的变化规律基本稳定，发展过程中不存在跳跃式的变化，未来的状况完全取决于以前的状态。因此，当所研究系统的历史数据确实呈现某种依时间变化的统计规律时，用这类方法往往能得到较准确的预测结果。

时间序列预测法以连贯性原理及概率性原理为主要依据，通过对大量历史资料的统计分析，找出历史资料的时间序列中存在的某种规律性，并通过这种规律性，对未来一段时间内的数据趋势进行预测。对于已经存在并且结构未发生重大变化的客运系统，可以直接预测客流量，根据历年客运量平均增长速度，推算未来年运量。然而，对于我国的城市轨道交通而言，运营时间短、历史资料少是目前各个已经拥有城市轨道交通线路城市的客观事实，仅仅通过几年运营数据，客流量自身所存在的规律性也无法从这些历史数据中得到体现，因此，运用诸如自回归分析法等时间序列预测法进行以后几年的客流预测是比较困难的。

**【任务实施】**

假设某市地铁线网2000年已初具规模，2001年至2006年的客运量见表4-3。

**表4-3　某市地铁历年客运量**

| 年份 | 2001年 | 2002年 | 2003年 | 2004年 | 2005年 | 2006年 |
|---|---|---|---|---|---|---|
| 全线网年客运量（人次） | 5 632 300 | 5 919 750 | 6 258 300 | 6 629 320 | 7 087 560 | 7 768 340 |

以上各年全线网年客运量平均增长率为6.65%，图4-17是该市地铁年客运量的增长曲线，根据年客运量平均增长率及2006年全线网年客运量可以预测得到2007年客运量为8 285 220

人次。

（2）不基于现状客流分布（OD 分布）的预测方法。

不基于现状客流分布的预测方法的主要思路是将相关公交线路的现状客流和自行车流量向轨道交通线路转移得到虚拟的基年轨道交通客流；然后按照相关公交线路的历史资料和增长规律确定轨道交通客流的增长率，推算远期轨道交通需求客流量，或者由公交预测资料直接转换为远期城市轨道交通客流量。因此，这一类方法在确定基年轨道交通客流后，主要为趋势外推，在确定规划年轨道交通客流增长率时可采用指数平滑法、多元回归法等方法。

这一模式属于早期模式，受其原理的限制，以现状公交为预测基础，对现状交通特征的反映较为片面，无法考虑城市用地规模、交通设施、出行结构改变上的影响，因此精度较低。由于操作简单，所以目前常用于其他方法预测后的比较验证，或作为定性分析的辅助手段。

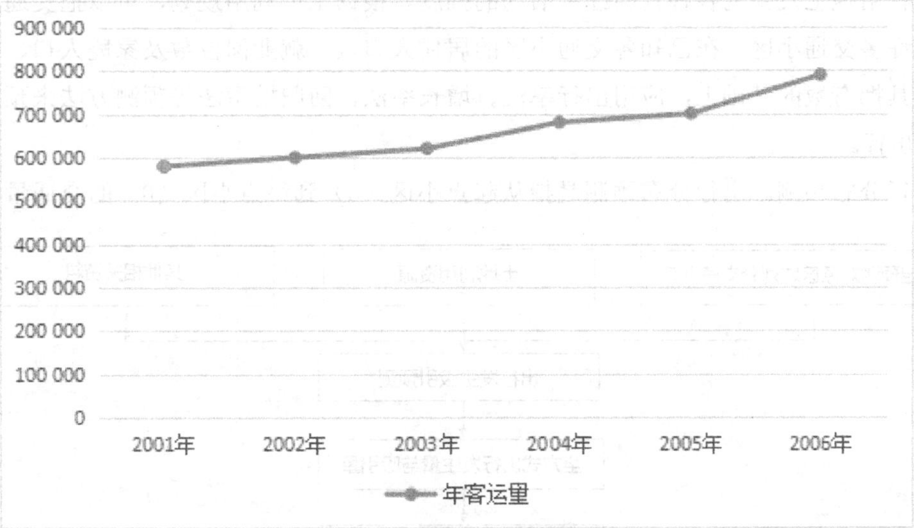


图 4-17　某市年客运量增长趋势图

（3）基于现状客流分布（OD 分布）的预测方法。

该方法以现状客流分布（OD 分布）为基础数据，主要预测思路是通过居民出行调查，掌握现状各种交通方式的出行分布，在此基础上预测各规划年份全方式出行交通量，然后通过出行方式划分、交通分配得到规划期城市轨道交通客流量。此模式遵循交通需求预测的“四阶段”即出行产生、出行分布、方式划分和交通分配，预测精度较高，但对于基础数据要求较高。近年来城市轨道交通规划线网客流预测一般都属于这一模式，它已成为该领域的发展方向。上海轨道交通 3 号线、南京地铁 1 号线、西安地铁 2 号线客流预测采用了此方法。

四阶段法起源于 1962 年美国芝加哥市在进行城市交通规划时的前期客流分布与预测的摸底调查，包括：交通发生、交通分布、交通分配三阶段的预测，后由日本广岛市在 20 世纪 60 年代加上对不同交通方式划分的预测形成了完整的四阶段法，即交通发生、交通分布、和交通方式划分交通分配四个阶段，具体的预测流程如图 4-18 所示。

四阶段法基础理论充分，既能反映居民出行与城市土地使用数据之间的关系，又能反馈不同交通方式相互作用对客流分布的影响。四阶段模型以交通小区为基础，按照出行生成预测、分布预测、方式划分和交通分配四个阶段来分析城市现状和未来的交通状况，是目前交通规划领域应用最广泛的方法。

虽然近几十年来，对四阶段模型的研究不断深入，出现了将两个或几个阶段合并进行预测的方法，但从宏观的角度把握城市居民的出行特点，然后分阶段预测分析的思路仍是一致的。依据“方式划分”在四阶段模型中的位置不同，大致可以分成四类模型，如图 4-19 所示。

①出行生成预测。四阶段法出行生成预测是指对每一个规划区域内划分的小区产生和吸引的出行数量的预测，亦即预测每一个小区的各种交通方式的进出交通量，但并不预测这些交通流从何处来到何处去。出行生成预测的基础资料是城市的远景人口和就业岗位数等预测数据，而这些数据又需要根据远景土地利用规划得出。土地利用规划规定了土地的居住、工业和商业等用途;决定了各种用地上发生的各种社会经济活动的强度。根据土地利用规划，可以把交通规划的区域划分成许多交通小区。在已知各交通小区的居住人口数、就业岗位数及家庭人口、收入和私人交通工具拥有数的基础上，应用出行率法、增长率法、回归模型法等预测方法来预测各个交通小区的出行。

②出行分布预测。出行分布预测是指从起点小区（O）到终点小区（D）的交通量的预测，

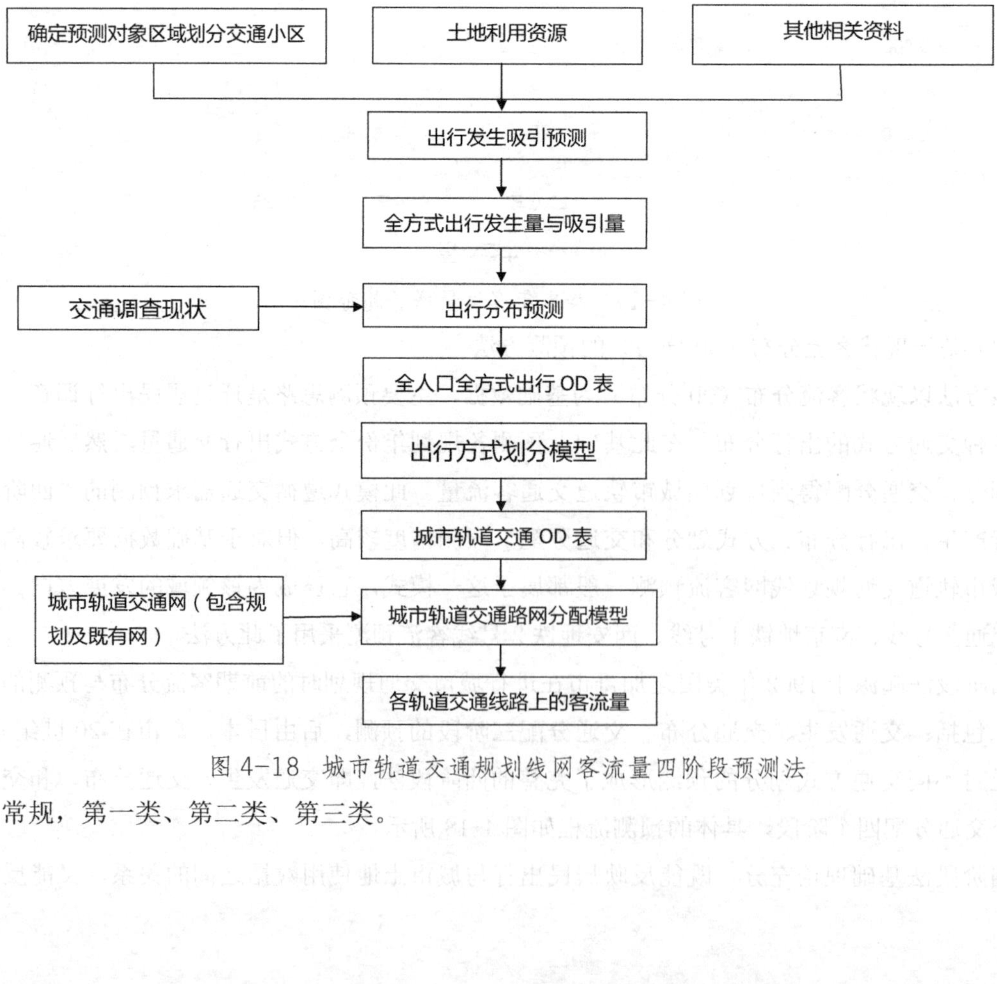


图 4-18　城市轨道交通规划线网客流量四阶段预测法

常规，第一类、第二类、第三类。

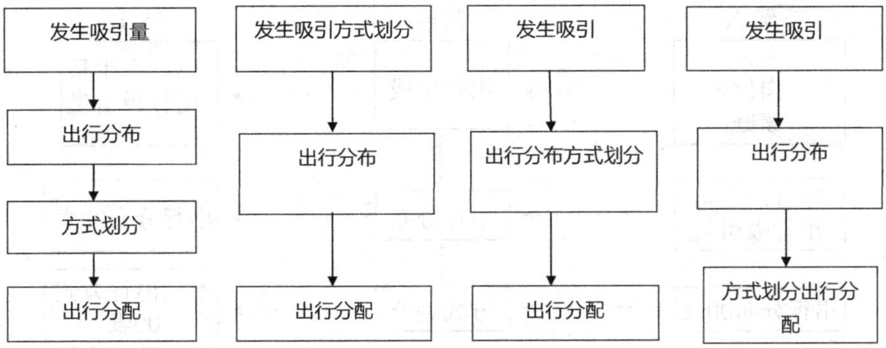


图 4-19 四阶段法预测模型

未考虑路径及交通方式。出行分布预测方法主要有四大类：增长系数法、重力模型法、机会介入模型法及系统平衡模型法。①增长系数法假定将来的交通小区与交通小区之间的出行分布模式与现状的分布模式基本一致，其分布量按其系数增加。增长系数法主要包含平均增长系数法、底特律法、福来特法。②重力模型法基本假定是交通小区 i 到交通小区 j 的交通分布量与交通小区的 i 交通产生量、交通小区 j 的交通吸引量成正比，与交通小区 i 和 j 之间的交通阻抗参数如两区重心间交通的距离、时间或费用成反比。根据对约束条件的满足情况，重力模型可分为无约束重力模型、单约束重力模型、双约束重力模型。③机会介入模型基本思想是把从某一个小区发生的出行选择某一小区作为目的地的概率进行模型化，所以属于概率模型。④系统平衡模型是在以交通吸引源、交通工具及交通设施状况构成的系统中，按照系统本身的内在规律选择其目的地，同时满足供求（产生、吸引）平衡的原则进行分布预测的一种方法，该方法在没有或仅有部分现状 OD 资料的情况下也能使用。

③出行方式预测。

出行方式预测是指对每组起、终点间各种可能的交通方式（轨道交通、常规公交、自行车、小汽车等）所承担的比例的预测，即决定出行者采用何种交通方式出行。常用的出行方式，预测方法有转移曲线法、回归模型法、非集计模型（具有代表性的模型为Logit模型和Probit模型）。

④出行分配预测。

出行分配是将每种交通方式的起、终点（OD）之间的客流量通过各自有关的模型网络分配在特定路径上。常用方法有用户优化均衡模型（Wardrop 第一原理）、系统优化均衡模型（Wardrop 第二原理）、非均衡模型。均衡模型原理在理论上结构严谨，思路明确，但其数学规划、模型维数太多，约束条件也多，且为非线性规划问题，计算困难。非均衡模型算法简单，容易理解，根据分配方法可分为路段阻抗可变和阻抗不变两类，就路径选择可分为单路径与多路径两类，综合起来可分为四类：最短路分配法、阻抗可变单路径分配法、多路径分配法、阻抗可变多路径分配法。

四阶段法四个步骤（四个子模型）形成一个序列，前一个模型的输出结果为后一个模型的输入数据，最后的子模型提供从起点到终点以及采用某种交通工具行走某条路线的交通流的预测结果，如图 4-20 所示。

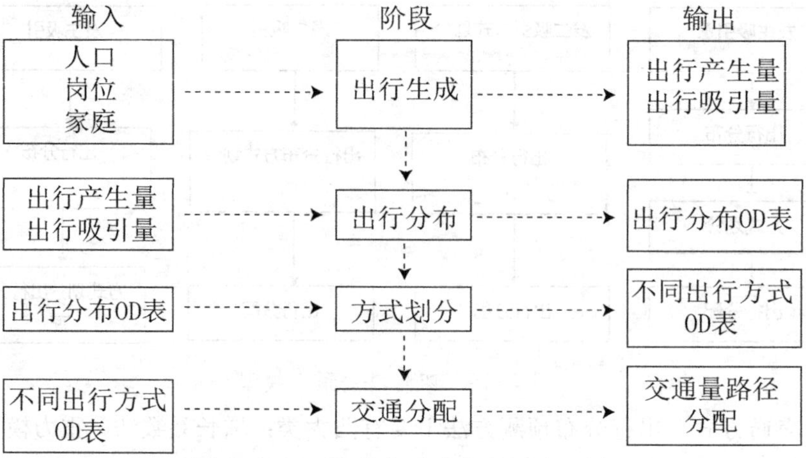


图 4-20 四阶段交通需求预测流程图

城市交通规划四阶段需求预测模型可以以一次出行为例，简单用图 4-21 形象表示，图中表示了人们决定进行一次出行（生成）、决定去何处（分布）、决定采用什么交通方式（方式划分）和决定选用哪条线路（分配）的整个过程。

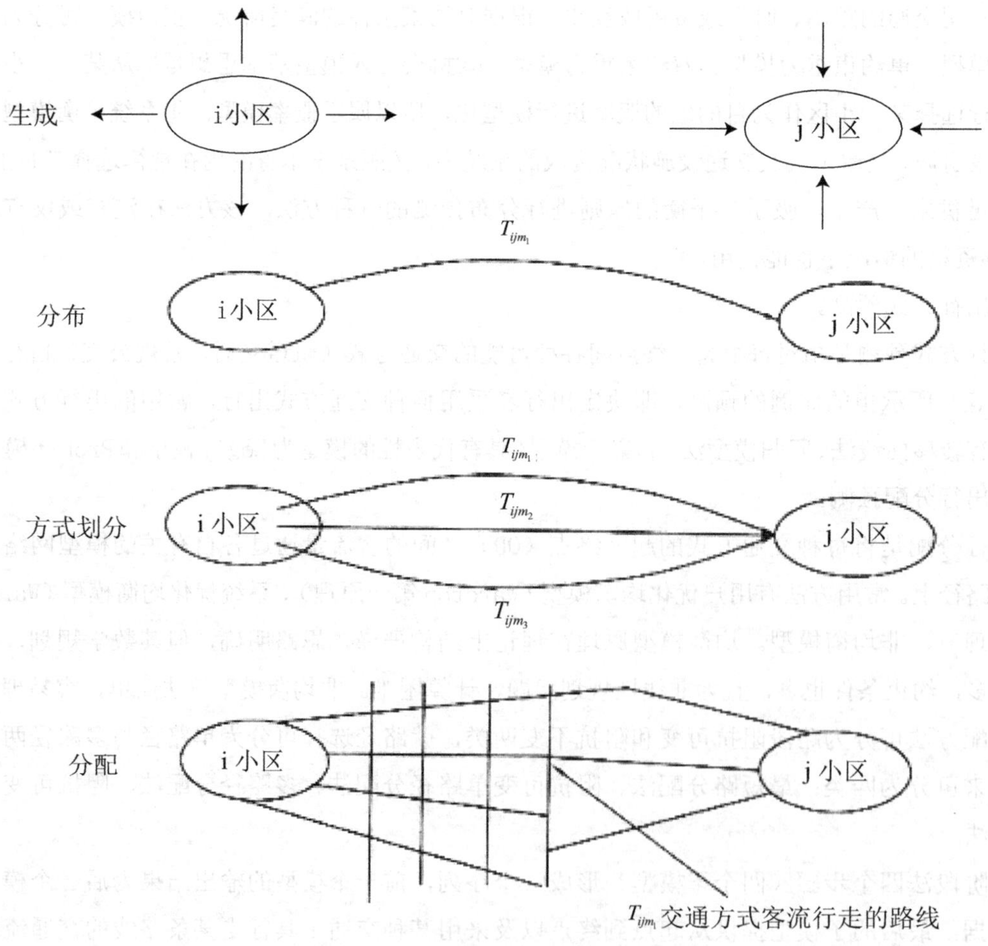


图 4- 21 四阶段法预测示意图

（4）非集计模型预测方法。

非集计模型又称交通特征模型，它以实际产生交通活动的个人为单位，对个人是否进行出行、去何处、利用何种交通工具以及选择哪条路线等分别进行预测，并按出行分布、交通方式和交通线路分别进行统计，得到交通需求总量的一类模型。这一模型在理论上利用了现代心理学的成果，引入了随机效用的概念，其核心是效用最大化理论。它着眼于研究出行者个体的出行行为。非集计模型相比传统模型的优势是有明确的行为假说、模型的一致性好、模型标定所需调查样本少、模型有较好的时间和地区转移性等特点。其基本假设为：个人将在可能的相互独立的选择肢集合中，选择他认为对自己效用最大的选择肢。即决策者首先选择“可能利用的选择肢群”，其次选择“对其效用最大的选择肢”。利用非集计模型进行居民出行的分析和预测是继四阶段法后出现的构造交通需求预测模型的新方法。

在城市客流预测中，具有代表性的非集计模型就是MNL模型。MNL模型是在以下假设条件下得出的。

①所有出行者具有相同形式的效用函数。

②效用函数的参数不随出行者的不同而改变，是相对稳定的。

③每个出行者对于不同选择单元的效用函数的随机部分各分量是相互独立的。

④效用函数随机部分的各分量服从相同的Gumbel分布，即分布函数为：

⑤（ε）=exp[-exp（-ε）]

⑥出行者选择效用函数值最大的选择单元。

基于以上的假设条件，可得到MNL模型的基本方程式如下：

$$P_n(i)=\frac{\exp(V_{in})}{\sum\limits_{j\in C_n}^{n}\exp(V_{jn})}$$

式中，$V_{in}$—— 个人 $n$ 对选择肢 $i$ 的效用函数；

$C_n$—— 选择肢的集合。

**【拓展训练】**

集计模型（四阶段预测法）与非集计模型的比较如下。

集计模型是一类传统的基于集合行为模型的交通需求分析方法，其预测过程包括出行生成、出行分布、方式划分和交通分配四个阶段。而非集计模型是以出行者个人而非交通小区作为研究对象，以随机效用理论、出行效用最大化理论为研究基础。两类方法在分析单位、模型参数标定方法、适用范围、政策表现能力等方面均不相同，同时在数据的使用效率和自变量的导入可能性等方面存在差异。表4-4表示集计模型与非集计预测模型的比较。

**表 4-4 集计模型与非集计预测模型比较表**

| 项目 | 集计模型 | 非集计模型 |
|---|---|---|
| 调查单位 | 单个出行 | 单个出行 |
| 分析单位 | 小区 | 个人 |
| 调查效率 | 需要的样本数多 | 需要的样本数较少 |
| 因变量 | 小区统计值 | 个人的选择结果（离散量） |
| 考虑个人属性的难度 | 困难 | 容易 |
| 模型标定方法 | 回归分析等 | 极大似然估计法等 |
| 计算工作量 | 比较小 | 比较大 |
| 适用范围 | 以小区为基础的区域 | 任意 |
| 政策表现能力 | 小区平均值的变化 | 各个自变量的变化 |

1. 集计模型的优点

（1）四阶段预测方法理论成熟。

（2）建模层次分明，便于理解。

（3）有众多成熟的商业软件支持，应用广泛，如 TransCAD，EMME/2 等，在城市轨道客流预测中方便使用。

2. 集计模型的缺点

（1）模型的建立缺少明确的行为假说，说服力弱。

（2）交通活动的每一次出行被分解成生成、分布、方式选择和分配四个阶段，各阶段之间的一致性不好；也不能考虑一天中的多次出行的相互关系和各种约束条件。

（3）用于预测时无法考虑反馈效果。

（4）模型多取决于建立者的主观决定，缺少严密的统计方法。

（5）难以用来估测个人特性和选择肢特性的局部变化和各种交通政策变化的影响。

（6）模型具有很强的地区及时间上的局限性，在某时某地建立的模型难以推广到其他时间和地点去应用。

（7）为了得到较好的模型需要大量的调查数据，这导致了经济上和时间上的限制。

3. 非集计模型的优点

（1）非集计模型以明确的行为假说为基础，逻辑性强。

（2）可以用较少的样本标定出模型的系数，并可对所求得的参数采用统计学方法进行检验。

（3）可以选用许多与个人决策相关的因素作为自变量，从而可以对多种交通规划、交通政策进行效果评价。

（4）模型具有较好的时间转移性和地区转移性。

4. 非集计模型的缺点

（1）实际的交通规划要求的是以地域为单位的集聚结果，由于在非集计模型中的说明变量的未来值不可能全都知道，因此以其近似值得到的集聚结果肯定会有误差。当然，集计模型也面临着同样问题，只是在表面上被掩盖了而已。

（2）一般来说，影响交通行为的决定性因素是交通服务水平，而交通服务水平又随交通需求量的变动而变动。所以，在进行预测时，通常要求得到交通服务水平与交通需求量的平衡点。但是，用非集计模型，在现阶段还只能依靠反馈解法进行反复计算。想求得较严密的平衡点则计算量过大。

（3）要想得到好的模型，在自变量的选择上花费的时间要比集计模型多。

（4）标定模型的参数时采用极大似然估计法。这种方法和与之对应的评价方法对许多人，尤其是交通规划决策人员来说较难理解。

**【知识链接】**

### 轨道交通客流预测方法的评价标准

客流预测是城市轨道交通建设规模决策的主要依据，预测相对可信度评价标准主要是定性的，一般包括以下几个方面：

①客流预测的依据和背景资料来源清楚、有据可查；

②客流预测的技术路线清晰，选用参数经过推算论证、纵横比较，相对合理；

③客流预测的年限和范围正确，对已建或规划的线路关系明确；

④客流预测的内容完整，数据齐全，对预测成果经分析论证，从量级上宏观判断，基本可信；

⑤对预测客流进行敏感性分析，波动幅度较小。

**【任务实施】**

选取国内部分城市轨道客流预测中所使用的方法，列举如下。

1. 出行生成预测使用方法

广州：广州 1 号线采用的是根据交通小区用地类型的不同建立回归模型。“广州近期实施轨道网络客流规模研究”中采用以人口和岗位确定小区吸引或产生率的办法得到发生与吸引量。

南京：南京城市轨道交通建设规划客流预测，根据出行特征分类确定每类的产生与吸引率，再考虑区域系数得到发生与吸引总量，强调总量控制法。

深圳：参考深圳地铁 2 号线客流预测，采用交叉分类对每一类出行标定吸引率，得到出行发生吸引量。

杭州：参考杭州地铁 1 号线工程客流预测报告，根据用地不同、出行目的不同确定吸引率，得到发生与吸引量。

2. 出行分布预测使用方法

广州：参考广州地铁 1 号线客流研究，采用分层分布的方法得到出行分布。分层为本区至本区，采用增长率的方法得到分布；本区至强连接区采用修正的分布系数得到分布；本区至其他区采用重力模型得到。“广州近期实施轨道网络客流规模研究”中出行分布采用双约束的重力模型。

南京：参考南京城市轨道交通建设规划客流预测，采用双约束重力模型。

深圳：参考深圳地铁 2 号线客流预测，采用综合效用重力模型得到出行分布。

杭州：参考杭州地铁 1 号线工程客流预测报告，采用重力模型得到出行分布。

3. 方式划分预测使用方法

广州：参考“广州近期实施轨道网络客流规模研究”中采用 Logit 模型得到方式结构。

南京：参考南京城市轨道交通建设规划客流预测，采用改进的 Logit 模型得到方式结构，其中步行采用转移曲线，出租车采用组团内部与组团间不同比例确定，对于自行车、公交、小汽车采用改进的 Logit 模型方式划分。

深圳：参考深圳地铁 2 号线客流预测，采用二元对数模型划分方式结构。

杭州：参考杭州地铁 1 号线工程客流预测报告，采用转移曲线得到方式结构。

4. 交通分配预测使用方法

广州：参考广州地铁 1 号线客流研究，直接将交通分配和交通方式划分结合在一起得到轨道交通的站间 OD。“广州近期实施轨道网络客流规模研究”中采用多路径公交分配的方法得到预测结果。

南京：参考南京城市轨道交通建设规划客流预测，采用最优战略法得到分配结果。

深圳：参考深圳地铁 2 号线客流预测，采用多矩阵综合费用平衡分配，将公交车流和道路网络的机动车流统一分配得到轨道流量。

杭州：参考杭州地铁 1 号线工程客流预测报告，采用最优战略法得到分配结果。

**【效果评价】**

效果评价见表 4-5。

**表 4-5 评价表**

<table>
<tr><td>项目名称</td><td>城市轨道交通客流组织</td><td>学生姓名</td><td></td></tr>
<tr><td>任务名称</td><td>任务二城市轨道交通客流调查与预测</td><td>分数</td><td>考核得分</td></tr>
<tr><td colspan="2">项目</td><td>分值</td><td></td></tr>
<tr><td colspan="2">1. 城市轨道交通客流调查与预测相关知识，图片的搜集、整理</td><td>10</td><td></td></tr>
<tr><td colspan="2">2. 是否有小组计划</td><td>5</td><td></td></tr>
<tr><td colspan="2">3. 城市轨道交通客流调查方法及客流统计指标掌握情况</td><td>20</td><td></td></tr>
<tr><td colspan="2">4. 城市轨道交通客流预测方法掌握情况</td><td>50</td><td></td></tr>
<tr><td colspan="2">5. 编制学习汇报报告情况</td><td>10</td><td></td></tr>
<tr><td colspan="2">6. 基本素养考核情况</td><td>5</td><td></td></tr>
<tr><td colspan="3">总体得分</td><td></td></tr>
<tr><td colspan="4">教师简要评语：<br><br>教师签名：</td></tr>
</table>

# 任务三 城市轨道交通车站客流组织

城市轨道交通以其安全、快速、舒适、环保的优势成为越来越多的市民出行首选交通工具，随着城市轨道交通网络化的形成，轨道交通承担城市出行客流量的比重逐步增大，车站的进出站客流量会迅速增加，已建成车站的空间有限，与单位时间内因客流增加造成的车站可用空间不足形成矛盾，解决这一矛盾的有效手段就是合理的客流组织。客流组织（图 4-22）是为实现乘客运送任务，组织乘客按照预先设定的路线有序、安全流动所采取的对应措施。

图 4-22 城市轨道交通 车站客流组织

## 一、乘客乘车流程及流线、乘客需求和客运设施分析

### 1. 乘客乘车流程

按照乘客乘坐地铁在付费区与非付费区内的流程，乘客乘车的流程可分解为以下作业流程，如图 4-23 所示。乘客乘坐轨道交通基本的流程为：乘客从出入口进入车站后先到站厅层购票，然后在进站闸机处刷卡检票进入付费区，后到站台层候车，待列车到达后上车，到达目的车站下车，下车后从站台层到达站厅层，在站厅层出站闸机处检票出闸，通过导向标志指引选择正确的出入口出站。

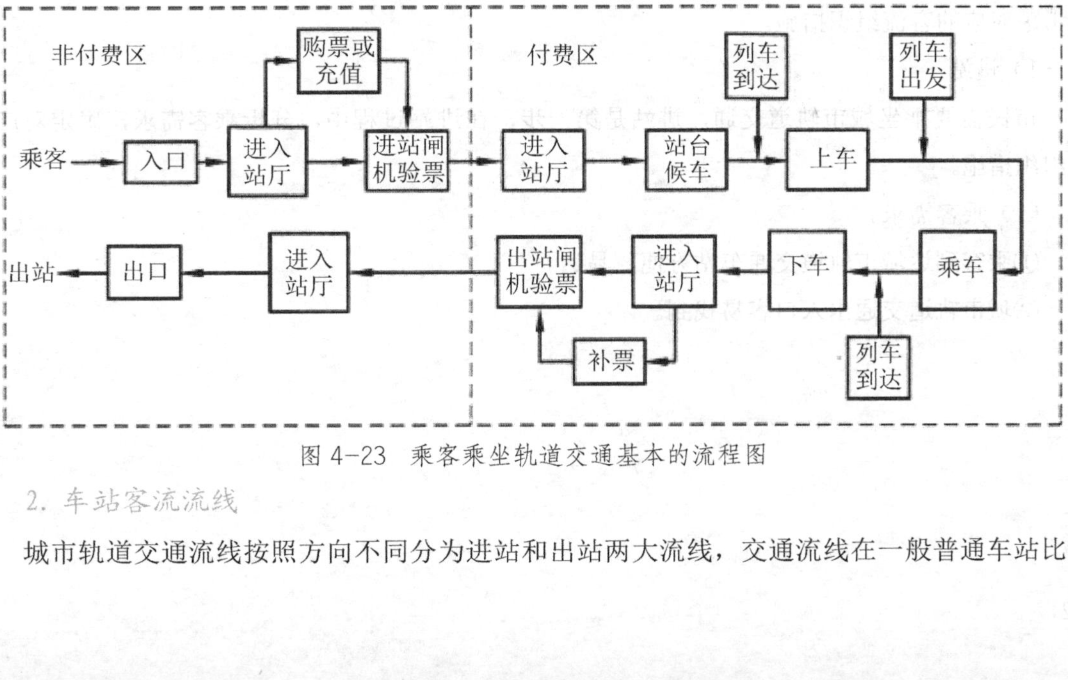


图 4-23 乘客乘坐轨道交通基本的流程图

### 2. 车站客流流线

城市轨道交通流线按照方向不同分为进站和出站两大流线，交通流线在一般普通车站比较

有规律，但在城市综合交通枢纽如火车站等换乘车站客流流线较复杂，交通流线的规划、疏解是车站客流组织的关键。

图 4-24 为城市轨道交通常规车站站厅的客流流线图，客流组织较为方便，在付费区内乘客流线无明显交叉现象，非付费区进、出站流线分明，出站检票机至出入口通道路径短，乘客能迅速出站，2 个非付费区之间的联系通道为出站乘客选择出站通道提供了便利。这种站厅布局已在城市轨道交通车站设计中普遍采用。图 4-25 为某地铁 2 条线换乘车站立体布局图，车站共有 3 层，分别为站厅层、第 1 条线站台层、第 2 条线站台层。

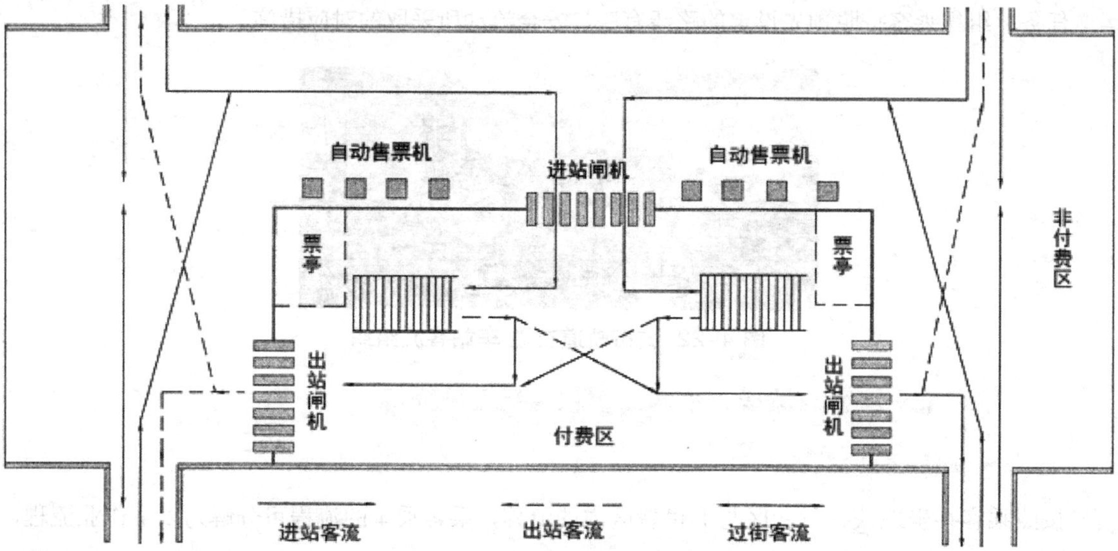


图 4-24　车站客流流线图

### 3. 乘客需求及客运设施分析

城市轨道交通系统乘客，在乘车的不同阶段具有不同的需求，根据乘客的实际需求设置相应的客运服务设施，并采取对应组织措施。以下按照乘客乘坐地铁的流程，从乘客需求角度出发考虑对应的客流组织措施。

1）进站

市民需要乘坐城市轨道交通，进站是第一步，在进站过程中，分析乘客需求，确定对应客流组织措施。

（1）乘客需求。

①乘客到达城市轨道交通车站方便、易达。

②城市轨道交通出入口容易找到。

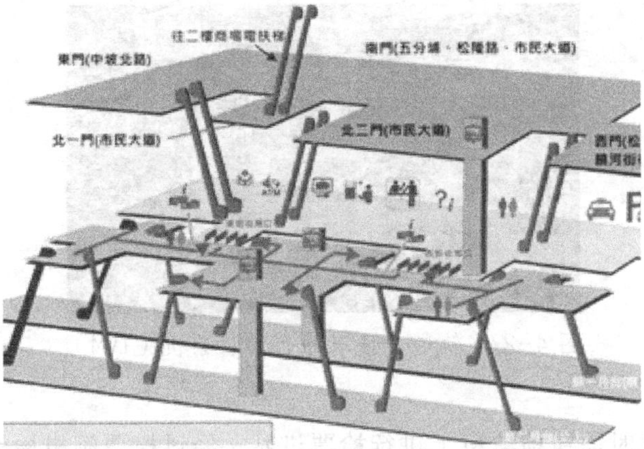


图 4- 25 车站立体布局图

③城市轨道交通导向系统指示明确、清晰、易懂。

（2）客运设施设置要求。

①出入口与其他交通方式换乘方便，换乘设施齐全、完善。

②城市轨道交通出入口导向标志醒目，在车站外 200 m 范围内设置连续指引导向标志，如图 4-26 所示。

图 4-26 轨道交通站外导向指引标志

③出入口位置设置合理，方便乘客到达，将出入口与周边物业、设施相结合，吸引客流。

2）购票

进入车站的乘客可以通过购买单程票或刷储值卡（一卡通）进入付费区乘车。单程票可以通过自动售票机或人工购买，储值卡可以通过自动售票机（TVM）或半自动售票机（BOM）充值。

（1）乘客需求。

①进入车站后能够较快买到单程票，购票等待时间短。

②自动售票机导向标志醒目。

③在购票过程中遇到问题（卡票、卡钱、兑零）能够较快处理。

（2）客运设施设置要求。

①在非付费区设置一定数量的自动售票机（见图 4-27）和票务中心（人工处理票卡、兑零），用于乘客购买单程票、处理票卡和兑换零钱。

②自动售票机、票务中心的位置、数量设置合理，处于乘客进站流线上。

图 4-27 轨道交通车站自动售票机（TVM）

3）检票

乘客购票后，进站时需在检票机上进行检票进站，经过检票闸机检票后进入付费区，单程票和一卡通均需在检票机上刷卡。

（1）乘客需求。

①闸机位置明显且配有相应指引标志。

②闸机刷卡区域明确、清晰。

③乘客能快速通过闸机。

（2）客运设施设置要求。

①设置合适数量的闸机（见图 4-28），并将闸机设置在客流进站流线上，便于进站客流组织。

图 4-28 轨道交通车站自动检票机（AGM）

②闸机的通过能力与车站客流量相匹配。

③闸机位置醒目、进站闸机指示明确。

4）候车（见图 4-29，图 4-30）

乘客检票经过闸机后，进入付费区，到达站台候车。

（1）乘客需求。

①方便、快速到达站台候车。

②快速找到需要乘车的方向。

③对等待即将到达的列车时间清楚。

④站台候车过程中能够保证自身安全。

图 4-29 车站站台导向及候车组织

图 4-30 车站站台候车座椅

（2）客运设施设置要求。

①在付费区设置楼梯、自动扶梯，使乘客能够方便到达站台。

②站台上设置适量的座椅，让乘客耐心候车，便于体弱乘客休息。

③安装屏蔽门，屏蔽门可以为乘客提供一个舒适的候车环境，能够保障乘客在站台的候车安全。

④采用自动广播系统和 PIS（乘客信息显示系统），通过 PIS 显示屏可以看到下趟列车的到站时间。列车即将到站时，自动广播播放列车到站信息。

⑤站台上方设置明确、醒目的列车运行方向（上行、下行）导向标志。

5）乘坐列车过程中（见图 4-31，图 4-32）

图 4-31 列车车厢内轨道交通线路

图 4-32　地铁舒适的乘车环境

（1）乘客需求。

①列车运行平稳。

②车内不拥挤，整洁舒适。

③了解列车运行及到站信息。

（2）客运服务要求

①司机驾驶技术娴熟，驾驶平稳、对标准确。

②车内有轨道交通线路图。

③列车符合运行标准，车内灯光配置合理，座位舒适。

④列车广播信息及时准确。

6）验票

验票过程如图 4-33 和图 4-34 所示。

图 4-33　出站闸机指引

图 4-34　出站闸机旁的票务中心

乘客乘坐轨道交通下车后，需要验票出闸。

（1）乘客需求。

①出站闸机指示清楚，容易找到。

②不同出闸方向对应的出入口及周边信息清楚。

③出站验票手续简单。

④出站验票遇到票卡问题能够快速处理。

（2）客运设施设置要求。

①出站闸机的设置位置需结合出入口方向、乘客出站流线设置。

②出站导向标志清晰，易判断出站方向。

③在出站闸机附近设置票务中心用于处理出站票卡问题。

④闸机上的出站验票刷卡、投卡标志须清晰、醒目。

7）出站

乘客验票出闸后，通过出入口离开车站。

（1）乘客需求。

①能够快速找到出站目的地对应的出入口。

②出站后方便换乘其他交通方式到达目的地。

③出站后易到达大型办公、商业、娱乐场所。

（2）客运服务设置要求。

①出入口导向标志醒目（见图 4-35），站内有各出入口通向地面周边设施的导向说明。

图 4-35 出入口导向标志

②出入口靠近公交车站。

③车站在不同街区设置出入口，允许出入口兼作过街隧道或天桥。

8）换乘

乘客从城市轨道交通一条线路换乘至另一条线路或换乘至其他交通方式。

（1）乘客需求。

①换乘距离短、换乘方便、节省时间。

②换乘方向明确。

③换乘通道照明适度、环境舒适。

④换乘至其他交通方式容易找到。

（2）客运服务设置要求。

①换乘通道短、换乘客流组织措施得当，使换乘人流不产生较大对冲和交叉。

②换乘导向标志正确、清晰、完善，如图 4-36 所示。

图 4-36　车站换乘导向标志

## 二、城市轨道交通客流组织原则及措施

### 1. 城市轨道交通客流组织原则

1）在车站客流组织中，应贯彻执行以下客流组织原则

（1）防止客流对冲、减少客流交叉原则。

（2）合理设置导向指引标志，优化导向系统。

（3）客流流线组织贯彻“右行原则”。

（4）考虑乘客“就近习惯”原则。

（5）拓宽消除客流“瓶颈”原则。

（6）贯彻“出站优先”原则。

（7）换乘衔接一体化原则。

2）在车站布置售检票设备时应遵循原则

（1）售、检票位置与出入口、楼梯应保持一定距离。售检票位置一般不设置在出入口、通道内，并尽量与出入口、楼梯保持一定的距离，从而保证出入口和楼梯的畅通。

（2）保持售、检票位置前通道宽敞。售检票一般设置在站厅内宽敞的设置，以便疏导售检票位置前的客流；售检票位置应保持适当的一定距离，避免排队时拥挤。

（3）售、检票位置根据出入口数量相对集中布置。因轨道交通车站一般有多个出入口，为了减少乘客进入车站后的走行距离，一般设置多处售检票设备，但过多设置售检票的位置容易造成设备使用的不平衡，降低设备使用效率，并且不利于管理，因而售检票位置应根据车站客流的大小相对集中布置。

（4）应尽量避免客流的对流及交叉。客流的对流减缓了乘客出行的速度，同时也不利于车站的管理，因此车站一般对进出客流须进行分流，使进出车站检票位置分开设置，保持乘客经过出入口和售检票位置的线路不至于发生对流。

2. 日常客流组织措施

1）进站客流组织

（1）进入车站。

组织乘客进站的注意事项及客流组织措施如下。

①组织引导乘客经出入口、楼梯、自动扶梯（或垂直电梯），通过通道进入车站站厅层非付费区。该部分客流组织的关键环节是出入口客流组织。地下车站出入口一般均设置电扶梯和楼梯，电扶梯的方向可以根据需要进行调整，如果只有一部电扶梯，一般将该部电扶梯调为向上方向，为出站乘客提供便利、避免出站乘客爬楼梯，并利于出站乘客快速疏散。楼梯根据宽度和该出入口客流大小设置相应的隔离栏杆，如图 4-37 所示。出入口客流组织应结合实际的客流量情况，当车站设施能够满足客流需求时，采用正常的客流组织方法，各个出入口全部开放，进出站客流无须隔离分流，进出站乘客在楼梯上可混合行走。当出入口客流量较大时，在出入口楼梯、通向站厅层的通道内设置分流隔离设施，确保进出站客流不相互干扰，不发生客流冲突。

②对于经过通道与站厅连接的出入口，当客流较大时，可在通道内进行组织排队，当客流过大时，需采取在出入口限流，分批放行乘客进站或临时关闭出入口。图 4-38 为在预测客流较大的出入口设置限流栏杆，限流栏杆可减缓乘客的进站速度，便于限流措施的实施。

③对于与商场、物业连接的出入口，应考虑客流组成和出行特征，当客流较大时，应根据双方协议与相关单位共同制定的措施组织客流。与商场物业结合的出入口通道需与物业方商谈确定出入口开关时间，签订双方认可的协议，便于物业结合出入口的统一管理。

（2）购票。

组织乘客购票的注意事项及客流组织措施如下。

①组织引导部分需要购买单程票的乘客到自动售票机（TVM）、票亭半自动售票机

图 4-37 车站楼梯进出站隔离栏杆

图 4-38 车站出入口限流栏杆

（BOM）或临时票亭购票。购票客流组织的关键环节是通过合理导流设施设置，使乘客有序排队购票，并且购票队伍不影响正常进出站客流。

②在自动售票机或票亭前组织乘客有序排队购票、充值，车站一般可利用导流带、铁马等隔离设施进行排队组织，排队方向应以不影响其他乘客正常通行为宜。当排队乘客较多时，可在站厅非付费区加开临时票亭，安排人工售卖预制单程票，同时需做好广播宣传和引导，分散购票乘客。

③在组织自动售票机、临时票亭购票时，要充分利用各类售票点，让乘客分散购票，避免乘客大量集中于少量售票点处。当需要乘客排队购票时，可利用迂回隔离栏杆在站厅客流较少的空间组织乘客排队，如图 4-39 所示为临时票亭前组织排队迂回栏杆，图 4-40 所示为票亭前组织排队购票。

图 4-39 临时票亭前组织排队迂回栏杆

图 4-40 票亭前组织排队购票

④在单程票售票量较大的车站，运营前需将自动售票机票箱加满，运营期间通过车站级票务计算机实时监控自动售票机内票箱票卡数量，利用客流低峰时段，对车票较少的票箱进行填补，在票亭半自动售票机上预处理车票，高峰时就不用再更换票箱和预处理车票，减少对高峰期购票速度的影响。

（3）检票进闸。

组织乘客检票进闸的注意事项及客流组织措施如下。

①当乘客购票后，引导已购票乘客和部分持储值卡、计次票的乘客直接通过进站闸机刷卡检票进入付费区。

②乘客刷卡进站时，应宣传指引乘客右手持卡（单程票），站在闸机通道外，排队按次序刷卡进闸。

③对于无票乘客，引导其至自动售票机或半自动售票机前购票，再检票进闸。

④当有大量乘客进闸时，车站须组织乘客有序进闸，防止乘客聚集，争抢进闸乘客误刷卡进不了站或出不了站的情况发生。

⑤在乘客排队进闸过程中，队伍不得影响出闸乘客，排队不能阻挡出站客流，以确保出站乘客的顺利出站。

⑥对持有大件行李的乘客应引导其走宽通道闸机或协助乘客将行李通过车站边门进入。

⑦对于携带儿童（不需购票）的乘客，应引导儿童走在大人前面通过闸机或大人将儿童抱起通过闸机，避免闸机开关伤到小孩。

⑧车站根据进出站客流实际情况，可对双向闸机的方向进行调整，以便更好地组织客流，调整时须保证优先满足出站客流的需求，同时尽量减少进出站客流的交叉，提高客流组织效率。

（4）至站台候车，如图 4-41 所示。

图 4-41　站台组织乘客排队候车及上下车

组织乘客候车的注意事项及客流组织措施如下。

①乘客进入付费区后，通过导向标志、告示、隔离栏杆等措施组织引导乘客通过楼梯、自动扶梯（垂直电梯）进入站台层候车，图 4-42 所示为在地铁车站站厅层设置伸缩导流栏杆，引导进入付费区的乘客快速到达站台候车（对于新开通地铁试运营初期）。图 4-43 所示为自动扶梯下方设置铁马导流，其作用一是可以减少乘客拥挤在电扶梯口，将乘客疏散引导至站台均匀候车，避免电扶梯处产生拥挤堵塞，二是防止乘客抢上抢下。

图 4-42　乘客进入付费区通过栏杆引导进入站台

图 4-43　自动扶梯下方设置铁马延伸导流带

②乘客到达站台，通过导向标志和乘客信息显示系统指引乘客选择乘车方向和了解列车到站时间，为确保站台乘客候车安全，广播宣传组织乘客在安全区域候车。

③站台设有屏蔽门，在列车到站之前，车站工作人员需提示乘客远离屏蔽门、不要越过安全区域，引导乘客在安全区域按箭头方向排队（若有屏蔽门发生故障，组织乘客到其他屏蔽门对应的安全区域处排队候车）。站台工作人员疏导聚集在一端的乘客到乘客较少的地方候车，关注乘客动态，提醒乘客不要倚靠屏蔽门。

④对于没有屏蔽门的车站，应广播宣传“请乘客站在黄色安全线内候车，不要探身眺望，以免发生危险”。

⑤站台候车区域须加强安全管理，站台岗站务员工作中要加强站台巡视，注意候车乘客动态，发现可疑情况，携带各种危险品危及乘客和行车安全的情况，必须及时处理和上报。站台无车时，站台岗要巡视站台，重点检查屏蔽门及端墙门状态、消防器材、电扶梯运转情况、轨行区（有无漏水、异物等），同时引导乘客到人数较少的地方候车，监控屏蔽门状态，发现屏蔽门异常动作等危及行车安全的情况时，站台工作人员立即按下紧急停车按钮并上报。

⑥对于楼梯边缘与站台边缘较近的区域，应尽量疏导乘客不要在此处滞留，保证足够的通行空间，防止此处拥挤发生意外事件。

⑦当有乘客物品掉入轨行区时要阻止乘客跳下站台捡拾物品，及时向乘客做好解释和安抚，并报告行调，经行调同意后使用专用工具（拾物钳）将物品从轨行区捡起后交予乘客。

（5）乘降客流组织，如图 4-44 和图 4-45 所示。

图 4-44　站台岗立岗接发列车

图 4-45 站台岗组织乘客上下车

组织乘客乘降的注意事项及客流组织措施如下。

①列车进站时，站台工作人员在紧急停车按钮处立岗接车。

②列车停稳开门乘客乘降时，站台工作人员在扶梯口或楼梯口等人较多的地方，提醒乘客先下后上，注意脚下安全，对下车乘客迅速疏导出站。

③列车关门时（关门提示铃响、提示灯闪烁），站台工作人员及时阻止乘客抢上抢下，劝乘客等待下次列车，防止车门、屏蔽门夹伤乘客或列车晚点，加强瞭望，及时处理突发事件。

④列车关闭车门、屏蔽门后，要观察车门、屏蔽门的关闭状况，当发现车门、屏蔽门未正常关闭时，若由于乘客或物品被车门夹住时，应呼叫司机，重新开启车门、屏蔽门后，将乘客所夹物品取出，若为车门、屏蔽门本身设备故障，按照相应屏蔽门应急处理程序处理。

⑤列车关门动车时，站台工作人员需在紧急停车按钮处立岗，目送列车出站，列车在出站过程中，发现异常危及行车安全时站台工作人员立即按压紧急停车按钮、呼叫司机并报车控室。

2）出站客流组织

（1）验票出闸。

组织乘客验票出闸的注意事项及客流组织措施如下。

①乘客下车后到达站台，组织引导乘客通过楼梯、自动扶梯（或垂直电梯）进入站厅层付费区，如图 4-46 所示。

②站厅付费区设有导向标志，付费区出站导向标志提示各出入口周边环境建筑设施、道路信息，乘客根据出站指引导向标志，选择正确的出闸方向通过出站闸机验票出闸。当乘客使用一卡通时，指导乘客右手持卡，在闸机通道外刷卡出闸，当乘客使用单程票时，指导乘客右手持票，将车票投入回收口，验票通过闸机（见图 4-47）。当大量乘客集中出闸时，要组织乘客有序出闸，必要时可采用限流措施减缓出站速度，避免多人争抢出闸造成卡票、误刷卡等情况。对进闸客流与出闸客流共用区域的车站，应减小进站客流对出站客流的负面影响，优先保证出站客流快速、顺畅出站。

图 4-46　引导乘客乘坐电扶梯进入站厅层

图 4-47　乘客有序刷卡出闸

③当乘客不能正常出闸时，组织引导车票车资不足、无效车票或无票乘车的乘客到票亭办理相关乘客事务，待乘客办理完毕后方可组织出站。

（2）出站。

组织乘客出站的注意事项及客流组织措施如下。

乘客通过出站闸机（单程票出闸时将其回收）或人工检票出闸（人工回收），进入站厅层非付费区，站厅非付费区设有导向标志（各个出入口周边道路、大型建筑设施、单位），通过导向标志或人工问询服务组织乘客找到所要到达目的地的出入口，经通道、出入口楼梯、自动扶梯（或垂直电梯）出站。出站客流组织应坚持尽快疏散乘客出站为原则，防止出站与进站客流产生明显对冲和交叉。为了较快疏散乘客和方便乘客出站，出入口电扶梯一般调为向上方向。为防止出站口及出站通道内人员滞留影响正常疏散，在出入口上方及通道避免摆摊、宣传等活动，车站工作人员需定期巡视检查，发现通道及出入口有摆摊、宣传、卖艺等人员时及时驱赶出车站，如遇不听劝阻者向地铁执法部门或地铁公安报告。

3）换乘客流组织

换乘站一般客流比较大，同时客流流线复杂，客流组织相对于其他车站较为复杂。换乘站根据不同的换乘方式在客流组织管理上应注意采用不同的方法，总体的客流组织原则是组织好换乘客流、缩短换乘路径、减少换乘客流与进出站客流的交叉、干扰。

（1）按照换乘的地点区分，客流换乘主要有两种。

①付费区换乘。乘客到达换乘站下车后，不需通过出站闸机，直接在付费区内根据换乘导向标志指引经楼梯、自动扶梯（或垂直电梯）、换乘通道或换乘平台等到达另一站台层乘车。付费区换乘一般包括同站台平面换乘、站台立体换乘及通道换乘。付费区换乘要求有良好的导向标志和通道设计，在容易出错的地点安排工作人员引导，保证乘客尤其是初乘者安全顺利完成换乘，在客流组织措施中还应尽量避免换乘客流与进出站客流产生对冲和交叉。

②非付费区换乘。乘客到达换乘站下车后，根据换乘导向标志指引，经楼梯、自动扶梯（或垂直电梯）到达站厅层付费区，通过出站闸机进入非付费区或出站，到另一线路重新进入付费区或进站换乘。这种换乘组织需要最大限度缩短乘客的走行距离，良好的衔接引导标志，并且避免这部分客流与其他客流的交叉干扰。该种换乘形式需要出闸并再次购票进站，换乘手续烦琐、耗时较长，一般较少采用，当线网规划不合理或后期线网改造等情况需要采用此类换乘形式时，换乘沿线醒目、合理的导向标志至关重要。

（2）按照换乘方式区分，换乘客流主要有以下五种方式：站台换乘、站厅换乘、通道换乘、站外换乘和组合换乘。

①站台换乘客流组织。站台换乘有两种方式：同站台换乘和上下层站台换乘。同站台换乘是指两条不同线路的站线分设在同一站台的两侧，乘客可同站台换乘。这种换乘方式适用于两条平行交织的线路，为方便客流组织宜采用岛式站台设计，要求站台能够满足换乘高峰客流量的需要，乘客无须换乘行走，换乘时间最短，但换乘方向受限。双岛式站台只能实现 4 个换乘方向的客流在同站厅换乘，单岛式站台每一层只能实现 2 个方向的换乘客流，其余换乘方向的乘客仍然要通过站厅或自动扶梯、楼梯进行换乘，换乘时间相应增加。在所有换乘方式中，同站台换乘的换乘能力最大，适用于优势方向换乘客流较大的情形。这种换乘方式的主要制约因素是站台的宽度与列车行车间隔，因此客流的合理组织还与站台宽度及列车行车间隔密切相关。上下层站台换乘是指乘客由一个站台通过楼梯或自动扶梯到另一站台直接换乘。根据地铁线路交叉的情况及两车站的位置，可形成站台与站台的十字换乘、T 形换乘、L 形换乘和平行换乘模式。

②站厅换乘客流组织。站厅换乘是指乘客由一个站台通过楼梯或自动扶梯到达另一个车站的站厅或两站共用站厅，再通过站厅前往另一站台乘车的换乘方式。站厅换乘一般用于相交车站的换乘，换乘距离比站台直接换乘要长。若换乘过程中需要进出收费区，检票口的能力成为制约因素。

③通道换乘客流组织。通道换乘是指在两个或几个单独设置车站之间设置联络通道等换乘设施，方便乘客完成换乘的方式。通道可直接连接两个站台。这种方式换乘距离较近，换乘时间较短。通道还可连接两个站厅收费区，换乘距离相对较长，换乘时间较长。一般情况下，换乘通道长度不宜过长，换乘通道的宽度可根据客流状况加宽。

④站外换乘客流组织。站外换乘是指乘客在车站付费区以外进行换乘，换乘至另一条线路时需要重新购票，此种换乘方式往往是客观条件不允许或设计不当造成的。乘客换乘路线可分割为出站行走、站外行走及进站行走。该换乘方式需要在站外换乘路线上设置连续的换乘导向标志，

并在沿途道路上搭建遮风避雨的顶棚，为乘客最大限度提供方便。在所有换乘方式中，站外换乘所需的换乘时间和换乘距离最长，给乘客的换乘带来很大不便，应尽量避免。

⑤组合式换乘客流组织。上述两种及以上换乘方式组合而成的一种换乘方式，实践中往往是几种换乘方式的组合，以使所有换乘方向的乘客均能实现换乘。

（3）改善换乘客流组织的措施

根据城市轨道交通换乘系统的构成，改善换乘客流组织的措施可以分为空间资源整合与时间效益优化两类，具体如图 4-48 所示。

空间资源整合是通过对各种换乘设施进行优化设计，缩短换乘走行距离，减少换乘流线间的干扰，优化换乘导向标志，使得人流在换乘站有序、安全、畅通地流动，换乘衔接紧密。时间效益优化主要是通过对轨道交通模式内和模式间换乘占用的时间资源进行优化设计，利用计算机系统和信息技术，进行列车时刻表的协调和优化，减少换乘等待时间。同站台换乘是空间资源整合措施的典范，而定时换乘系统则是时间效益优化的代表。

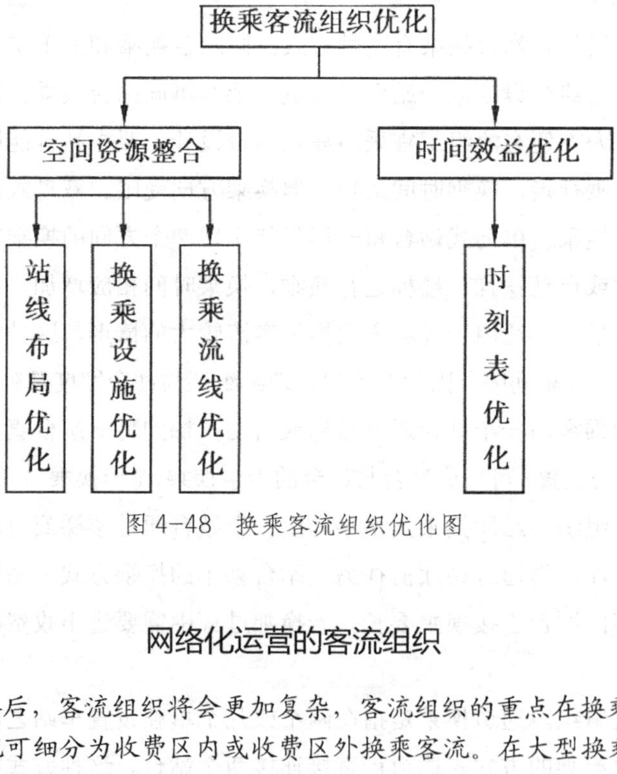


图 4-48　换乘客流组织优化图

**【知识链接】**

## 网络化运营的客流组织

轨道交通形成网络后，客流组织将会更加复杂，客流组织的重点在换乘站，根据换乘区域设立的位置，换乘客流可细分为收费区内或收费区外换乘客流。在大型换乘枢纽站，还涉及其他交通方式之间的换乘衔接。

1. 网络化运营客流特点

1）网络规模效应使得客流快速增长

轨道交通网络形成后，乘客在网络覆盖的地域内均可快速抵达，越来越多的乘客被吸引，其规模效应逐渐显现出来，客流总量也呈现总体快速上升的趋势。

2）网络效应增加，线路间的相互影响增大

网络化运营时客流出行特征将不再是简单的单向流动，而是多方向的流动；线路间客流也不再具有单线运营时的相对独立性，而是由组成网络的众多线路间的客流构成的相互影响、相互作用的庞大客流系统。一旦某条线路发生行车故障，将通过换乘车站影响邻线的正常运营，造成严重的客流阻塞，甚至波及整个运营网络的正常运营。

3）换乘站客流组成复杂

城市轨道交通换乘站内线路的敷设方式不同，站厅与站台布置方式不同，形成了线路和线路之间客流换乘方式的多样化。如：站台换乘、站厅换乘、通道换乘、混合换乘等多种形式。

2. 网络化运营客流组织

1）运营全盘考虑、统筹兼顾

网络运营条件下的列车运行计划编制，须重点考虑换乘车站，尤其是大型换乘枢纽的运营计划，各条运营线路应根据不同线路的客流量来制定换乘车站各方向列车的到发点，尽量做到各条线路到发客流与其列车运能的匹配。在制订换乘站的运营计划时，还应考虑不同线路之间的列车运行间隔时间，最大限度地减少乘客在站台上的停留时间。

2）换乘车站统一管理

大型换乘枢纽站，不仅客流量大，而且客流组成复杂，为应对客流出行特征的变化、满足未来乘客出行的需求，要求换乘站所涉及的多条线路实行统一的运营管理。实现换乘枢纽车站管理的统一性、完整性。统一的线路管理将有利于为乘客提供完整的信息服务支持和优质、统一、标准的客运服务。

3）合理布置车站售检票设备

车站自动售检票设备的布局，将直接决定客流的流动线路，自动售检票设备的合理布局是保证客流快速流动的重要条件。换乘车站具有出入口多、车站规模大的特点，车站设备的布置更要考虑客流的走向，使各种形式的客流尽量减少相互间的对冲与交叉干扰。在换乘车站，特别是站厅换乘的车站，由于受到车站可利用空间的限制，不能盲目、简单地进行付费区设置，应充分考虑乘客售检票、换乘、进出站等不同的流动目的，进行车站整体布置。

4）换乘导向系统需加强优化

换乘车站对涉及换乘的导向标志和乘客信息显示系统要充分考虑换乘客流的需求，合理确定导向的位置，准确明晰地制定导向的内容。在导向信息的分布中，首先要强调主要信息，如换乘方向、线路的分布等，其次也应发布一些乘客可能需要了解的信息，如出入口的周边信息、首末班车时刻等。

5）利用网络的通达性，合理引导客流

轨道交通网络形成后，各条线路因换乘站而连接成网，任何两车站之间的路径可有多种不同的选择。一旦某条线路发生了列车故障，为减少单点故障对乘客的影响，运营单位除了积极采取应急措施外，可以充分利用轨道交通网络，避开故障区域，尽可能减少故障影响，还应及时加强对全网客流的引导、组织，引导乘客通过其他路径迂回、避开故障区域。

**【任务实施】**

在某个地铁车站现场，结合乘客乘车程序进行客流组织：

（1）熟悉车站环境，掌握车站出入口、进站口、所乘列车方向以及候车点；

（2）掌握车站 AFC 设备布局，了解购票及进出站设备操作流程；

（3）按照乘客购票、进闸、候车、上车、乘车、下车、出闸、出站的流程进行客流组织。

**【效果评价】**

效果评价见表 4-6。

**表 4–6 评价表**

| 项目名称 | 城市轨道交通客流组织 | 学生姓名 | |
|---|---|---|---|
| 任务名称 | 任务三　城市轨道交通车站客流组织 | 分数 | |
| 项　目 | | 分值 | 考核得分 |
| 1．城市轨道交通车站客流组织相关知识、图片的搜集、整理 | | 10 | |
| 2．是否有小组计划 | | 5 | |
| 3．城市轨道交通乘客乘车需求了解情况 | | 20 | |
| 4．乘客进出站各个环节客流组织方法掌握情况 | | 50 | |
| 5．编制学习汇报报告情况 | | 10 | |
| 6．基本素养考核情况 | | 5 | |
| 总体得分 | | | |
| 教师简要评语：<br><br>教师签名： | | | |

## 任务四 城市轨道交通特殊情况客流组织

### 一、大客流组织

1．概述

大客流（图 4-49）是指车站在某一时段集中到达，客流量超过车站正常客运设施或客运组织措施所能承受的流量时的客流。

大客流主要表现为：非常拥挤或极度拥挤、乘客流动速度明显减缓、客流交叉干扰严重、对乘客正常的出行造成不利影响、对运营安全造成威胁。

图 4-49 大客流

根据车站大客流形成特点，可将大客流分为可预见性大客流和不可预见性大客流。一般情况下，通过搜集信息、总结历史客流数据，对车站的大客流是可以预见的，但也有少数突发性大客流是无法预见的，以下分为可预见性大客流和不可预见性大客流分析客流特点，并阐述应对措施。广州地铁某车站站台大客流情况如图 4-50 所示。

图 4-50 广州地铁某站大客流图

2. 可预见性大客流组织

1）可预见性大客流分类及特点

（1）可预见性大客流的分类。

大客流根据其产生的原因可具体分为以下三类。

①节假日大客流：主要指在国家法定的元旦、春节、清明节、劳动节、端午节、中秋节、国庆节假期间市民出行及游客旅游等造成城市轨道交通车站客流普遍大幅上升，此类大客流可以提前通过历史数据及相关信息预测得到。另外还需对节假日的以下特征进行分析：分析此次节假日客流与以往节假日客流的不同之处；分析重点车站的客流特点；分析对外枢纽车站的乘客乘降特点，如与火车站直接换乘的地铁车站外地乘客较多，对售检票设备不熟悉，在自动售票机、进出闸机前等候时间较长，容易造成站厅客流聚集；分析国家政策、票价政策及其他宏观政策对客流流量流向的影响。

②大型活动大客流：主要指由于地铁沿线附近举行大型活动（包括节假日期间举行的大型

活动），在活动结束后大量的乘客在较短时间内涌入地铁车站乘车，造成车站客流迅速上升，此类大客流可以通过活动举办方了解到相关信息。

③恶劣天气大客流：主要指由于大雨、雪等恶劣天气对地面交通造成影响，较多的市民乘坐地铁或进入地铁车站避雨、雪，造成地铁各个车站客流比平时有所上升，此类大客流可以通过天气预报提前了解到信息。

（2）可预见性大客流的特点。

①节假日大客流的特点：元旦假期短，与国庆节、春节假期较为接近，游客不会对地铁的客流变化产生太大影响，但市民出行、购物会造成商业区附近的车站产生较大客流，同时其他车站的客流量也会有所上升，列车会比较拥挤。春节假期较长，节前大批外地劳务人员返乡，对火车站、长途汽车站附近的地铁车站造成较大冲击，节后又有大批人员返城务工，再次对相应的铁车站形成大的冲击，但春节期间的客流会相对稳定，不会有太大影响。劳动节、国庆节旅游、购物外出游客较多，大批游客的到来以及市民在节假日期间出行购物、休闲等会使地铁的客流量大幅上升，特别是位于商业区或旅游景点附近的车站，客流的冲击会很大。

②大型活动大客流的特点：地铁沿线附近举行大型活动入场前和活动结束散场时，在短时间内会有大批的乘客涌入附近的地铁站，给活动附近的地铁站造成很大压力。此类活动多在周末、节假日举行，所产生的大客流的时间、规模等特点可以预见，影响范围较小，通常对该活动地点附近的车站影响较大。

③恶劣天气大客流的特点：主要指在出现大雨、雪等恶劣天气的时候，地面交通受到较大影响，很多市民会改乘地铁，造成车站客流普遍增大。此类客流对某个车站的冲击不会太大，但列车会比较拥挤，乘客上下车比较困难。

2）可预见性大客流组织措施

（1）形成指挥机构，集中领导，发挥客流组织整体指挥作用。

为有效应对大客流，必须形成统一的指挥机构或协调机构。因为大客流组织关系到城市轨道运营企业的各个部门，如客运部门负责各个车站的现场客流组织和客运服务，设施维修部门负责提供设备设施运转保障，其他部门提供后勤、物资等相关保障，在指挥机构统一协调组织下，大客流组织工作将会更加高效、全面开展。一般视大客流预测规模，成立城市轨道交通运营企业相关领导牵头组成的领导小组，并设置客运部门牵头的现场指挥小组。

（2）认真部署、做好充分的大客流组织准备工作。

做好充分的准备工作是应对节假日、大型活动大客流的必要前提。在可预见性大客流来临前期，应做好的准备工作具体包括：编制大客流组织方案、开展专项安全检查、客流组织备品的补充与调配、开展大客流组织方案培训和演练。其中编制客流组织方案是工作重点，在客流组织方案的统一指导下，大客流组织将会有序、顺利地开展。城市轨道交通运营企业及下属各相关运营组织部门均需编制客流组织方案。城市轨道运营企业编制的大客流组织方案主要内容包括：组织指挥机构、客流预测、客流特征分析、行车组织（运营时刻表）、客流组织、各部门职责、重点部位安全管理工作及应急措施。在公司大客流组织方案的基础上，各车站须细化本站的大客流组织方案，客流组织方案主要内容包括：客流预测及客流特征分析、车站设备设施运输能力分析、人员安排（包括具体地点、职责、上班时间、携带备品等）、备品准备及需求、各级客流控制具体措施、票务组织措施等。图 4-51 和表 4-7 所示为某市地铁车站制定的客流组织人员布岗安排，包括在大客流情况下增设临时票亭的分布。

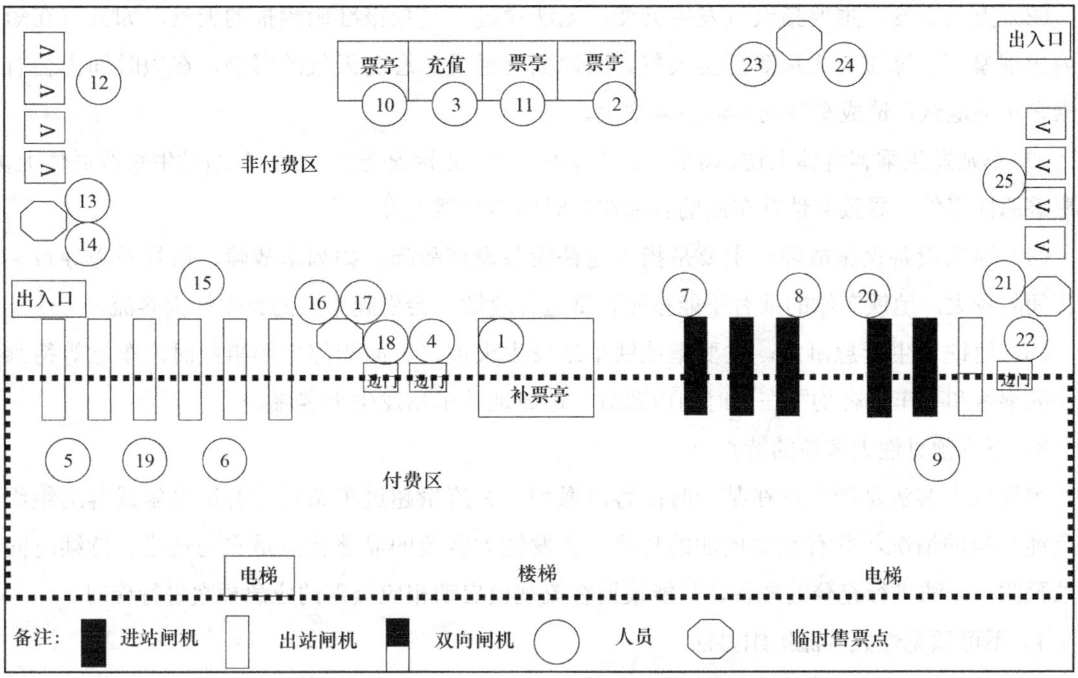


图 4-51　某市地铁站厅客流组织人员布岗图

**表 4-7 某市地铁站厅客流组织人员布岗表**

| 分类　位置 | 站厅 | 临时售票点 |
|---|---|---|
| 日常工作 | 1 ~ 7 | 无 |
| 一般性大客流 | 1 ~ 11 | 无 |
| 节假日大客流 | 1 ~ 25 | 13、14、16、17、21、22、23、24 |

（3）严格管理、将各项客流组织措施落实到位。

大客流组织各项措施能否落到实处，需要城市轨道交通运营企业各级工作人员严格管理，加强监督检查，车站站长是车站的第一负责人，应统筹管理好整个车站的大客流组织工作，值班站长重点管理好当班期间的客流组织工作，现场指挥小组根据客流组织方案从总体上把关，严格要求各级工作人员认真落实客流组织方案，出现突发情况时，按照相应预案处理。

3. 不可预见性大客流组织

1）不可预见性大客流的概念

不可预见性大客流也称突发性大客流，突发性大客流是指提前无法预测，临时突然产生的大客流，使车站候车、滞留的乘客人数接近或达到车站设施的设计容量，以及超过线路输送能力的情形。

2）不可预见性大客流的分类

（1）车站周边临时组织大型活动，主要指地铁沿线附近临时组织大型活动，这些大型活动提前没有获得或无法获得相关信息，在短时间内有大量乘客涌入地铁车站乘车，造成车站客流迅速上升。

（2）天气突变，主要指天气发生突变，无法通过天气预报准确预报的天气，如天气在短时间内出现暴雨、冰雹、大风等恶劣天气。因地面交通受到恶劣天气的影响，在短时间内会有大量乘客转乘地铁，造成车站的客流急剧增大。

（3）车站发生乘客群体上访、闹事等恶性事件，主要指因某方面原因，车站发生乘客群体上访、闹事等恶性事件，导致某地铁车站的客流在短时间内突然上升。

（4）地铁设备设施故障，主要是指因地铁设备设施故障，如列车故障、信号故障导致列车运行间隔较大，地铁车站的乘客不能按照正常进行疏散，会引起车站的突发性大客流。

（5）地铁发生紧急事故，主要指地铁车站发生火灾、大面积停电等事故时，车站等待乘坐地铁的乘客和下车乘客均需在短时间内疏散，造成地铁车站发生大客流。

3）不可预见性大客流的特点

突发性大客流是指车站在某一时段客流激增，客流量超过车站正常客运设施或客运组织措施所能承担的情况，并有继续增加的趋势。突发性大客流的显著特点是它的规模、持续时间等无法预测，无法进行充分的准备，只能根据客流规模启动相应级别的应急预案进行应对。

4）不可预见性大客流组织办法

突发性大客流组织办法应按照城市轨道交通企业制定的《突发性大客流应急预案》处理，轨道交通企业须定期开展应急演练，确保人员熟练掌握突发性大客流应急处理程序。突发性大客流组织措施如下。

（1）成立组织机构。发生大客流后，指挥机构自然成立，指挥机构具体职位如下。

总指挥：地铁运营分公司经理。

副总指挥：运营分公司分管副经理。

成员：运营分公司各部门部长。

（2）突发性大客流监测预警。

由城市轨道交通各车站对现场进行实时监测，发现有大客流发生的趋势要积极采取预防措施，并向控制中心汇报；控制中心也可根据中央监控系统时刻关注现场客流动向，接到或是通过监控系统发现有大客流发生趋势时，要及时上报公司领导。

按照地铁大客流发展趋势，将大客流预警级别分为一般、一级、二级、三级预警。

①一般预警，主要体现为车站售票能力不足，每台自动售票机前排队购票人数较多，同时还不断有乘客涌进，准备进行购票，站台候车乘客可以保持顺畅流动，站台压力较小，有大客流发展趋势。

②一级预警，主要体现为地铁站台候车乘客拥挤，人员流动缓慢，同时同方向连续2列车

进站时仅有少量乘客能够上车，站台乘客仍有增加的趋势，站台压力较大。

③二级预警，主要体现为站台乘客拥挤，同方向连续 2 列车进站后，仅有少量乘客能够上车，同时站厅乘客不断聚多，全部自动售票机前排队购票人数较多，人员流动缓慢，站台、站厅压力都很大。

④三级预警，主要体现为站台、站厅人员爆满，同方向连续 2 列车通过都无法缓解站台压力，出入口乘客越来越多，人员流动性较差。

（3）突发大客流应急处置。

突发大客流应急处置根据预警级别分别采取先期处置、实施一级客流控制、二级客流控制和三级客流控制。

①先期处置。

a．当出现大客流迹象时，车站要及时掌握产生的原因、规模，预计可能持续的时间。

b．值班站长向站长、部门领导、控制中心进行信息报告。

c．站务分部主任（副主任）在 5 min 内赶到控制中心，通过上报信息及控制中心 CCTV 了解现场客流情况，指导车站人员实施控制措施，有必要时安排其他车站人员进行支援。

d．车站利用广播系统认真做好宣传，值班站长及时组织当班员工疏导站厅客流，理顺购票队伍，增设兑零点和购票点，加大购票能力，有必要时向站务分部主任申请站间调配车票。

e．采取有效措施，均衡站厅内客流布局。

f．站台岗时刻关注进入站台的乘客动态，做好站台客流疏导，避免人流在楼梯或电扶梯口处过多聚集。

②一级客流控制处置，如图 4-52 所示。

a．控制时机：当车站站台乘客较拥挤，同方向连续 2 列车经过后站台还有大量乘客滞留上不了车，并且还有持续不断的乘客进入站台。

b．机构响应：当接到客流达到一级预警信息报告后，客运部分管副部长在 5 min 内赶到控制中心，通过上报信息及控制中心 CCTV 了解现场客流情况，指导车站人员实施控制措施，有必要时安排其他车站人员进行支援。

c．现场响应：撤除临时兑零点，减少售票点，减缓售票速度；在站厅与站台的楼梯（或电扶梯）口做好限流措施，将站厅与站台之间的扶梯改为向上方向，维护好上下站台乘客秩序，避免上下站台客流产生交叉、堵塞通道及发生踩踏事件；若还不能控制时，现场采用设置隔离围栏、警戒绳等措施在站厅通向站台楼梯口拦截乘客，分批向站台放行。加强站台巡视，做好宣传，维护站台乘客的安全。加强广播宣传，稳定乘客情绪，必要时在站台摆放或张贴宣传告示。

③二级客流控制处置，如图 4-53 所示。

a．控制时机：当车站站台及站厅付费区都较为拥挤，采取一级客流控制措施后，还有持续不断的有乘客通过闸机进入付费区，站厅付费区乘客滞留时间超过 5 min 不能下到站台，站厅付费区乘客严重影响到站台向上的出站乘客。

图 4-52　一级客流控制措施（站厅付费区楼梯口）

图 4-53　二级客流控制措施（入闸机处控制）

b. 机构响应：当接到客流逐步从一级预警向二级预警过渡时，客运部部长（副部长）在 5 min 内赶到控制中心，通过上报信息及控制中心 CCTV 了解现场客流情况；站务分部主任（副主任）及时赶赴现场，指导车站人员实施控制措施，适时调派支援人员。控制中心值班主任与站务分部主任（副主任）保持联系，灵活组织备用列车上线或进行必要的运营调整。

c. 现场响应：及时组织车站人员维持秩序，撤除兑零点，关闭部分或全部 TVM，减缓售票速度；值班站长及时按照现场处置工作负责人的命令组织当班员工疏导站台、站厅付费区客流，增派人员到站台、站厅维持候车秩序，利用广播宣传，注意站台乘客的候车动态；向行调请求加开客车运送站台的乘客；在进站闸机处，关闭部分或全部进站闸机，将双向闸机设置为只出不进模式，通过现场情况可采用在闸机通道外设置栏杆的形式拦截乘客进入付费区，维护好上下站台及进出付费区乘客秩序，避免上下站台客流及进出付费区客流产生交叉、堵塞通道及发生踩踏事件；根据付费区内客流减缓情况分批放行非付费区客流进入付费区，并适时调整售票速度；根据站台客流减缓情况分批放行站厅付费区客流进入站台：站厅、站台客流控制时要注意留有足够的缓冲区；加强站台、站厅巡视，做好宣传，维护车站乘客的安全；加强广播宣传，稳定乘客情绪，在站台、站厅摆放或张贴宣传告示。

④三级客流控制处置，如图 4-54 所示。

a. 控制时机：当车站站台及站厅都较为拥挤，采取二级客流控制措施后，还有源源不断的乘客通过出入口进入站厅，站厅非付费区乘客滞留时间超过 10 min 不能购票进闸，站厅非付费区、付费区乘客严重影响到出站客流。

b. 机构响应：当接到客流逐步从第二阶段向第三阶段过渡时，运营分公司分管副总经理在10 min之内到达控制中心，通过上报信息及控制中心的视频监控系统了解现场客流情况，在调度指挥控制中心（OCC）进行指挥；客运部部长（副部长）立即赶赴现场，担任现场处置工作负责人；驻站民警协助客流疏导；控制中心值班主任与现场负责人保持联系，适时进行运营调整，根据客流发展趋势，及时向地铁公安分局请求支援，要求增派警力。技术安全部相关人员赶赴现场，与支援民警进行现场安全防护，若出现踩踏事件，及时处置；控制中心值班主任灵活组织行车调度，及时进行运营调整，及时向地铁公安分局、交通局联系，请求增派警力或是地面交通支援。

图 4-54　三级客流控制措施（出入口外控制）

c. 现场响应：车站维护好站台、付费区及出入口的乘客秩序，避免进站客流与出站客流产生严重交叉、堵塞通道及发生踩踏事件；加强站台、站厅及出入口巡视，做好宣传，维护车站乘客的安全；加强广播宣传，稳定乘客情绪，在站台、站厅及出入口摆放或张贴宣传告示；控制进入车站乘客人数，在站外设置迂回的限流隔离栏杆，延长进站时间，或组织乘客排队分批进站；采取出入口分流，一部分只出不进，一部分只进不出，有必要时可选择关闭部分出入口，最大限度缓解站厅及站台客流压力；出入口根据站厅客流减缓情况，分批放行出入口外客流进入站厅非付费区，适时开关TVM、闸机，施行或取消票务中心售卖预制票，调整售票速度；根据站台客流减缓情况分批放行站厅付费区客流进入站台。

（4）突发大客流线网控制措施。

①突发大客流车站组织措施。

当全线网中的某一车站发生故障，不能正常运营，影响严重时，本站按照车站现场组织方法进行组织，必要时，向行调申请在本站通过不停车，减缓本站压力。同时行车值班员向行调汇报，由行调通知线网各次列车司机，及时通过车内广播告知乘客，并通知相邻车站。

②全线网相关车站措施。

a. 接到通知后，立即采取限流措施，进行宣传解释，减缓或阻止乘客进站，在站外进行乘客组织，稳定乘客情绪，保证乘客安全。

b. 利用站内广播和其他宣传疏导方式，告知乘客列车运营情况，劝导乘客乘坐其他交通工具。

c. 因突发事件受到重大影响的各车站，必要时申请临时封站。

d．继续运营的车站要充分考虑客流压力的波形传递性，加强客运组织力量，做好客流激增的准备。

## 二、突发事件客流组织

突发事件是指没有任何征兆的情况下，在城市轨道交通车站内、列车上或其他设备设施内突然发生的危及人身安全的事件，如自然灾害地震、火灾、恐怖袭击爆炸、疫情、大面积停电等，发生以上突发事件时，城市轨道交通工作人员须按照应急预案要求，冷静、迅速处理，将乘客快速疏散至安全位置，防止人员伤亡等意外事件发生、扩大和蔓延。

当车站发生突发事件时，车站可根据实际情况对乘客进行疏导，客流组织的方法主要有乘客疏散、清客和隔离三种。

### 1. 乘客疏散

乘客疏散是指在发生紧急情况时，城市轨道交通工作人员利用通道和出口迅速将乘客从危险区域转移到安全区域，包括车站疏散和区间隧道疏散。

1）车站疏散组织办法如图 4-55 所示。

图 4-55　车站发生火灾乘客疏散图

当火灾、大面积停电等突发事件可能导致乘客伤害时，车站工作人员必须第一时间组织疏散乘客，争取在最短的时间内尽快将乘客疏散至安全位置。城市轨道交通单位须编制各类突发事件的应急预案，并定期组织演练和培训，确保突发事件发生后，工作人员能够有序、妥善处理。在乘客疏散中，车站各个岗位必须密切高效配合，各岗位的客运组织应急处理程序见表 4-8。

**表 4-8 车站乘客紧急疏散客运组织表**

| 岗位 | 工作内容 |
|---|---|
| 值班站长 | ①接到紧急情况信息报告后，迅速赶往现场确认实际情况；<br>②宣布执行相关应急处理程序，担任现场“事故处理主任”，调集车站所有资源快速组织疏散乘客；<br>③现场组织疏散乘客，督促各岗位应急处理关键环节是否执行；<br>④乘客疏散完毕后，检查车站内是否有滞留乘客，并关闭出入口，报告中央控制中心；<br>⑤事件危及车站员工时，及时组织员工通过消防疏散通道或出入口到达安全区域；<br>⑥需要 119、120 等外部力量支援时，安排保安或员工至出入口接应 |

续表

| 岗位 | 工作内容 |
| --- | --- |
| 行车值班员 | ①及时将现场情况向中央调度中心报告，与调度保持联系；<br>②视车站突发事件程度，向地铁公安、119、120报告；<br>③需要疏散公共区乘客时，按压闸机释放按钮，使闸机处于常开状态，并将TVM设置为暂停服务状态；<br>④播放疏散广播；<br>⑤信息上报站长、部门生产调度及部门值班领导；<br>⑥根据事件蔓延情况，带好手持台等通信工具视情况撤离车控室至安全区域 |
| 客运值班员 | ①收好钱款，锁闭票务管理室，到车控室协助行值操作相关环控设备，如果环控设备中央级执行不成功，负责操作车站级环控设备；<br>②到站厅、站台、设备区组织疏散乘客和其他维修巡检人员；<br>③乘客受伤时及时协助伤者到达安全区域，视情况对伤者进行急救；<br>④根据值班站长安排，在出入口拦截乘客进站、关闭部分出入口 |
| 厅巡岗 | ①打开边门将乘客疏散出站；<br>②根据电扶梯的运行方向，将向下的电扶梯关闭，将向上的电扶梯视情况关闭；<br>③根据客值或值班站长安排出入口拦截乘客进站，迎接外部支援力量 |
| 票亭岗 | ①收好票款，锁闭票亭；<br>②疏散乘客出站，根据客值或值站安排张贴告示、拦截乘客进站，接救应援人员进站 |
| 站台岗 | ①按照值站命令，执行应急处理程序，疏散站台层乘客，站台乘客疏散完毕后，协助疏散站厅乘客<br>②乘客疏散完后，到现场协助处理应急事件 |
| 保安保洁 | 协助车站工作人员疏散乘客和救助受伤乘客 |

2）隧道疏散组织办法。

隧道乘客疏散组织办法（见图4-56）。列车在区间发生火灾无法行驶至前方车站，或设备发生故障列车被迫停在区间，需要疏散区间乘客时，执行区间乘客疏散办法。对于隧道发生火灾、爆炸等紧急事件及设备发生故障区间疏散乘客具有不同的要求，以下分别进行阐述。

（1）隧道发生火灾或列车在隧道发生火灾无法运行至前方车站时，需要尽快疏散列车上的乘客，根据列车着火位置及火势大小，选择正确的乘客疏散方向（当列车头部着火时，组织将乘客从列车尾端疏散；当列车尾部着火时，组织将乘客从列车头端疏散；当列车中部着火后，若火势较大，无法通过着火区域时，组织乘客向两端疏散），确保乘客人身安全。在接到行调需要区间疏散的命令后，车站各个岗位必须密切高效配合，各岗位的客运组织应急处理程序见表4-9。

图4-56 地铁区间应急疏散图

**表 4-9　发生火灾时隧道区间乘客紧急疏散客运组织表**

| 岗位 | 工作内容 |
| --- | --- |
| 值班站长 | ①接到区间疏散通知后，立即通知厅巡岗、保安带齐应急物品到站台做好灭火、区间疏散乘客准备工作；<br>②确认列车在区间不能运行时，宣布执行列车在区间火灾应急处理程序，担任“事故处理主任”，指挥厅巡岗、保安等做好防护，得到行调的同意后进入列车所在区间引导乘客疏散、灭火；<br>③组织乘客疏散。确认隧道没有遗留乘客，报车站控制室；<br>④消防队员到达后，将灭火工作交给消防队员，确认乘客疏散完毕后，回到车控室；<br>⑤确认火灾扑灭、公安取证完毕、设备抢修结束、人员出清线路后报告行调，向行调请求恢复运营 |
| 行车值班员 | ①接到行调或列车司机通报火警后，立即报值班站长；<br>②报告行调并报地铁公安、119、120；播放紧急疏散广播；按下 AFC 紧急按钮；关闭广告灯箱电源；向部门领导报告；<br>③与行调、值班站长保持联系；<br>④严格控制救援人员进入区间时机，进入区间前要得到行调的同意；<br>⑤所有人员出清区间后向行调汇报；<br>⑥准备恢复运营服务，并向行调报告 |
| 客运值班员 | ①得知发生火灾后，锁好票务管理室门，到车控室协助行值工作，中央级控制不能实现时，按控制中心指令操作车站级环控系统 BAS；<br>②执行列车在区间火灾应急处理程序，关闭所有 TVM，到站厅组织员工疏散乘客；<br>③组织站厅乘客疏散，确认站厅乘客全部疏散出站后报告车控室，救助受伤乘客 |
| 厅巡岗 | ①接到通知后立即带备品到站台待命；<br>②听从值班站长指挥做好防护，到区间疏散乘客、灭火，组织乘客向站台疏散；<br>③消防人员到后，将灭火工作交给消防人员 |
| 票亭岗 | ①收好票款、执行应急处理程序，关停站台层向下运行的扶梯；<br>②组织疏散乘客 |
| 站台岗 | ①列车在区间疏散乘客时，打开端墙门，组织疏散乘客并清点人数；<br>②站台乘客疏散完毕后报车控室；<br>③根据车控室指示严格控制进入区间进行救援的时机；<br>④接到恢复运营的通知后，检查站台客运设施情况，为恢复运营服务做准备 |
| 保安保洁 | ①执行紧急疏散命令，视情况关停站厅层出口的扶梯。拦截乘客进站，根据车站工作人员安排张贴暂停服务告示；<br>②接应外部支援力量，援助、安抚受伤乘客，等候救护人员的到来 |

（2）设备发生故障列车被迫停在区间，需要区间疏散乘客时，车站根据行调命令组织乘客有序疏散出区间，尽量避免乘客在区间受伤。车站各岗位的客运组织应急处理程序见表 4-10。

**表 4-10 隧道区间设备故障时乘客疏散客运组织表**

| 岗位 | 工作内容 |
| --- | --- |
| 值班站长 | ①接到列车区间疏散的信息后，根据行调指令组织厅巡岗、保安穿好荧光服，携带手提广播、照明灯（应急灯）、对讲机等进入区间，前往列车停留位置，引导乘客安全撤离到站台；<br>②疏散完毕后按原路返回，负责确保乘客及工作人员全部安全到达站台；<br>③确认线路出清后，报告车控室线路已出清 |
| 行车值班员 | ①接到行调列车区间疏散的命令后，立即报告值班站长，并打开隧道照明灯；<br>②与行调、值班站长保持联系，及时传递信息；<br>③播放广播安抚候车乘客；<br>④区间乘客全部疏散完毕后及时向行调报告 |
| 客运值班员 | 收好钱款，锁闭票务管理室，根据值站安排组织疏散区间乘客 |
| 厅巡岗 | ①接到通知后立即带备品到站台待命；<br>②听从值班站长指挥做好防护，到区间疏散乘客、灭火，组织乘客向站台疏散；<br>③消防人员到后，将灭火工作交给消防人员 |
| 票亭岗 | ①收好票款、执行应急处理程序，关停站台层向下运行的扶梯；<br>②组织疏散乘客 |
| 站台岗 | 在车站端墙处接应从区间里疏散来的乘客，对乘客做好安抚解释工作 |
| 保安 | ①与值班站长下线路疏散乘客；<br>②对乘客做好解释安抚工作 |
| 司机 | ①接到行调列车区间清客的命令后，等车站人员到达后打开应急疏散门，播放“列车清客广播”，组织乘客有序撤离；<br>②列车上乘客疏散完毕后，检查列车情况并将情况报行调，按照行调的命令执行 |

### 2. 清客

在遇到运营设备故障，列车暂时中止服务或行车组织发生变更调整时，需要将列车上乘客或车站乘客从某一区域转移到另一区域，包括列车在站台时清客和车站清客。清客与乘客疏散的区别在于疏散是在紧急状况下的客运组织方式，是为了保证乘客安全，尽快将乘客转移到安全位置，而清客是暂停行车服务的客运组织方式。以下分别介绍列车在站台时清客及车站清客的各岗位应急客流组织流程，见表 4-11、表 4-12。

**表 4-11 列车在站台时清客客运组织流程表**

| 岗位 | 工作内容 |
| --- | --- |
| 值班站长 | ①组织站务员引导乘客安全撤离列车，并做好乘客解释工作；<br>②检查车厢有没有滞留乘客，清客完毕后，及时向车控室报告 |
| 行车值班员 | ①接到行调列车在站台清客的命令后及时通知值班站长，并播放列车清客广播；<br>②清客完毕后，及时向行调报告 |
| 客运值班员 | 协助值站清客，对不主动配合的乘客进行劝导和解释，引导乘客离开列车 |
| 保安 | 协助车站工作人员清客，对不主动配合的乘客进行劝导和解释，引导乘客离开列车 |
| 司机 | ①接到行调列车在站台清客的命令后打开车门、屏蔽门，播放列车清客广播；<br>②确认车厢没有乘客滞留，关门并报行调，按照行调指令执行 |

表 4-12 车站清客客运组织流程

| 岗位 | 工作内容 |
|---|---|
| 值班站长 | ①宣布执行车站清客处理程序，组织车站员工对车站乘客进行清客，引导乘客进行票务处理；<br>②待乘客全部出站后，检查车站是否有滞留乘客，关闭出入口，派人在出入口张贴告示；<br>③集合车站工作人员，协助设备故障处理，等待恢复运营；<br>④将情况向站长报告并做好详细记录 |
| 行车值班员 | ①接到上级暂停服务清客的命令后通知车站各岗位本站暂停服务，执行清客程序；<br>②播放清客广播和票务政策广播，将自动售票机 TVM 设置为暂停服务；<br>③通知地铁公安到现场维持秩序 |
| 客运值班员 | ①引导乘客办理退票、一卡通更新及出站，向乘客做好解释；<br>②根据需要为售票员配备零钱；<br>③统计退票数量并将回收单程票封好后上交票务室 |
| 其他岗位 | ①厅巡打开车站边门，引导乘客退票或出站（持一卡通乘客通过边门出站，车站免费更新）；<br>②售票员负责办理退票和一卡通更新；<br>③站台岗及保安引导乘客出站，根据客值或值站安排张贴告示 |

3. 隔离

隔离是指采用某种方式或设备人为隔开人群或封闭某个区域。根据造成隔离原因，隔离的客运组织方法分为如下几种。

1）非接触纠纷隔离

乘客发生口头纠纷时，离现场最近的工作人员要立即上前调解，必要时把纠纷双方分别带到人少的地方或办公区会议室，进行劝说调解，如有其他乘客围观，应及时劝其离开现场，维持好车站工作秩序。

2）接触式纠纷隔离

当发生乘客打架事件时，离现场最近的工作人员要立即赶到现场，与车站保安人员一起把打架双方隔开，并通知地铁公安到达现场。车控室通知值班站长赶到现场处理，将肇事双方移交地铁公安处理。车站要及时疏散围观乘客，并寻找目击证人，记录事件经过。

3）疫情隔离

城市发生疫情传播，车站发现有人晕倒或疑似传染疫情时，必须及时采取隔离措施，报告公司防疫指挥中心及市防疫指挥中心，根据上级要求进行清客，关闭出入口，列车不停站通过，对与疑似人员接触过的物品、人员进行消毒、隔离观察。

4）客流流线隔离

当车站某一端排队购票队伍与进、出站客流发生交叉干扰时，车站工作人员利用提前准备好的伸缩栏杆、隔离带、铁马等设备将不同方向的客流分隔开，保持进出站、换乘客流顺畅，并利用手提广播引导乘客到自动售票机前人少的一端购票。

【知识链接】

## 雨天车站的客流组织

如果降雨造成出入口乘客避雨拥堵，应及时向滞留乘客发放一次性雨衣，增加人员，加强疏散力量，快速将滞留乘客疏导出站，并请求地铁公安在出入口处协助组织，同时密切关注各车站现场情况，将影响运营的事件随时向行调报告。车站可采取以下措施进行疏导客流：

（1）当出入口人多时，为防止乘客拥堵在电扶梯口影响到乘客正常乘坐电扶梯，可视情况关闭车站出入口电扶梯；

（2）保洁人员在出入口铺设防滑垫，并及时清理站内地面积水；

（3）车站工作人员到出入口发放免费雨衣及雨伞；

（4）加强出站口的宣传疏导，提高乘客出站速度，播放防滑广播，防止乘客滑倒摔伤，摆放提醒告示；

（5）雨情较大时将拥堵在出入口和通道内的乘客引导至人少的通道内避雨，并提示有雨具的乘客尽快离开车站；

（6）如因出入口积水导致乘客滞留或出站速度缓慢，应及时引导乘客至其他路况较好的出入口出站；

（7）因车站滞留乘客量大导致站内秩序得不到有效控制时，车站应向上级领导和相关部门申请采取临时封站措施。

【任务实施】

火灾对城市轨道交通威胁较大，城市轨道交通单位应有相应火灾预案，并定期组织火灾疏散及逃生演练。本任务实施的背景是：列车即将进站时发生火灾，列车正常进站停车，车站人员组织疏散列车及站内乘客，表 4-13 为站台列车火灾时客运组织处理程序。

**表 4-13 站台列车火灾客运组织程序**

| 岗位 | 工作内容 |
|---|---|
| 值班站长 | ①接行车值班员的报告，立即通知厅巡岗、保安带备品（防烟面具、荧光衣、灭火器）到站台灭火；<br>②宣布执行列车在站台火灾应急处理程序，指挥厅巡岗、保安一起进入车厢灭火；<br>③组织灭火，控制火势，组织站台乘客向未受火灾影响的站厅疏散，确认列车及站台乘客全部疏散到站厅后报告车控室，对受伤乘客安排员工用担架抬至出入口，进行救助并等待 120；<br>④消防队员到火场后，将灭火工作交给消防队员，命令参加灭火员工疏散到站厅，确认站厅乘客疏散完毕后，回到车控室；<br>⑤根据行调命令下令关闭部分出入口，火灾扑灭后，与警务人员确认完全灭火，公安取证完毕、设备抢修结束后报告行调，并组织员工清理现场，随后向行调请求恢复运营 |
| 行车值班员 | ①接到行调或列车司机通报火警后，将情况报告值班站长；<br>②报告行调，并视情况报地铁公安和 119、120，播放紧急疏散广播，按下 AFC 紧急按钮，向部门领导报告；<br>③与行调、值班站长保持联系；<br>④向行调报告消防队员到达及灭火情况；<br>⑤准备恢复运营服务并向行调报告 |

续表

| 岗位 | 工作内容 |
| --- | --- |
| 客运值班员 | ①得知发生火灾后，锁好票务管理室门，到车控室协助行值工作，中央级控制不能实现时，按控制中心指令操作 BAS；<br>②执行站台火灾应急处理程序，在 SC 上关闭所有 TVM，到站厅组织疏散乘客；<br>③组织站厅乘客的疏散，确认站厅乘客全部疏散出站后报告车控室，救助受伤乘客；<br>④根据值站安排关闭部分出入口；<br>⑤火灾扑灭后在值站指挥下清理现场；<br>⑥接到恢复运营的通知后，组织员工准备恢复运营服务；<br>⑦根据值站通知开启出入口，恢复运营 |
| 厅巡岗 | ①接到通知后立即带备品（防烟面具、荧光衣、灭火器）到站台协助灭火；<br>②消防人员到火场后，将灭火工作交给消防人员，疏散乘客到站厅；<br>③火灾扑灭后在值站指挥下清理现场；<br>④接到恢复运营的通知后，检查站厅客运设施情况，为恢复运营服务做准备 |
| 票亭岗 | ①收好票款、执行站台火灾应急处理程序，关停站台层的下行扶梯；<br>②组织乘客疏散；<br>③接到恢复运营的通知后，准备恢复售票工作 |
| 站台岗 | ①组织列车或站台乘客疏散，司机无法操作屏蔽门时，站台岗负责打开屏蔽门；<br>②检查确认站台没有遗留乘客；<br>③接到通知后，到站台清理现场，为恢复运营做准备 |
| 保安保洁 | ①执行站台火灾应急处理程序，关停站厅层出口的扶梯（原则上无人员在电梯上）；<br>②拦截乘客进站，等候消防队员的到来，张贴暂停服务告示；<br>③协助疏散乘客，做好解释工作；<br>④指引消防队员进站灭火；<br>⑤安抚受伤乘客，等候 120 救护人员；<br>⑥协助清理现场 |
| 司机 | ①立即打开屏蔽门、车门；<br>②施加停放制动，降下受电弓（不能拔主控钥匙），报行调、车控室，广播疏散乘客；<br>③听从事故处理主任的指挥；<br>④在乘客全部下车后及时向行调报告，行调通知司机关闭蓄电池时及时关闭列车蓄电池，得到打开通知再打开；<br>⑤确认车况，按行调命令执行 |

**【效果评价】**

效果评价见表 4-14。

**表 4-14 评价表**

| 项目名称 | 城市轨道交通客流组织 | 学生姓名 | |
|---|---|---|---|
| 任务名称 | 任务四城市轨道交通特殊情况客流组织 | 分数 | |
| 项　目 | | 分值 | 考核得分 |
| 1. 城市轨道交通特殊情况客流组织相关知识、图片的搜集、整理 | | 10 | |
| 2. 是否有小组计划 | | 5 | |
| 3. 城市轨道交通大客流特点及组织方法掌握情况 | | 20 | |
| 4. 城市轨道交通意外事件客流组织掌握情况 | | 50 | |
| 5. 编制学习汇报报告情况 | | 10 | |
| 6. 基本素养考核情况 | | 5 | |
| 总体得分 | | | |
| 教师简要评语：<br><br>教师签名： | | | |

【复习思考题】

1. 简述城市轨道交通客流如何分类。

2. 简述城市轨道交通客流的时间分布特征与空间分布特征。

3. 简述客流调查的种类及客流调查方法。

4. 简述城市轨道交通客流预测的内容。

5. 简述四阶段法客流预测方法分哪几种。

# 项目五　城市轨道交通车站技术设备

## 知识点

1. 行车设备的种类及功能。
2. 安全门系统的类型、功能及故障处理。
3. 电梯系统的组成及故障处理。
4. 火灾报警系统的组成及故障处理。
5. 车站导乘设备的组成及设计要求。
6. 电话系统的功能及组成。

## 技能目标

1. 掌握车站行车技术设备的构成。
2. 会操作车站电话系统。
3. 能够熟练运用车站技术设备。
4. 能够对车站技术设备进行故障处理。

## 任务一　行车设备

### 一、线路

#### 1. 正线

正线指连接车站并贯穿或直股伸入车站的线路，供列车日常运行的线路，包括主线和支线。

城市轨道交通系统的正线均采用上下行分行，一般实行右侧行车惯例，以便与城市地面交通的行车规则相吻合（世界上除了英联邦、日本等部分国家和地区外，绝大部分国家和地区道路交通均实行右侧行车规则）。统一规则为：以线路的起点为基准。

（1）列车从线路起点向终点运行为下行，反之为上行。

（2）线路从起点到终点，里程由小到大称右线，反之为左线。

正线按线路形态可分为地下线、高架线（图 5-1）和地面线；根据地铁运营的特点，地铁的正线应为双线；在运营中有上下行之分；在设计中有左右线之别。

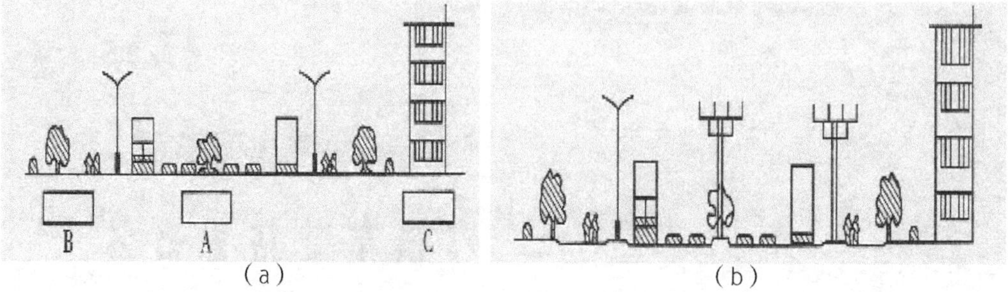


(a)　　(b)

图 5-1　正线线路形态
(a) 地下线路；(b) 高架线路

2. 辅助线

为空载列车提供折返、停放、检查、转线及出入段作业的线路。

辅助线是为保证地铁线路的正常运营，实现列车的合理调度，并满足非正常情况下组织临时运行和维修作业所设置的辅助线路。

1）折返线

(1) 功能要求：用于组织列车的折返（包括始发站、终点站的折返和小交路折返点折返）作业，实现行车的合理调度和正常运行。

(2) 设计要点：

①设于折返站（包括始发站和终点站）上，有站前折返和站后折返之分；

②列车进入折返线都有速度要求，站后折返线有效长度为列车长度加 40 m，尽端式折返线末端应设缓冲车挡；

③折返线在营业时段内使用，不能作为停车线（故障车停放线）使用，但增设相应设施后，可作存车线使用；

④终点站后折返线，可用延长线路并增设交叉渡线作为折返线使用，但必须验算其折返能力。通常在站前应增设单渡线，增强灵活性。

2）存车线（图 5-2）

(1) 功能要求：当线路较长，车辆段（或停车场）的布置偏离线路一端时，为满足早晚收发车的需要宜在远方的折返站上增设存车线，用于列车夜间停放和技术检查。

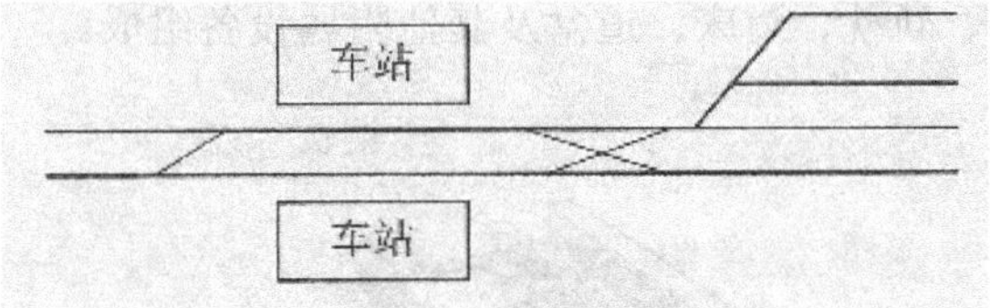


图 5-2 存车线

(2) 设计要点：

①存车线一般设于距离车辆段（或停车场）较远的折返站上，其数量应满足存放列车数的要求；

②列车为空载状态进入存车线，无速度要求，有效长度为（$L$+24）m；

③存车线上有列检作业时，应设检查坑和必要房屋；

④与相邻其他线路应有防护设施；

⑤存车线可利用折返线设置，必要时加设检查坑；

⑥可兼作停车线使用，但不能用于夜间维修工程车的折返。

3）停车线（图 5-3）

用于运行中故障列车的临时停放，也可用于组织临时交路和夜间设备维修时工程车折返。

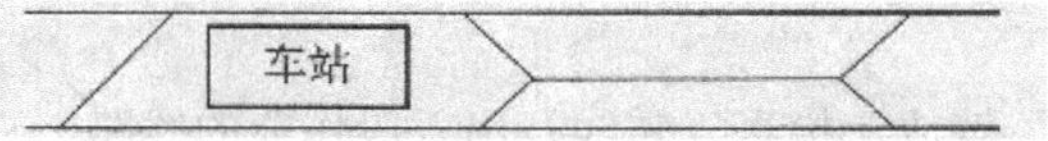


图 5-3 停车线

停车线也称故障车停车线或故障列车待避线。

4）渡线

（1）功能要求：渡线设于两条正线（或辅助线）之间，主要是配合折返线、存车线和停车线等各种辅助线的功能需要而设。设于两正线间的渡线用于增加运行的灵活性，特别是方便组织临时交路和夜间工程车折返。

（2）设计要点：一般 3 ～ 5 个站设置一渡线，或配合折返线、存车线和停车线设置；渡线有单渡线和交叉渡线之分；单渡线的方向应根据其功能需要合理设计，一般按顺向设置。

5）安全线

安全线是列车运行进路的隔开设备之一，其主要功能是防止车辆段出入段线或岔线（支线）上运行的列车未经许可进入正线，确保正线行车安全。

### 3. 车场线

车辆基地内的各种作业线。

## 二、轨道

轨道（图 5-4）是城市轨道交通系统的重要组成部分。它的主要作用是引导列车运行和承受列车荷载。

它主要由钢轨、扣件、轨枕、道床、道岔及其他附属设备组成。

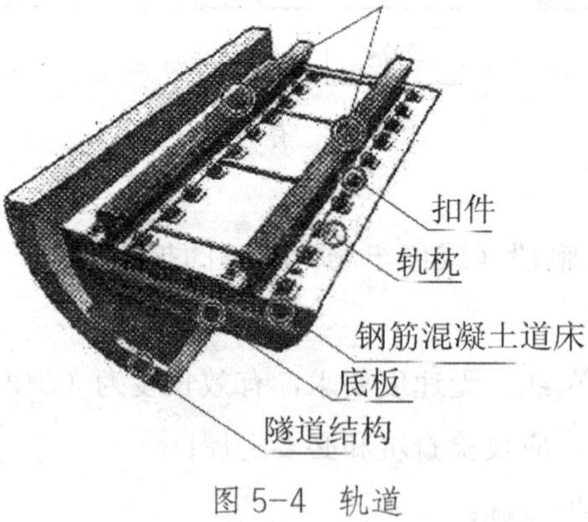


图 5-4 轨道

### 1. 钢轨

钢轨（图 5-5）直接承受地铁列车荷载并通过扣件、轨枕、道床传递至路基。它的功用在于引导机车车辆的车轮前进，承受车轮的巨大压力，并传递到轨枕上。一般采用的钢轨正线为 60 kg/m 重轨，车辆段、车场一般采用 50 kg/m 重轨。钢轨的断面形状，采用具有最佳抗弯性能的“工”字形断面，由轨头、轨腰以及轨底三部分组成。

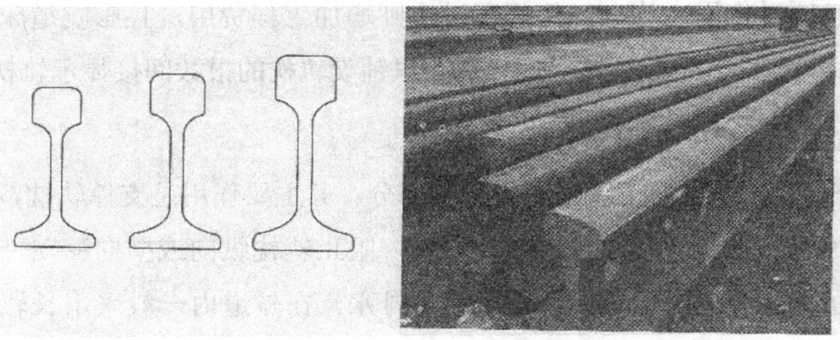

图 5-5 钢轨

2. 扣件

扣件（图 5-6）是用于连接钢轨与轨枕的零件。它主要是将钢轨固定在轨枕上，保持轨距并阻止钢轨的横、纵向移动，并且能够起到减振作用。在混凝土轨枕的轨道上，由于混凝土轨枕的弹性较差，扣件还需提供足够的弹性。为此，扣件必须具有足够的强度、耐久性和一定的弹性，并有效地保持钢轨与轨枕之间的可靠连接。此外，还要求扣件系统零件少，安装简单，便于拆卸。

扣件主要适用于建筑工程中，对外径为$\phi$48 mm的钢管脚手架起固定作用，扣件分为直角扣件（十字扣件、定向扣件）、旋转扣件（活动扣件、万向扣件）、对接扣件（一字扣件、直接扣件）等。

3. 轨枕

轨枕（图 5-7）是承垫于钢轨之下，用于支承、固定钢轨，并且将钢轨承受的压力和应力传递到道床之上的部件。轨枕主要有钢筋混凝土轨枕、木制轨枕、混凝土轨枕、特种混凝土轨枕。

图 5-6 十字扣件

图 5-7 轨枕

轨枕的间距应根据运量、行车速度及道床类型等条件决定。当间距较小时，路基、道床、钢轨以及轨枕本身所受作用力均小，但间距过小则增加工程费用，且影响道床的捣固作业。轨枕间距一般为 52 ～ 62 cm。我国铁路一般以每公里铺设轨枕的根数间接显示轨枕间距。

4. 道床

道床（图 5-8）是指轨枕之下、路基之上的部分。其主要作用是支撑轨枕，把轨枕上部的巨大压力均匀地传递给路基面，并固定轨枕的位置，阻止轨枕纵向或横向移动，大大减少路基变形的同时还缓和了机车车轮对钢轨的冲击，便于排水。在隧道内一般采用长轨枕式钢筋混凝土整体道床，在地面则一般用国铁定型的预应力混凝土轨枕碎石道床。

道床的功用如下：

（1）承受来自轨枕的压力并均匀地传递到路基面上；

（2）提供给轨道横向阻力，保持轨道的稳定；

（3）提供轨道弹性，减缓和吸收轮轨的冲击和振动；

（4）提供良好的排水性能，以提高路基的承载能力及减少基床病害；

（5）便于轨道养护维修作业，校正线路的平纵断面。

5. 道岔

道岔（图 5-9 ～图 5-11）是一种使列车车辆由一股道转入另一股道的线路连接设备，通常在重点车站、车辆段、停车场大量使用。道岔的种类主要有单开道岔、双开道岔、三开道岔、交叉渡线道岔等。

图 5-8　碎石道床

图 5-9　单开道岔

图 5-10 三开道岔

图 5-11 交叉渡线道岔

## 三、信号系统

信号是用特定的物体（包括灯）的颜色、形状、位置，或用仪表和音响设备等向行车人员传达有关机车车辆运行条件、行车设备状态以及行车的指示和命令等信息。它的主要功能是保证线路行车安全。在城市轨道交通系统中，信号系统是一个集行车指挥和列车运行控制于一体的非常重要的机电系统，它直接关系到城市轨道交通系统的运营安全、运营效率以及服务质量。它具有保证乘客和列车的安全，实现列车快速、高密度、有序运行的功能。

### 1. 组成

地铁信号系统由连锁系统和列车自动控制（ATC）系统组成，核心是列车自动控制系统。列车自动控制系统又由列车自动防护(ATP)子系统、列车自动驾驶(ATO)子系统、列车自动监控(ATS)子系统构成。

信号系统的各子系统之间相互联系，实现地面控制与车上控制相结合、现地控制与中央控制相结合，构成一个以安全设备为基础，集行车指挥、运行调整以及列车驾驶自动化等功能于一体的自动控制系统。它是现代城市轨道交通核心控制技术之一。

### 2. 技术要求

（1）信号系统必须确保列车运行安全。

（2）满足运营及行车组织的要求。

（3）须严格按照预定的时刻表（运行图）组织列车运行。

（4）在控制中心能对全线列车集中监控，自动 / 人工运行调整。

（5）实现列车自动驾驶或有超速防护的人工驾驶。

（6）具有必要的降级 / 后备控制模式。

3. 信号系统分类

尽管各类信号系统在实现列车速度控制方式、车地数据传输方式、列车定位方式和信息量等方面各有不同，但基本上可按以下方式分类，具体如图 5-12 所示。

按各信号设备所处地域、实现功能又可分为：控制中心 ATS 子系统、车站及轨旁子系统、车载设备子系统。

4. 信号分类

轨道交通信号按其作用可分为指挥列车运行的行车信号和指挥调车作业的调车信号；按信号设置的处所可分为车站信号、区间信号，以及行车指挥和列车运行自动化等；按信号显示制式可分为选路制信号和速差制信号；按结构可分为臂板信号、色灯信号、灯列信号（中国大陆不采用）以及机车信号。

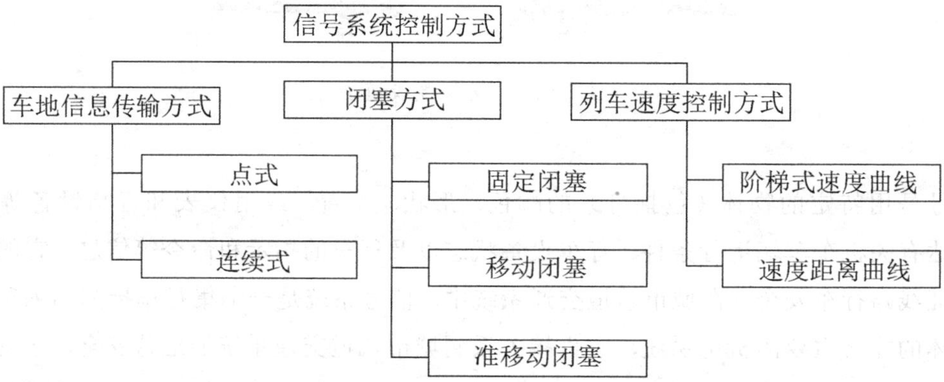


图 5-12 信号系统

信号设备可分为以下三大类。

（1）信号机（图 5-13），其原始形式是手灯、手旗、明火、声笛等，现代信号机主要有进出站信号机、通过信号机、进路信号机、驼峰信号机、驼峰辅助信号机、预告信号机、遮断信号机、调车信号机等，以及其他辅助性信号机。

（2）标志，主要有预告标、站界标、警冲标、鸣笛标、作业标、减速地点标及机车停止位置标等。

（3）表示器（图 5-14），其作用是补充说明信号的意义，主要有发车表示器、发车线路表示器、进路表示器、调车表示器、道岔表示器等。

图 5-13 信号机

图 5-14 表示器

## 四、轨道电路

轨道电路（图 5-15）是利用钢轨线路和钢轨绝缘构成的电路，是地铁信号的重要基础设备，它的性能直接影响行车安全和运输效率。

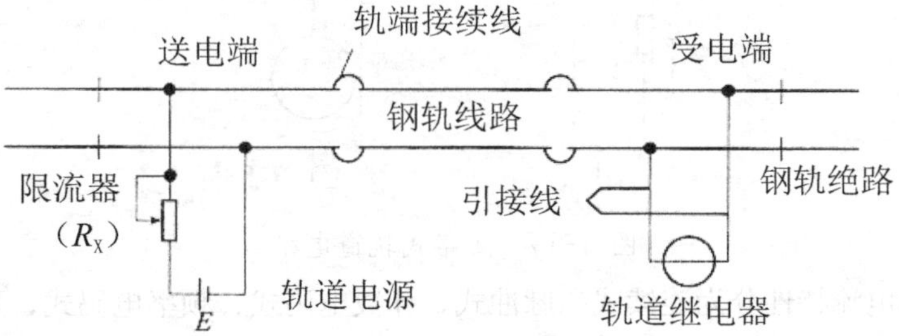


图 5-15 轨道电路

### 1. 轨道电路的基本原理

1）组成

轨道电路由钢轨、发送端、接收端（轨道继电器）、轨端接续线、绝缘节等组成。

2）作用

钢轨主要是传送电信息，绝缘节主要是划分各轨道区段，轨端接续线主要是保持电信息延续，轨道继电器主要是反映轨道的状况。

### 2. 轨道电路的作用

（1）监督列车的占用，反映线路的空闲状况，为开放信号、建立进路或构成闭塞提供依据。

（2）传递行车信息，如移频自动闭塞利用轨道电路传递不同的频率信息来反映列车的位置，决定通过信号机的显示或决定列车运行的目标速度，从而控制列车运行。

3. 轨道电路的分类

（1）按动作电源分为直流轨道电路（已经淘汰）、交流轨道电路（低频 300 Hz 以下，音频 300 ～ 3000 Hz，高频 10 ～ 40 kHz）。

（2）按工作方式分为开路式（图 5-16）、闭路式（广泛使用）（图 5-17）。

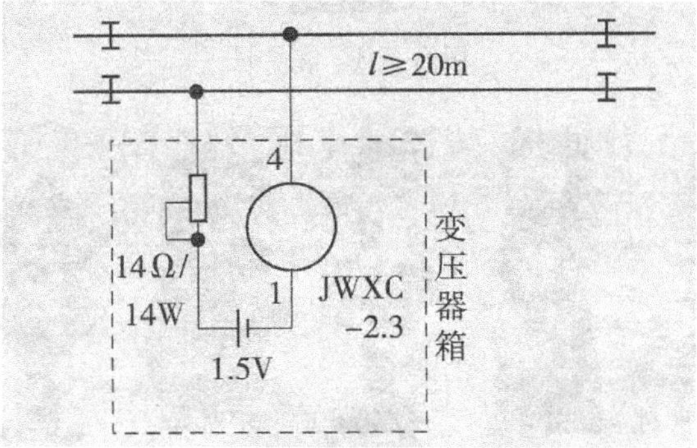


图 5-16　开路式轨道电路

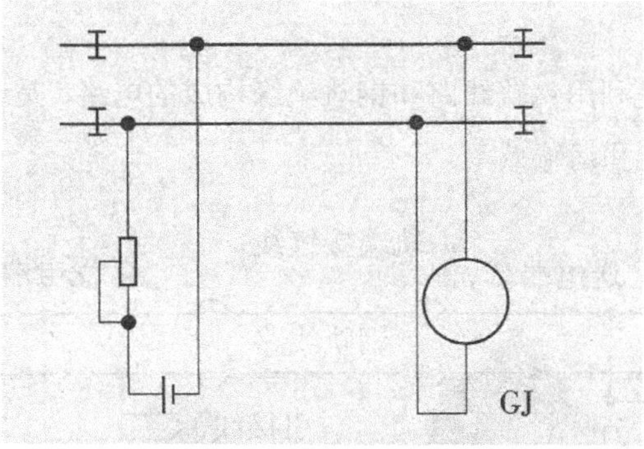


图 5-17　闭路式轨道电路

（3）按传送的电流特性分为连续式、脉冲式、计数电码式、频率电码式、数字编码式。

（4）按分割方式分为有绝缘轨道电路、无绝缘轨道电路（电气隔离式、自然衰耗式、强制衰耗式）。

（5）按所处的位置分为站内轨道电路、区间轨道电路。

（6）按轨道电路内有无道岔分为无岔区段轨道电路、道岔区段轨道电路。

（7）按适用的区段分为电气化区段、非电气化区段轨道电路。

（8）按通机车牵引电流的回归方式分为双轨条、单轨条轨道电路。

## 五、转辙机

1. 转辙机（图 5-18）的作用

（1）转换道岔的位置，根据需要转换至定位或反位。

（2）道岔转换到所需的位置并密贴后，实现锁闭，防止外力转换道岔。

图 5-18 转辙机

（3）正确反映道岔的实际位置，道岔尖轨密贴于基本轨后，给出相应的表示。

（4）道岔被挤或因故处于“四开”位置时，及时给出报警和表示。

2. 转辙机的分类

（1）按动作能源和传动方式分为电动转辙机、电动液压转辙机。

（2）按供电电源的种类分为直流转辙机和交流转辙机。

直流转辙机：ZD6 系列 220 V，电空系列 24 V，如图 5-19 所示。由于存在换向器和电刷，易损坏，故障率高。

交流转辙机：单相或三相电源，有 S700K、ZYJ7 系列交流 380 V，如图 5-20 所示。故障率低并控制隔离区。

图 5-19 直流转辙机

图 5-20 交流转辙机

（3）按动作速度分为普通动作转辙机和快动转辙机。

普通动作：3.8 s 以上，大多数属于此类。

快动：0.8 s 以下，驼峰调车场。

（4）按锁闭道岔的方式分为内锁闭转辙机和外锁闭转辙机。

内锁闭转辙机：依靠转辙机内部的锁闭装置锁闭道岔的尖轨，是间接锁闭方式。

外锁闭转辙机：依靠外锁闭装置直接将基本轨与尖轨密贴，将斥离轨锁于固定位置。外锁闭方式锁闭可靠，列车对转辙机几乎无冲击。

（5）按是否可挤分为可挤型转辙机和不可挤型转辙机。

可挤型转辙机：设有道岔保护（挤切或挤脱）装置，道岔被挤时，动作杆解锁，保护整机。不可挤型转辙机：道岔被挤时，动作杆与整机的连接结构被挤坏，应整机更换。

## 任务二 屏蔽门系统

屏蔽门系统主要由玻璃门体、控制系统及电源系统组成。滑动门是乘客上下列车的主要通道，由车站电脑系统控制，与地铁列车门对应开门或关门。

### 一、屏蔽门的类型及功能

#### 1. 屏蔽门的类型

地铁屏蔽门是一项集建筑、机械、材料、电子和信息等学科于一体的高科技产品，用于地铁站台。屏蔽门将站台和列车运行区域隔开，通过控制系统控制其自动开启。

地铁屏蔽门分为封闭式、开式和半高式，其中开式和半高式通常叫作“安全门”，只起到安全和美观的作用。封闭式的通常才叫作“屏蔽门”，也是最常用的一种。

1）封闭式屏蔽门

封闭式屏蔽门（图 5-21）是一道自上而下的玻璃隔墙和滑动门，全高 3 m 以上；将候车空间与隧道空间完全隔开，目的是隔离乘客候车区与列车进站停靠区；主要用于城市轨道交通的地下站，既可以保证乘客乘车的安全，又可以提高地铁运营的经济性，如香港机场线、广州地铁 2 号线，西安地铁 1 号线、2 号线、3 号线等均有应用。

2）安全门

安全门（图 5-22）是一道上不封顶的玻璃隔墙和滑动门，也可称为可动式安全栅，高度仅为 1.2 ～ 1.5 m，主要起到隔离作用，仅保证安全性；用于地面站或高架站，如东京地铁银座线各站、我国香港地铁迪士尼线各站等。

图 5-21 封闭式屏蔽门

图 5-22 安全门

安全门的功能如下：在高架或地面车站沿站台边缘布置，将车站站台与行车轨道区域隔离开，可以消除乘客误落入轨道的危险因素。

### 2. 屏蔽门功能及控制功能

1）屏蔽门的功能

地铁站台安装“屏蔽门”除了保障列车、乘客进出站时的安全之外，还可以大幅度减少司机瞭望次数，减轻司机的思想负担，并且能有效减少空气对流造成的站台冷热气的流失，降低列车运行产生的噪声对车站的影响，提供舒适的候车环境，具有节能、安全、环保、美观等功能。

地铁屏蔽门系统，使空调设备的冷负荷减少 35% 以上，环控机房的建筑面积减少 50%，空调电耗降低 30%，有明显的节能效果。

地铁通风与空调系统应结合地铁的运输能力、当地的气候条件、人员舒适性要求和运行及管理费用等因素进行技术综合比较，作为确定车站是否设置屏蔽门的依据。

2）控制功能

屏蔽门系统的控制功能应具有系统级控制、站台级控制和手动级控制三种控制方式。其中以手动操作优先级最高，系统级控制优先级最低。

（1）系统级控制。系统级控制是在正常运行模式下信号系统对屏蔽门进行的自动控制方式，由列车司机对屏蔽门进行控制。

（2）站台级控制功能。站台级控制是当系统级控制功能不能正常实现时，由列车司机通过站台 PSL 对屏蔽门进行的控制操作。当信号系统（SIG）故障失效或屏蔽门系统控制柜（PSCC）对屏蔽门控制单元（DCU）控制故障时，由司机或被授权操作人员操作就地控制盘（PSL）控制屏蔽门的开关。操作时信号系统被完全忽略。

（3）手动级控制。手动级控制是当系统电源发生故障或控制系统故障导致个别屏蔽门无法自动打开，或列车停位不准及隧道内发生火灾等情况时，由站台工作人员或乘客对屏蔽门进行的操作。主要有以下三种情况。

①当个别屏蔽门操作机构发生故障无法自动打开时，站台工作人员在站台侧操作固定驱动盒上的就地控制盘，开关屏蔽门；在轨道侧，列车司机可通过车内广播指导乘客使用滑动门上

的手动解锁把手，自行开启屏蔽门。

②当发生列车停位不准等非常情况，乘客无法从滑动门正常上下车时，乘客可推动应急门的推动拉杆锁，手动打开应急门，进行疏散。

③当车站或区间发生灾害时，车站值班人员可根据灾害情况，按照规定的操作程序，通过设在车控室后备盘（IBP）上的屏蔽门紧急操作开关，对屏蔽门进行控制。

## 二、安全门系统设计原则

（1）安全门系统的设计应遵循技术先进、经济实用的原则，并满足安全可靠、检修方便、造型美观等要求。

（2）安全门系统应能适应车站的环境条件，并能可靠和安全地运行。

（3）安全门外形应与车站整体协调。

（4）在车站纵向方向，安全门以有效站台中心线为基准，居中对称布置，活动门与列车门一一对应，列车司机室应停在端门外，在列车的停车误差范围内，安全门不应阻碍乘客和列车司机上下车。

（5）安全门系统应能满足不同工作模式的运行要求。

（6）安全门应满足车站限界要求。

（7）整个安全门的结构应能安全承受各种荷载的作用。

（8）安全门不作为车站防火分隔设施，但所采用的绝缘材料、密封材料和电线电缆等均应低烟、无卤、阻燃，且不含有放射性成分。

（9）安全门应具有很高的安全性和可靠性，有良好的绝缘和接地装置，保证乘客安全。

（10）安全门控制系统以车站为单位构成独立的总线网络，具备抗电磁干扰的能力。

（11）安全门系统的设计应保证其工作寿命在 30 年以上，并满足无故障使用次数大于等于100 万次的要求。

（12）安全门应设置应急门。

（13）安全门应有明显的安全标志和使用标志。

（14）安全门设备在土建结构的诱导缝、变形缝等部位应采取与之相应的构造措施。

## 三、屏蔽门系统的组成

屏蔽门系统由门体结构、门机结构、控制系统、电源组成。

（1）门体结构主要由支撑结构、门槛、固定门、滑动门、应急门、端门、顶箱等组成，如图 5-23 ～图 5-25 所示。

图 5-23 门槛、固定门、滑动门

图 5-24 应急门

图 5-25 端门

（2）下部支承结构主要由踏步板、支撑板、调节装置和绝缘衬垫等组成。

（3）门机主要由电机、传动装置、导轨与滑块总成、锁紧及解锁装置、行程开关和位置检测装置等组成。

（4）控制系统主要由中央控制盘（PSC）、就地控制盘（PSL）、门控单元（DCU）、门状态指示灯（DOI）、就地控制盒（LCB）、综合后备控制盘（IBP）等设备及屏蔽门系统与信号系统及综合监控系统等的接口电路等组成。

（5）供电系统由门机驱动电源和控制电源组成。

## 四、屏蔽门故障处理原则

（1）当屏蔽门发生故障时，要按照“先通后复”的原则进行处理，在保证安全的前提下，站务人员要尽快处理，及时向司机显示“好了”信号，司机在确保安全的情况下按时刻表的要求行车，确保列车准点运行。

（2）列车到站后，出现整侧滑动门不能同步开关时，司机操作 PSL 开关屏蔽门，并将情况报告行调。若后续列车仍不能同步开关时，行调通知维修及监控调度通报维修承包商。

（3）当运营中屏蔽门发生异常情况时，司机、站务人员要及时进行处理，做好行车组织的同时做好乘客广播、引导等客运组织工作。

（4）应急处理过程中的行车组织必须严格按照行车组织规则的有关规定执行。

## 五、屏蔽门故障处理

### 1. 车门与屏蔽门未实现联动时故障处理程序

（1）单对或多对屏蔽门不能开启故障处理程序见表 5-1。

**表 5-1 单对或多对屏蔽门不能开启故障处理程序**

| 故障对象 | 处理程序 | 责任人 |
| --- | --- | --- |
| 单对或多对门不能开启 | ①接到屏蔽门故障通知后，视各站具体情况尽快到达故障点。<br>②发现两对及以下屏蔽门不能开启，立即通知司机，报告行车值班员“站台 ×× 对屏蔽门不能开启”，并引导乘客从其他开启的屏蔽门下车，同时“隔离”操作关闭故障门（操作所需时间约为 5 s）。确认乘客上下完毕及站台安全后向司机显示“好了”信号。待列车离开站台后，在故障门上张贴“此门故障，暂停使用”告示，加强现场安全监控。<br>③发现三对及以上屏蔽门不能开启，立即通知司机，报告行车值班员“站台 ×× 对屏蔽门不能开启”，必要时立即前往故障的屏蔽门单元处采用开门钥匙人工操作开启屏蔽门（操作一道门所需时间约为 10 s），并根据客流情况，保证每节车厢对应的屏蔽门有一对及以上屏蔽门在开启状态，并引导乘客从其他开启的屏蔽门下车。确认乘客上下完毕及站台安全后向司机显示“好了”信号。待列车离开站台后，采取人工方式关闭故障门，关闭的故障门通过“隔离”操作断电（如为相邻的屏蔽门则不能连续关闭两对，并根据站台客流情况，保证每节车厢对应的屏蔽门有一对及以上屏蔽门在开启状态，开启的故障门通过“就地开门”操作保持常开状态），在故障门上张贴“此门故障，暂停使用”告示，加强现场安全监控。<br>④故障屏蔽门抢修时负责安全防护，在下趟列车到达前 1 min，通知维修人员停止抢修；抢修完毕后向行车值班员报告。<br>⑤故障屏蔽门单元恢复正常后，撤除屏蔽门故障告示 | 站务人员 |
| 单对或多对门不能开启 | ①发现两对及以下屏蔽门不能开启时，使用客室广播通知乘客“本站有屏蔽门故障，请乘客从正常开启的屏蔽门下车”，同时通知车站“×× 站台有屏蔽门不能开启”，要求协助处理，并报行调。<br>②当发现三对及以上屏蔽门不能开启时，使用客室广播通知乘客“因屏蔽门故障，请乘客按屏蔽门上操作手柄旁粘贴的操作指南开门或从正常开启的屏蔽门下车”，同时通知车站“×× 站台有屏蔽门不能开启”，要求协助处理，并报行调。<br>③确认乘客上下完毕关屏蔽门、车门，司机报告行调并得到同意后凭站务人员“好了”信号动车。<br>④动车时注意确认车门与屏蔽门之间的间隙安全。 | 司机 |
| | ①接到故障通知后，报告行调：“×× 站 ×× 站台 ×× 对屏蔽门不能开启”，并通知后方站转告司机。<br>②立即通知站务人员前往协助处理故障屏蔽门。当发现三对及以上屏蔽门不能开启时，还要通知值班站长、厅巡等前往协助处理屏蔽门故障，加强对站台的监控及广播，引导乘客上下车。<br>③通知环调，环调通知检修人员处理，如不能处理好，通知维调组织抢修。<br>④维修人员到达现场后，根据车站的客流情况，指示维修人员进行抢修。<br>⑤接到抢修完毕的通知后，向行调、维调汇报，并通知后方站本站屏蔽门恢复正常。<br>⑥在维修过程中须开关整侧屏蔽门时须报行调，得到行调同意后，维持好站台秩序方可操作 | 行车值班员 |
| | 通知全线司机进入该车站加强瞭望，注意安全 | 行调 |

（2）单对或多对屏蔽门不能关闭故障处理程序见表 5-2。

**表 5-2 单对或多对屏蔽门不能关闭故障处理程序**

| 故障现象 | 处理程序 | 责任人 |
|---|---|---|
| 单对或多对门不能关闭 | ①接到屏蔽门故障通知后，视各站具体情况尽快到达故障点。<br>②发现两对及以下屏蔽门不能关闭，立即通知司机、报告行车值班员“站台 ×× 对屏蔽门不能关闭”，确认是否有阻碍物，如能及时清除阻碍物则采取人工方式关闭故障屏蔽门，同时“隔离”操作关闭故障门（操作所需时间约为 5 s）。如屏蔽门还不能正常关闭则立即“就地开门”操作该故障门保持常开状态（操作所需时间约为 5 s）。确认乘客上下完毕及站台安全后，向司机显示“好了”信号。待列车离开站台后，在故障门上张贴“此门故障，暂停使用”告示，加强现场安全监控。<br>③发现三对及以上屏蔽门不能关闭，立即通知司机、报告行车值班员“站台 ×× 对屏蔽门不能关闭”。广播通知站台乘客离开故障屏蔽门。确认是否有阻碍物，如能及时清除阻碍物则采取人工方式关闭屏蔽门（如为相邻的屏蔽门则不能连续关闭两对，并根据站台客流情况，保证每节车厢对应的屏蔽门有一对及以上在开启状态，开启的故障门通过“就地开门”操作保持常开状态），同时“隔离”操作关闭故障门（操作所需时间约为 5 s）。如屏蔽门还不能正常关闭则立即“就地开门”，使该故障门保持常开状态（操作所需时间约为 5 s）。确认乘客上下完毕及站台安全后，向司机显示“好了”号。待列车离开站台后，在故障门上张贴“此门故障，暂停使用”告示，加强现场安全监控。<br>④故障屏蔽门抢修时负责安全防护，在下趟列车到达前 1 min，通知维修人员停止抢修；抢修完毕后向行车值班员报告。<br>⑤故障屏蔽门单元恢复正常后，撤除屏蔽门故障告示 | 站务人员 |
| 单对或多对门不能关闭 | ①发现单个或多对屏蔽门不能关闭时，同时通知车站“×× 站台有屏蔽门不能关闭”，要求协助处理，并报行调。<br>②确认乘客上下完毕，司机报告行调并得到同意后凭站务人员“好了”信号动车。<br>③动车时注意确认车门与屏蔽门之间的间隙安全 | 司机 |
| | ①接到故障通知后，报告行调“×× 站 ×× 站台 ×× 对屏蔽门不能关闭”，并通知后方站转告司机。<br>②立即通知站务人员前往协助处理故障屏蔽门，发现三对及以上屏蔽门不能关闭时，还要通知值班站长、厅巡等前往协助处理故障屏蔽门。加强对站台的监控及广播，引导乘客上下车。<br>③通知环调，环调通知检修人员处理，如不能处理好，通知维调组织抢修。<br>④维修人员到达现场后，根据车站的客流情况，指示维修人员进行抢修，并通知站台岗。<br>⑤接到抢修完毕的通知后，向行调、维调汇报，并通知后方站本站屏蔽门恢复正常。 | 行车值班员 |
| | ⑥在维修过程中须开关整侧屏蔽门时须报行调，得到行调同意后，维持好站台秩序方可操作 | |
| | 通知全线司机进入该车站加强瞭望，注意安全 | 行调 |

（3）某侧站台所有屏蔽门不能开启故障处理程序见表 5-3。

**表 5-3 所有屏蔽门不能开启故障处理程序**

| 故障现象 | 处理程序 | 责任人 |
|---|---|---|
| 所有屏蔽门不能开启 | ①接到屏蔽门故障通知后，视各站具体情况尽快到达故障点。<br>②发现所有屏蔽门不能开启，立即通知司机、报告行车值班员“站台所有屏蔽门不能开启”。接到车控室“手动开启屏蔽门”的指令后，在站台侧采用开门钥匙人工开启屏蔽门（操作一道门所需时间约为 10 s），并根据站台客流情况，保证每节车厢对应的屏蔽门有一对及以上屏蔽门在开启状态，做好站台安全防护，并引导乘客上下列车。确认乘客上下完毕及站台安全后向司机显示“好了”信号。<br>③待列车离开站台后，采取人工方式关闭故障门，关闭的故障门通过“隔离”操作断电（如为相邻的屏蔽门则不能连续关闭两对，并根据站台客流情况，保证每节车厢对应的屏蔽门有一对及以上屏蔽门在开启状态，开启的故障门通过“就地开门”操作保持常开状态），在故障门上张贴“此门故障，暂停使用”告示，加强现场安全监控。<br>④故障屏蔽门抢修时负责安全防护，在下趟列车到达前 1 min，通知维修人员停止抢修；抢修完毕后向行车值班员报告。<br>⑤故障屏蔽门单元恢复正常后，撤除屏蔽门故障告示 | 站务人员 |
| 所有屏蔽门不能开启 | ①发现所有屏蔽门不能开启时，立即通知车站“×× 站台所有屏蔽门不能开启”，要求协助处理，并报行调。<br>②使用客室广播通知乘客“因屏蔽门故障，请乘客按屏蔽门上操作手柄旁粘贴的操作指南开门下车”，并报行调。<br>③确认乘客上下完毕，司机报告行调并得到同意后凭站务人员“好了”信号动车。<br>④动车时注意确认车门与屏蔽门之间的间隙安全 | 司机 |
| | ①接到故障通知后，报告行调“×× 站 ×× 站台所有屏蔽门不能开启”，并通知后方站转告司机。经行调同意在综合后备控制盘（IBP）上操作尝试开启屏蔽门。<br>②若屏蔽门仍不能开启，则通知值班站长、厅巡、站务人员前往站台协助处理故障屏蔽门，加强对站台的监控及广播，引导乘客候车。<br>③通知环调，环调通知检修人员处理，如不能处理好，通知维调组织抢修。<br>④维修人员到达现场后，根据车站的客流情况，指示维修人员进行抢修，并通知站台岗。<br>⑤接到抢修完毕的通知后，向行调、维调汇报，并通知后方站本站屏蔽门恢复正常。<br>⑥在维修过程中须开关整侧屏蔽门时须报行调，得到行调同意后，维持好站台秩序方可操作 | 行车值班员 |
| | 通知全线司机进入该车站加强了瞭望，注意安全 | 行调 |

（4）某侧站台所有屏蔽门不能关闭故障处理程序见表 5-4。

**表 5-4 所有屏蔽门不能关闭故障处理程序**

| 故障现象 | 处理程序 | 责任人 |
|---|---|---|
| 所有屏蔽门不能关闭 | ①接到屏蔽门故障通知后，视各站具体情况尽快到达故障点。<br>②列车门关闭时，广播通知站台乘客离开屏蔽门，防止乘客抢上抢下。列车门关闭，确认站台安全后，向司机显示“好了”信号，并密切注意站台乘客的动态，确保乘客安全。<br>③列车离开站台后，加强对站台的监控，防止在没有列车停站时乘客进入开启的屏蔽门而掉下轨行区。严禁乘客越出黄色安全线。<br>④报告行车值班员。<br>⑤故障屏蔽门抢修时负责安全防护，在下趟列车到达前 1 min，通知维修人员停止抢修；抢修完毕后向行车值班员报告 | 站务人员 |
| | ①发现所有屏蔽门不能正常关闭时，立即通知车站“×× 站 ×× 站台所有屏蔽门不能正常关闭”，要求协助处理，并报告行调。<br>②确认乘客上下完毕，司机报告行调并得到同意后凭车站“好了”信号动车。<br>③动车前注意确认车门与屏蔽门之间的间隙安全 | 司机 |
| | ①接到故障通知后，报告行调“×× 站台所有屏蔽门不能关闭”，并通知后方站转告司机。<br>②通知值班站长、厅巡、站务人员前往站台协助处理故障屏蔽门。加强对站台的监控及广播，引导乘客候车。<br>③通知环调，环调通知检修人员处理，如不能处理好，通知维调组织抢修。<br>④当维修人员到达现场后，根据车站的客流情况，指挥维修人员进行抢修。<br>⑤接到抢修完毕的通知后，向行调、维调汇报，并通知后方站本站屏蔽门恢复正常。<br>⑥在维修过程中须开关整侧屏蔽门时须报行调，得到行调同意后，维持好站台秩序方可操作 | 行车值班员 |
| | ①通知司机注意掌握好关门动车时机。<br>②通知全线司机进入该车站加强瞭望，注意安全 | 行调 |

2. 车门与屏蔽门实现联动时故障处理程序

（1）单对或多对屏蔽门不能开启故障处理程序见表 5-5。

**表 5-5 单对或多对屏蔽门不能开启故障处理程序**

| 故障现象 | 处理程序 | 责任人 |
| --- | --- | --- |
| 单对或多对门不能开启 | ①接到屏蔽门故障通知后，视各站具体情况尽快到达故障点。<br>②发现两对及以下屏蔽门不能开启，立即通知司机、报告行车值班员“站台 ×× 对屏蔽门不能开启”，并引导乘客从其他开启的屏蔽门下车，同时“隔离”操作关闭故障门（操作所需时间约 5 s）。确认乘客上下完毕及站台安全后向司机显示“好了”信号。待列车离开站台后，在故障门上张贴“此门故障，暂停使用”告示，加强监控。<br>③发现三对及以上屏蔽门不能开启，立即通知司机、报告行车值班员“站台 ×× 对屏蔽门不能开启”，必要时立即前往故障的屏蔽门单元处采用开门钥匙人工操作开启屏蔽门（操作一道门所需时间约为 10 s），并根据站台客流情况，保证每节车厢对应的屏蔽门有一对及以上在开启状态，同时“就地开门”操作使故障门保持常开状态，并引导乘客从其他开启的屏蔽门下车。若故障门未能及时恢复或“就地开门”操作，将影响发车晚点，第一趟车发车时，站务人员确认乘客上下完毕及站台安全后，可直接向司机显示“好了”信号以 RM 模式发车。后续列车则由站务人员立即在站台端头控制盘（PSL）上将屏蔽门“互锁解除”开关打到“开”位（操作所需时间约为 5 s）以便接发列车。待列车离开站台后，在故障门上张贴“此门故障，暂停使用”告示，加强监控。<br>④故障屏蔽门抢修时负责安全防护，在下趟列车到达前 1 min，通知维修人员停止抢修；抢修完毕后向行车值班员报告。<br>⑤故障屏蔽门单元恢复正常后，撤除屏蔽门故障告示 | 站务人员 |
| | ①发现两对及以下屏蔽门不能开启，使用客室广播通知乘客“本站有屏蔽门故障，请乘客从正常开启的屏蔽门下车”，同时通知车站“×× 站台有屏蔽门不能开启”，要求协助处理，并报行调。<br>②发现三对及以上屏蔽门不能开启，使用客室广播通知乘客“因屏蔽门故障，请乘客按屏蔽门上操作手柄旁粘贴的操作指南开门或从正常开启的屏蔽门下车”，同时通知车站“×× 站台有屏蔽门不能开启”，要求协助处理，并报行调。<br>③确认乘客上下完毕关屏蔽门、车门，在收到速度码时，司机报告行调并得到同意后凭站务人员“好了”信号以正常模式动车。<br>④确认乘客上下完毕关屏蔽门、车门，在未收到速度码时，将影响发车晚点情况下，司机报告行调并得到同意后凭站务人员“好了”信号 RM 动车，后续列车司机凭车站“好了”信号以正常模式出站（站务人员须在 PSL 上将“屏蔽门互锁解除”开关打到“开”位以便接发列车）。<br>⑤动车时注意确认车门与屏蔽门之间的间隙安全 | 司机 |
| | ①接到故障通知后，报告行调“×× 站 ×× 站台 ×× 对屏蔽门不能开启”，并通知后方站转告司机。<br>②立即通知站务人员前往协助处理故障屏蔽门。当发现三对及以上屏蔽门不能开启时，还要通知值班站长、厅巡等前往协助处理故障屏蔽门，加强对站台的监控及广播，引导乘客上下车。<br>③通知环调，环调通知检修人员处理，如不能处理好，通知维调组织抢修。<br>④维修人员到达现场后，根据车站的客流情况，指示维修人员进行抢修。<br>⑤接到抢修完毕的通知后，向行调、环调汇报，并通知后方站本站屏蔽门恢复正常 | 行车值班员 |
| | 通知全线司机进入该车站加强瞭望，注意安全 | 行调 |

（2）单对或多对屏蔽门不能关闭故障处理程序见表 5-6。

**表 5-6 单对或多对屏蔽门不能关闭故障处理程序**

| 故障现象 | 处理程序 | 责任人 |
| --- | --- | --- |
| 单对或多对门不能关闭 | ①接到屏蔽门故障通知后，视各站具体情况尽快到达故障点。<br>②发现两对及以下屏蔽门不能关闭，立即通知司机、报告行车值班员“站台 ×× 对屏蔽门不能关闭”，确认是否有阻碍物，如能及时清除阻碍物则采取人工方式关闭故障屏蔽门，同时“隔离”操作关闭故障门（操作所需时间约为 5 s）。如屏蔽门还不能正常关闭则立即“就地开门”操作使故障门保持常开状态（操作所需时间约为 5 s）。确认乘客上下完毕及站台安全后，向司机显示“好了”信号。待列车离开站台后，在故障门单元上张贴“此门故障，暂停使用”告示，加强监控。<br>③发现三对及以上屏蔽门不能正常关闭，立即通知司机、报告行车值班员“站台 ×× 对屏蔽门不能关闭”，广播通知站台乘客离开故障屏蔽门。确认是否有阻碍物，如能及时清除阻碍物则采取人工方式关闭故障屏蔽门（如为相邻的屏蔽门则不能连续关闭两对，并根据站台客流情况，保证每节车厢对应的屏蔽门有一对及以上在开启状态，开启的故障门通过“就地开门”操作保持常开状态），同时“隔离”操作关闭故障门（操作所需时间约为 5 s）。如屏蔽门还不能正常关闭则立即“就地开门”操作使故障门保持常开状态（操作所需时间约为 5 s）。若故障门未能及时恢复或“就地开门”操作，第一趟车发车时，站务人员确认乘客上下完毕及站台安全后，可直接向司机显示“好了”信号以 RM 模式发车。后续列车则由站务人员立即在站台端头控制盘（PSL）上将屏蔽门“互锁解除”开关打到“开”位（操作所需时间约为 5 s）以便接发列车。待列车离开站台后，在故障门上张贴“此门故障，暂停使用”告示，加强监控。<br>④故障屏蔽门抢修时负责安全防护，在下趟列车到达前 1 min，通知维修人员停止抢修；抢修完毕后向行车值班员报告。<br>⑤故障屏蔽门单元恢复正常后，撤除屏蔽门故障告示 | 站务人员 |
| | ①发现单个或多对屏蔽门不能关闭时，立即通知车站“×× 站台有屏蔽门不能关闭”，要求协助处理，并报行调。<br>②确认乘客上下完毕，在收到速度码时，司机报告行调并得到同意后凭站务人员“好了”信号正常模式动车。<br>③确认乘客上下完毕，在未收到速度码时，将影响发车晚点情况下，司机报告行调并得到同意后凭站务人员“好了”信号 RM 动车，后续列车司机凭车站“好了”信号以正常模式出站（站务人员须在 PSL 上将屏蔽门“互锁解除”开关打到“开”位以便接发列车）。<br>④动车时注意确认车门与屏蔽门之间的间隙安全 | 司机 |
| | ①接到故障通知后，报告行调“×× 站 ×× 站台所有屏蔽门不能关闭”，并通知后方站转告司机。<br>②立即通知站务人员前往协助处理故障屏蔽门，当发现三对及以上屏蔽门不能关闭时，还要通知值班站长、厅巡等前往协助处理故障屏蔽门。加强对站台的监控及广播，引导乘客上下车。<br>③通知环调，环调通知检修人员处理，如不能处理好，通知维调组织抢修。<br>④维修人员到达现场后，根据车站的客流情况，指示维修人员进行抢修。<br>⑤接到抢修完毕的通知后，向行调、维调汇报，并通知后方站本站屏蔽门恢复正常 | 行车值班员 |
| | 通知全线司机进入该车站加强瞭望，注意安全 | 行调 |

（3）某侧站台所有屏蔽门不能开启故障处理程序见表 5-7。

**表 5-7　所有屏蔽门不能开启故障处理程序**

| 故障现象 | 处理程序 | 责任人 |
| --- | --- | --- |
| 所有屏蔽门不能开启 | ①接到屏蔽门故障通知后，视各站具体情况尽快到达故障点。<br>②发现所有屏蔽门不能开启，通知司机、报告行车值班员“站台所有屏蔽门不能开启”。接到车控室“手动开启屏蔽门”的指令后，在站台侧采用开门钥匙人工开启屏蔽门（操作一道门所需时间约为 10 s），同时“就地开门”操作保持常开状态，并根据站台客流情况，保证每节车厢对应的屏蔽门有一对及以上在开启状态，并做好站台安全防护，引导乘客上下列车。<br>③若故障门未能及时恢复或“就地开门”操作，将影响发车晚点，第一趟车发车时，站务人员确认乘客上下完毕及站台安全后，可直接向司机显示“好了”信号以 RM 模式发车。后续列车则由站务人员立即在站台端头控制盘（PSL）上将屏蔽门“互锁解除”开关打到“开”位（操作所需时间约为 5 s）以便接发列车。待列车离开站台后，在故障门上张贴“此门故障，暂停使用”告示，加强监控。<br>④故障屏蔽门抢修时负责安全防护，在下趟列车到达前 1 min，通知维修人员停止抢修；抢修完毕后向行车值班员报告。<br>⑤故障屏蔽门单元恢复正常后，撤除屏蔽门故障告示 | 站务人员 |
| | ①发现所有屏蔽门不能开门时，10 s 内在站台端头控制盘（PSL）上尝试完成开门操作，若仍不能开门，立即通知车站“×× 站台所有屏蔽门不能开启”，要求协助处理，并报行调。<br>②使用客室广播通知乘客“因屏蔽门故障，请乘客按屏蔽门上操作手柄旁粘贴的操作指南开门下车”，并报行调。<br>③确认乘客上下完毕，在收到速度码时，司机报告行调并得到同意后凭站务人员“好了”信号以正常模式动车。<br>④确认乘客上下完毕，在未收到速度码时，将影响发车晚点情况下，司机报告行调并得到同意后凭站务人员“好了”信号 RM 动车，后续列车司机凭车站“好了”信号以正常模式出站（站务人员须在 PSL 上将屏蔽门“互锁解除”开关打到“开”位以便接发列车）。<br>⑤动车时注意确认车门与屏蔽门之间的间隙安全 | 司机 |
| | ①接到司机故障通知后，报告行调“×× 站 ×× 站台所有屏蔽门不能开启”，并通知后方站转告司机。经行调同意在综合后备控制盘（IBP）上操作尝试开启屏蔽门。<br>②若屏蔽门仍不能开启，则通知值班站长、厅巡、客运值班员前往站台协助处理故障屏蔽门和操作站台端头控制盘（PSL），将屏蔽门“互锁解除”开关打到“开”位（操作所需时间约为 5 s）以便接发列车，加强对站台的监控及广播，引导乘客候车。<br>③通知环调，环调通知检修人员处理，如不能处理好，通知维调组织抢修。<br>④维修人员到达现场后，根据车站的客流情况，指示维修人员进行抢修。<br>⑤接到抢修完毕的通知后，向行调、维调汇报，并通知后方站本站屏蔽门恢复正常 | 行车值班员 |
| | 通知全线司机进入该车站加强瞭望，注意安全 | 行调 |

（4）某侧站台所有屏蔽门不能关闭故障处理程序见表 5-8。

**表 5-8 所有屏蔽门不能关闭故障处理程序**

| 故障现象 | 处理程序 | 责任人 |
| --- | --- | --- |
| 所有屏蔽门不能关闭 | ①接到屏蔽门故障通知后，视各站具体情况尽快到达站台端头控制盘（PSL），将屏蔽门“互锁解除”开关打到“开”位（操作所需时间约为 5 s）以便接发列车。<br>②列车门关闭时，广播通知站台乘客离开屏蔽门，防止乘客抢上抢下。车门关闭，确认站台安全后，向司机显示“好了”信号，并密切注意站台乘客的动态，确保乘客安全。<br>③列车离开站台后，加强对站台的监控，防止在没有列车停站时乘客进入开启的屏蔽门而掉下轨行区。严禁乘客越出黄色安全线。<br>④报告行车值班员。<br>⑤故障屏蔽门抢修时负责安全防护，在下趟列车到达前 1 min，通知维修人员停止抢修；抢修完毕后向行车值班员报告 | 站务人员 |
| | ①发现所有屏蔽门不能关闭，10 s 内在站台端头控制盘（PSL）上尝试完成关门操作，若仍不能开门，立即通知车站：“×× 站台所有屏蔽门不能关闭”，要求协助处理，并报行调。<br>②确认乘客上下完毕，在收到速度码时，司机报告行调并得到同意后凭站务人员“好了”信号以正常模式动车。<br>③确认乘客上下完毕，在未收到速度码时，将影响发车晚点情况下，司机报告行调并得到同意后凭站务人员“好了”信号 RM 动车，后续列车司机凭车站“好了”信号以正常模式出站（站务人员须在 PSL 上将屏蔽门“互锁解除”开关打到“开”位以便接发列车）。<br>④动车时注意确认车门与屏蔽门之间的间隙安全 | 司机 |
| | ①接到司机故障通知后，报告行调“×× 站 ×× 站台所有屏蔽门不能关闭”，并通知后方站转告司机。<br>②立即通知值班站长、厅巡、客运值班员前往站台协助处理故障屏蔽门和操作站台端头控制盘（PSL），将屏蔽门“互锁解除”开关打到“开”位（操作所需时间约为 5 s）以便接发列车，加强对站台的监控及广播，引导乘客候车。<br>③通知环调，环调通知检修人员处理，如不能处理好，通知维调组织抢修。<br>④维修人员到达现场后，根据车站的客流情况，指示维修人员进行抢修。<br>⑤接到抢修完毕的通知后，向行调、维调汇报 | 行车值班员 |
| | ①通知司机注意掌握好关门动车时机。<br>②通知全线司机进入该车站加强瞭望，注意安全 | 行调 |

（5）列车未收到屏蔽门“关闭且锁紧信号”故障处理程序见表 5-9。

**表 5-9 列车未收到屏蔽门“关闭且锁紧信号”故障处理程序**

| 序号 | 故障现象 | 处理程序 |
| --- | --- | --- |
| 1 | 屏蔽门关闭后，列车发车时未收到屏蔽门“关闭且锁紧信号” | ①当列车在车站关好屏蔽门、车门后，列车发车时未收到屏蔽门“关闭且锁紧信号”，司机确认车辆状态正常后立即报告行调，行调同意后确认屏蔽门与车门间隙安全后以 RM 模式动车。<br>②若故障不能及时排除影响后续列车，则由站务人员按第 3 点操作 PSL 接发后续列车，并在故障站台站岗负责安全防护。<br>③站务人员用专用钥匙将站台端头控制盘（PSL）上的屏蔽门“互锁解除”开关打到“开”位，并保持至列车尾部出清站台联动区域。<br>④由车控室通知控制中心和相关维修部门进行维修 |

续表

| 序号 | 故障现象 | 处理程序 |
| --- | --- | --- |
| 2 | 列车进站前未收到屏蔽门“关闭且锁紧信号”，发生紧急制动 | ①列车司机报告行调，司机按行调的命令并确认运行前方的站台区轨道空闲后，以RM模式进站对标停车。<br>②站务人员立即到故障站台进行故障应急处理，并引导乘客上下车。<br>③若故障不能及时排除影响发车，则站务人员用专用钥匙将站台端头控制盘（PSL）上的屏蔽门“互锁解除”开关打到“开”位以便接发列车，并加强站台监控。<br>④由车控室通知控制中心和相关维修部门进行维修 |
| 3 | 列车出站过程中突然收不到屏蔽门“关闭且锁紧信号”，发生紧急制动 | ①司机立即报车站、行调，要求车站确认站台安全，并向行调申请以RM模式动车。<br>②车站站务人员尽快到故障站台确认所有的屏蔽门是否处于关闭状态。<br>③站台岗确认站台安全后显示“好了”信号指示司机动车，如列车头部离开站台较远，司机无法确认车站“好了”信号时，用对讲机通知司机动车。<br>④司机得到行调同意后，确认“好了”信号或车站允许开车的通知后RM动车。<br>⑤若故障不能及时排除，车站指派人员用专用钥匙将站台端头控制盘（PSL）上的屏蔽门“互锁解除”开关打到“开”位以便接发后续列车。<br>⑥由车控室通知控制中心和相关维修部门进行维修 |

**【分析思考】**

### 案例一

2012年2月10日中午12点多，北京地铁5号线惠新西街南口站双向外侧屏蔽门故障，无法开启。28 min后，故障排除，地铁运营逐步恢复正常。北京地铁公司表示，故障发生后，车站迅速采取应急处置预案，屏蔽门故障原因待查。

### 案例二

2012年8月17日，“车门开了，屏蔽门却关着，等意识到要换门下车时，列车已经关门启动了！”一位叫“时时”的网友向上海滩微博反映，11号线上海汽车城站有一扇屏蔽门处于“故障”状态，让他错过了下车，印象中这已是他在同一处第二次遭遇“闭门羹”了。一位记者乘坐11号线去一探究竟。在往安亭方向的列车驶入上海汽车城站时，记者根据网友的提示找准了车门位置。列车停靠后，车门缓缓开启，眼前果然就是那扇紧紧关闭的屏蔽门，面向列车的方向放置了“故障”标牌。屏蔽门外一名站台员工挥手招呼道：“这扇门坏了，请换旁边的门！”车厢内几名欲下车乘客赶紧跑到相邻车门，争先恐后下车。此处是往安亭方向的倒数第二站，为高架侧式车站，启用才2年多。显示“故障”无法开启的屏蔽门编号为17。记者在站台上观察了30min，途经此处的每列车均有乘客准备从17号屏蔽门下车，但站台上并不是时刻都有工作人员提醒。记者就目睹了一名手拎大包小包的中年男子要下车，无奈屏蔽门处于关闭状态，记者提醒他“换一扇门”，等他反应过来，准备拖着行李挪动时，车门上方已经闪灯，最终只能放弃下车。

## 任务三 电梯系统

电梯是现代建筑物中必不可少的配套设施之一。所谓电梯，指的是用电力拖动轿厢运行于铅垂的或倾斜不大于15°的两列刚性导轨之间，运送乘客或货物的固定设备。电梯属于起重机械，是一种间歇动作的升降机械，主要担负垂直方向的运输任务。

## 一、电梯系统的组成与分类

### 1. 电梯分类

1）按电梯驱动方式分类

（1）交流电梯：用交流感应电动机作为驱动力的电梯。根据拖动方式又可分为交流单速、交流双速、交流调压调速、交流变压变频调速等。

（2）直流电梯：用直流电动机作为驱动力的电梯。这类电梯的额定速度一般在2.00 m/s以上。

（3）液压电梯：一般利用电动泵驱动液体流动，由柱塞使轿厢升降的电梯。

（4）齿轮齿条电梯：将导轨加工成齿条，轿厢装上与齿条啮合的齿轮，电动机带动齿轮旋转使轿厢升降的电梯。

（5）螺杆式电梯：将直顶式电梯的柱塞加工成矩形螺纹，再将带有推力轴承的大螺母安装于油缸顶，然后通过电机经减速机（或皮带）带动螺母旋转，从而使螺杆顶升轿厢上升或下降的电梯。

（6）直线电机驱动的电梯（图5-26）：其动力源是直线电机。

2）按电梯速度分类

（1）低速梯：常指速度低于1.00 m/s的电梯。

（2）中速梯：常指速度为1.00～2.00 m/s的电梯。

（3）高速梯：常指速度大于2.00 m/s的电梯。

（4）超高速：速度超过5.00 m/s的电梯。

### 2. 电梯的组成

电梯是机与电紧密结合的复杂产品，是垂直交通运输工具中使用最普遍的一种电梯，其基本组成包括机械部分和电气部分，结构包括四大空间（机房部分、井道和底坑部分、围壁部分和层站部分）和八大系统（曳引系统、导向系统、门系统、轿厢、重量平衡系统、电力拖动系统、电气控制系统、安全保护系统）组成，如图5-27所示。

图5-26 直线电机驱动的电梯

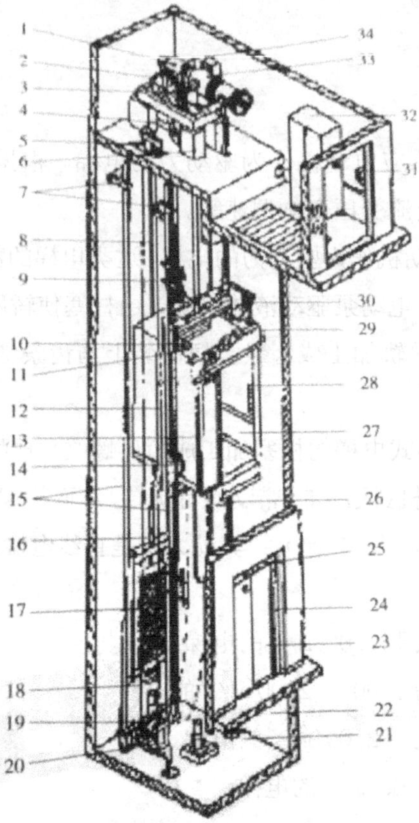


图 5-27 电梯构架

1—减速箱；2—曳引轮；3—曳引机底座；4—导向轮；5—限速器；6—机座；7—导轨支架；8—曳引钢丝绳；9—开关碰铁；10—紧急终端开关；11—导靴；12—轿架；13—轿门；14—安全钳；15—导轨；16—绳头组合；17—对重；18—补偿链；19—补偿链导轮；20—张紧装置；21—缓冲器；22—底坑；23—层门；24—呼梯盒；25—层楼指示灯；26—随行电缆；27—轿壁；28—轿内操纵箱；29—开门机；30—井道传感器；31—电源开关；32—控制柜；33—曳引电机；34—制动器

1）曳引系统

电梯曳引系统的作用是输出动力并且传递动力，从而使电梯完成向上或向下的运动。曳引系统由曳引机、曳引钢丝绳、导向轮及反绳轮等组成。

曳引机是电梯的主要拖动机械，它驱动电梯的轿厢和对重装置作上下运动，是电梯的动力源。曳引机由电动机、联轴器、制动器、减速箱、机座、曳引轮等组成，根据需要，有的曳引机还装有冷却风机、速度反馈装置（光码盘）、惯性轮等。根据电动机与曳引轮之间是否有减速箱，可分为有齿曳引机和无齿曳引机。对于有齿轮曳引机，须在曳引电动机转轴和曳引轮转轴之间安装减速器（箱），目的是将电动机轴输出的较大转速降低到曳引轮所需的较低转速，同时得到较大的曳引转矩，以适应电梯运行的要求。制动器是电梯的一个重要安全装置，对主动转轴起制动作用。除了安全钳以外，只有它能使工作中的电梯轿厢停止运行，另外它还对轿厢与厅门地坎平层时的准确度起着重要作用。

2）导向系统

导向系统由导轨、导靴和导轨架等组成。它的作用是限制轿厢和对重的活动自由度，使轿厢和对重只能沿着导轨做升降运动。

导轨固定在导轨架上，导轨架是承重导轨的组件，与井道壁连接。

导靴装在轿厢和对重架上，与导轨配合，强制轿厢和对重的运动服从于导轨的直立方向。

## 二、保证乘客、电梯及建筑的安全部件

### 1. 安全钳

安全钳的作用是使轿厢或对重停止运动的机械装置，主要是利用一个滚柱、夹紧装置或卡块产生摩擦力，并作用在井道两侧的导轨上。安全钳的类型如下。

（1）瞬时式，适合于 0.63 m/s 以下的电梯（制停距离短，轿厢承受冲击厉害）。

（2）渐进式，应用于高速电梯上。

### 2. 限速器

限速器另一头为张紧装置，安装于底坑内，主要是限制轿厢或对重速度的装置。只有安全钳与限速器联合动作才能作用。一般分为下行限速器和上行限速器。

### 3. 缓冲器

缓冲器是电梯极限位置的安全装置。当电梯超载底层或顶层时，轿厢或对重撞击缓冲器，由缓冲器吸收或消耗电梯的能量，从而使轿厢或对重安全减速直至停止。缓冲器一般分为如下三种。

（1）弹簧缓冲器（蓄能型缓冲器，适用于 1 m/s）：制动力随着压缩力的增大而增大，价格贵。

（2）液压缓冲器（适用于 1 m/s 以上）：制停期间的作用力近似常数，使柱塞近似做匀减速运动。

（3）聚氨酯缓冲器。

## 三、电梯工作原理

电梯的安全保护装置用于电梯的启停控制；轿厢操作盘用于轿厢门的关闭、轿厢需要到达的楼层等的控制；厅外呼叫的主要作用是当有人员进行呼叫时，电梯能够准确到达呼叫位置；指层器用于显示电梯到达的具体位置；拖动控制用于控制电梯的起停、加速、减速等；门机控制主要用于控制当电梯到达一定位置后，电梯门能够自动打开，或者门外有乘电梯人员要求乘梯时，电梯门能够自动打开。

电梯主要是由曳引绳两端分别连着轿厢和对重，缠绕在曳引轮和导向轮上，曳引电动机通过减速器变速后带动曳引轮转动，靠曳引绳与曳引轮摩擦产生的牵引力，实现轿厢和对重的升降运动，达到运输目的。固定在轿厢上的导靴可以沿着安装在建筑物井道墙体上的固定导轨往复升降运动，防止轿厢在运行中偏斜或摆动。常闭块式制动器在电动机工作时松闸，使电梯运转，在失电情况下制动，使轿厢停止升降，并在指定层站上维持其静止状态供人员和货物出入。轿厢是运载乘客或其他载荷的箱体部件，对重用来平衡轿厢载荷、减少电动机功率。补偿装置

用来补偿曳引绳运动中的张力和重量变化，使曳引电动机负载稳定，轿厢得以准确停靠。电气系统实现对电梯运动的控制，同时完成选层、平层、测速、照明工作。指示呼叫系统随时显示轿厢的运动方向和所在楼层位置。安全装置保证电梯运行安全。

## 四、电梯故障及一般排除方法

电梯故障及一般排除方法见表 5-10。

**表 5-10　电梯故障及一般排除方法**

| 故障现象 | 故障原因 | 排除方法 |
|---|---|---|
| 1. 局部回路保险丝经常烧断 | ①该组件或导线碰地 | 查出碰地点酌情处理 |
| | ②某继电器绝缘垫击穿 | 加强绝缘片绝缘或更换继电器 |
| | ③保险丝容量过小 | 按额定电流选用适当保险丝 |
| 2. 主回路保险丝经常烧断（或主回路开关经常跳闸） | ④启动、制动时间设定过长或过短 | 按电梯技术说明书调整启动、制动时间 |
| | ⑤启动、制动电抗器（电阻）接头压片松动 | 紧固接点 |
| 3. 闭合基站钥匙开关，基站电梯不能开门 | ①厅外开关门钥匙开关接触不良或损坏 | 更换钥匙开关 |
| | ②开门第一限位开关的接点接触不良 | 更换限位开关 |
| | ③基站厅外开关门控制开关接点接触不良或损坏 | 更换开关门控制开关 |
| | ④开门继电器损坏或其控制电路有故障 | 更换继电器或检查故障线路 |
| 4. 电梯到基站后不能开门 | ①开关回路保险丝烧断 | 更换保险丝 |
| | ②开门限位开关接点接触不良或损坏 | 更换限位开关 |
| | ③开门继电器损坏或其控制回路故障 | 更换继电器或检查回路 |
| | ④门机皮带松脱或断裂 | 调整或更换皮带 |
| 5. 开关门时冲击声很大 | ①开关门粗调电阻器调整不当 | 调整电阻器电环位置 |
| | ②开关门细调电阻器调整不当或电环接触不良 | 调整电阻环位置或调整其接触压力 |
| 6. 按开关按钮不能自动关门 | ①开关门回路保险丝烧断 | 更换保险丝 |
| | ②关门继电器损坏或关门回路有故障 | 更换继电器或检查关门回路并修复 |
| | ③关门第一限位开关触点接触不良 | 更换限位开关 |
| | ④安全触板卡死或开关损坏 | 调整安全触板或更换触板开关 |
| | ⑤门区光电保护装置故障 | 修复或调整 |
| 7. 关门后电梯不能启动 | ①厅、轿门连锁开关接触不良或损坏 | 检查修复连锁开关 |
| | ②电源电压过低或缺相 | 检查并修复 |
| | ③制动器抱闸未松开 | 调整制动器 |
| | ④直流电梯励磁装置故障 | 检查并修复 |
| 8. 电梯启动困难或运行速度减慢 | ①电源电压过低或缺相 | 检查并修复 |
| | ②制动器抱闸未松开 | 调整制动器 |
| | ③直流电梯励磁装置故障 | 检查并修复 |
| | ④曳引电动机轴承润滑不良 | 补油或清洗更换润滑油脂 |
| 9. 电梯运行时轿厢有异常或噪声 | ①导轨润滑不良 | 清洗导轨并加油 |
| | ②导向轮或反绳轮与轴套润滑不良 | 清洗更换润滑油脂 |
| | ③感应器与隔磁板碰撞 | 调整感应器或隔磁板位置 |
| | ④导靴靴衬磨损严重 | 更换靴衬 |
| | ⑤滚动靴地轴承磨损 | 更换轴承 |
| | ⑥制动器间隙过大或过小 | 调整制动器间隙 |
| | ⑦轿顶挂件松动或井道有异物 | 紧固挂物、清除异物 |

**【拓展提高】**

2011 年 9 月 22 日 11 时 55 分，西单站带班值班站长在站台巡视时发现西单站站台 3 号扶梯故障，有异响，立即停梯，关闭电梯上下围栏，并挂故障牌；同时报机电人员维修，写报修记录。12时机电第二项目部电梯维修中心主任唐某、维修员南某接到西单站客运人员报修电话，于12时20分到达西单站。机电维修人员到达现场后，根据车站工作人员的描述，对电梯故障情况进行检查，发现在电梯头部疏齿板处有3个小螺钉，进行了清除处理，开启扶梯试运转，看到扶梯运转正常，便向车站工作人员报告修复完成。此时机电工作人员在未打开该电梯上方护栏门的情况下，打开了该电梯下方的护栏门，且该电梯处于运行状态。恰好有列车进站，乘客需乘坐3号扶梯，由于该扶梯上头部护栏门未完全打开，形成拥堵，发生乘客挤伤。

1.事故原因分析

经过对现场勘查、现场人员问询，并查看录像，调查判断得出结论如下。

（1）事故发生直接原因：电梯上头部护栏门没有打开是造成乘客拥堵、挤伤的直接原因。

（2）间接原因：机电维修人员对扶梯故障处理后，没有按照电梯维修规定进行全面运转检查，也没有按照电梯运行规定与客运人员进行交接；同时也反映出机电公司在人员管理、安全教育方面存在缺失以及维修规章制度执行不到位等问题。

2.整改措施

（1）进一步加强全体员工教育培训力度，尤其对相关规章制度的掌握和执行落实。

（2）加强运营分公司与设备分公司故障处理应急演练，优化并做好应急处置工作，提高现场应急处置水平。

（3）立即对各线扶梯进出口护栏进行全面检查，统计汇总单向门位置和数量，制定双向开启方案后，全面进行整改。

（4）将所有运行扶梯护栏门置于开启状态，进行临时绑固。

（5）将此次事件制作成案例，对全员进行一次教育，在全公司范围开展“举一反三查隐患”活动。

## 任务四 火灾报警系统

火灾自动报警系统（Fire Alarm System，FAS）是人们为了早期发现通报火灾，并及时采取有效措施，控制和扑灭火灾，而设置在建筑物中或其他场所的一种自动消防设施，是人们同火灾做斗争的有力工具。

火灾报警系统一般由火灾探测器、区域报警器和集中报警器组成。也可以根据工程的要求同各种灭火设施和通信装置联动，以形成中心控制系统，即由自动报警、自动灭火、安全疏散诱导、系统过程显示、消防档案管理等组成一个完整的消防控制系统。

火灾探测器是探测火灾的仪器。由于在火灾发生的阶段，将伴随产生烟雾、高温火光。这些烟、热和光可以通过探测器转变为电信号报警或使自动灭火系统启动，及时扑灭火灾。

### 一、火灾报警系统的组成

火灾自动报警系统是由触发器件、火灾报警装置、火灾警报装置以及具有其他辅助功能的装置组成的火灾报警系统。它能够在火灾初期，将燃烧产生的烟雾、热量和光辐射等物理量，通过感温、感烟和感光等火灾探测器变成电信号，传输到火灾报警控制器，并同时显示出火灾发生的部位，记录火灾发生的时间。一般火灾自动报警系统和自动喷水灭火系统、室内外消火栓系统、防排烟系统、通风系统、空调系统、防火门、防火卷帘、挡烟垂壁等相关设备联动，自动或手动发出指令、启动相应的装置。

1. 触发器件

在火灾自动报警系统中，自动或手动产生火灾报警信号的器件称为触发件，主要包括火灾探测器和手动火灾报警按钮。火灾探测器是能对火灾参数（如烟、温度、火焰辐射、气体浓度等）响应，并自动产生火灾报警信号的器件。按响应火灾参数的不同，火灾探测器分为感温火灾探测器、感烟火灾探测器、感光火灾探测器、可燃气体探测器和复合火灾探测器五种基本类型。不同类型的火灾探测器适用于不同类型的火灾和不同的场所。手动火灾报警按钮是手动方式产生火灾报警信号、启动火灾自动报警系统的器件，也是火灾自动报警系统中不可缺少的组成部分之一。

2. 火灾报警装置

在火灾自动报警系统中，用以接收、显示和传递火灾报警信号，并能发出控制信号和具有其他辅助功能的控制指示设备称为火灾报警装置。火灾报警控制器就是其中最基本的一种。火灾报警控制器担负着为火灾探测器提供稳定的工作电源，监视探测器及系统自身的工作状态，接收、转换、处理火灾探测器输出的报警信号，进行声光报警，指示报警的具体部位及时间，同时执行相应辅助控制等诸多任务，是火灾报警系统的核心组成部分。

在火灾报警装置中，还有一些如中断器、区域显示器、火灾显示盘等功能不完整的报警装置，它们可视为火灾报警控制器的演变或补充。在特定条件下应用，与火灾报警控制器同属火灾报警装置。

火灾报警控制器的基本功能主要有：主电、备电自动转换，备用电源充电，电源故障监测，电源工作状态指标，为探测器回路供电，探测器或系统故障声光报警，火灾声、光报警、火灾报警记忆，时钟单元，火灾报警优先报故障，声报警音响消音及再次声响报警。

3. 火灾警报装置

在火灾自动报警系统中，用以发出区别于环境声、光的火灾警报信号的装置称为火灾警报装置。它以声、光、音响方式向报警区域发出火灾警报信号，以警示人们采取安全疏散、灭火救灾措施。

4. 消防控制设备

在火灾自动报警系统中，当接收到火灾报警后，能自动或手动启动相关消防设备并显示其状态的设备，称为消防控制设备，如图 5-28 所示。它主要包括火灾报警控制器，自动灭火系统的控制装置，室内消火栓系统的控制装置，防烟排烟系统及空调通风系统的控制装置，常开防火门、防火卷帘的控制装置，电梯回降控制装置，以及火灾应急广播、火灾警报装置、消防通信设备、火灾应急照明与疏散指示标志等控制装置中的部分或全部。消防控制设备一般设置在消防控制中心，以便于实行集中统一控制。也有的消防控制设备设置在被控消防设备所在现场，但其动作信号则必须返回消防控制室，实行集中与分散相结合的控制方式。

图 5-28 消防控制设备

5. 电源

火灾自动报警系统属于消防用电设备，其主电源应当采用消防电源，备用电采用蓄电池。系统电源除为火灾报警控制器供电外，还为与系统相关的消防控制设备等供电。

## 二、火灾报警器的分类

火灾报警器主要分为区域报警器、集中报警和控制中心报警系统三种。

区域报警器能将所在楼层的探测器发出的信号转换为声光报警，并在屏幕上显示出火灾的房间号；同时还能监视若干楼层的集中报警器（如果监视整个大楼的则设于消防控制中心）输出信号或控制自动灭火系统。

集中报警是将接收到的信号以声、光方式显示出来，其屏幕上也具体显示出着火的楼层和房间号，机上的时钟记录下首次报警时间，利用本机专用电话，还可迅速发出指示和向消防队报警。此外，也可以控制有关的灭火系统或将火灾信号传输给消防控制室。

控制中心报警系统是在车站控制室由控制中心设置集中报警控制器、图形显示设备、电源装置和联动控制器，与控制中心相连的受控设备有区域报警控制器、火灾探测器和手动报警按钮等。

## 三、手动火灾报警按钮的设置位置

（1）报警区域内每个防火分区，应至少设置 1 个手动火灾报警按钮，从一个防火分区内的任何位置到最邻近的一个手动火灾报警按钮的步行距离，不应大于 30 m，如图 5-29 所示。

（2）手动火灾报警按钮宜在下列部位装设：

①各楼层的楼梯间、电梯前室；

②站厅、过道、公共活动场所出入口；

③主要通道等经常有人通过的地方。

（3）手动火灾报警按钮安装在墙上的高度为 1.3 ～ 1.5m，按钮盒应具有明显的标志和防误动作的保护措施。

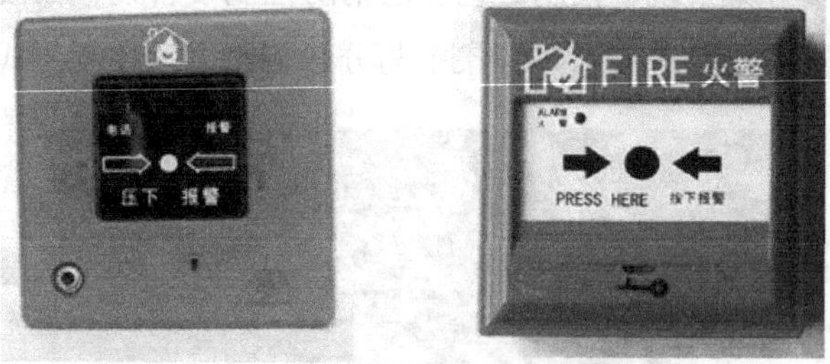


图 5-29　站厅手动火灾报警按钮

（4）手动火灾报警按钮应在火灾报警控制器或消防控制室的控制报警盘上有专用独立的报警显示部位号，不应与火灾自动报警显示部位号混合布置或排列，并有明显的标志。

## 四、系统容易出现的问题、产生的原因、简单的处理方法

（1）探测器误报警、探测器故障报警。原因：探测器灵敏度选择不合理，环境湿度过大，风速过大，粉尘过大，机械振动，探测器使用时间过长，器件参数下降等。处理方法：根据安装环境选择适当的灵敏度的探测器，安装时应避开风口及风速较大的通道，定期检查，根据情况清洗和更换探测器。

（2）手动按钮误报警，手动按钮故障报警。原因：按钮使用时间过长，参数下降，或按钮人为损坏。处理方法：定期检查，损坏的及时更换，以免影响系统运行。

（3）报警控制器故障。原因：机械本身器件损坏报故障或外接探测器、手动按钮问题引起报警控制器报故障、报火警。处理方法：用表或自身诊断程序检查机器本身，排除故障，或按上述处理方法，检查故障是否由外界引起。

（4）线路故障。原因：绝缘层损坏，接头松动，环境湿度过大造成绝缘下降。处理方法：用表检查绝缘程度，检查接头情况，接线时采用焊接、塑封等工艺。

**【拓展提高】**

2011 年 2 月 28 日 6 时 34 分，北京地铁 10 号线知春路站换乘 13 号线通道内 2 号自动扶梯故障停梯，7 时 2 分换乘通道内 FAS 火灾报警探测器报警，车站综控员报告值班站长到现场确认。值班站长、综控员、票务员立即赶到现场进行处理。在 13 号线南站厅处发现 10 号线换乘 13 号线自动扶梯上头部盖板下往外冒烟，车站工作人员立即启动预案，使用灭火器对准电梯头部进行喷扑。同时行调下令知春路车站封闭换乘通道，启动地面换乘预案。车站工作人员立即组织地面换乘，并派人留守换乘通道，监视电梯情况，迎接专业抢修人员。7 时 31 分 13 号线知春路站将南站厅出入口封闭，7 时 25 分机电公司人员到达现场后，打开自动扶梯井盖，进入自动扶梯基坑检查通道进行灭火处理，烟雾逐渐消散。7 时 45 分对自动扶梯故障处置完毕，车站立即对地面进行清扫保洁。8 时 25 分知春路站恢复换乘。此次事故没有造成人员伤亡。

**【事故原因分析】**

（1）直接原因：梯级间隙照明灯具及线路短路导致扶梯主控制开关保护动作跳闸，同时短

路引燃扶梯桁架、梯路上的油污和毛絮。

（2）间接原因：一是机电公司电梯维护人员到达现场较晚，没能第一时间有效处置火情造成事故影响扩大；二是机电公司电梯维保人员对设备没有按照维修计划进行维修，存在严重违章违纪、漏检漏修、弄虚作假现象，致使电梯欠修，电梯桁架、梯路没有得到及时清理毛絮、油污是造成此次事故的深层次原因。

## 任务五 车站导乘设备

地铁车站导乘设备的功能是引导乘客安全、顺利、迅速地完成整个车站的旅程，避免乘客滞留在车站内引起拥塞。在紧急疏散时，导向标识必须能清晰地引导乘客顺利离开危险区域及车站，如图 5-30 所示。

图 5-30 导向标识

### 一、地铁标识设计的原则

#### 1. 标准化原则

地铁网络在标识的形式、内容、位置上，采用统一的、接近标准化的标识系统设置。

#### 2. 地域化原则

地域化从大的方面说，是指要尽量表现出地铁所在国家城市的特色文化，凸显其独有的审美及文化特点；从小的方面说，是指反映车站所在的区域文脉特征，让乘客离开车厢走上站台时就可以感受到车站独有的气质。俄罗斯莫斯科地铁站设计就以此著称，几乎每个站都有自己的设计主题，告诉乘客所在站的历史和特点。

#### 3. 易获性原则

地铁标识系统要求把最全面、最清晰、最易懂的车站信息提供给各类乘客，最大限度地减少乘客在标识前的无效停留时间，是地铁标识系统设计的基础。车站标识系统设计的最高境界是让乘客在匆匆一瞥间就可以找到自己的行进方向，这就要求标识的信息量要少而精、简洁而明确、重点突出，使行人在短时间内获得最有价值的信息，快速判断自己的行进路线，避免拥挤、行走反向等现象的发生。

#### 4. 艺术审美性原则

标识设计要在满足功能的基础上，尽量传达美的感受，构图凝练、美观。另外，注重和车站其他构件联合设置，讲究实用性和装饰性的结合，减少占用空间，使整个空间具有整体美，成为地铁环境和谐舒适的重要组成部分。

5. 系统性原则

在整个城市地铁线网中，要实现标识的系统化设计使标识具有系统性，方便乘客形成一贯的阅读习惯，使公众对地铁的管理产生良好的印象，增加乘客的心理舒适度。

## 二、导视系统的功能与分类

导视系统的功能为识别与指示，这项功能具有两层含义：一层是实际指示意义，指明场所、方位、道路和行为的动势，例如场所入口、卫生间、停车场等；另一层是寻路者心理上的识别，即在导视系统设计的形式、造型、质感以及安置上应该体现出文化或区域的文脉。

根据功能的第一层含义，可以将地铁导视系统分为识别、方向、空间、说明及管理五大类型。

1. 识别导视系统设计

识别导视系统设计表示的是这里是何地方或这是什么东西的设计，主要包括以区别为目的的设计。例如，地标性建筑、壁画、雕塑、卫生间和停车场等，如图 5-31 所示。

图 5-31　识别导视

2. 方向导视系统设计

方向导视系统设计主要是指通过箭头等指示信息通往特定场所及设施等的路线标识设计。这类设计以导视通行方向为目的，适合直对目的地进行诱导的场合，如图 5-32 所示。

图 5-32　地铁车站路标、看板和箭头等方向导视

3. 空间导视系统设计

空间导视系统设计是指在视觉上或者触觉上，通过地图或图形来表示位置关系的设计。它是以全面的指导为原则，让利用者能够在把握整体构造的前提下，有选择地利用空间位置信息，引导利用者到达目的地的设计。

4. 说明导视系统设计

说明导视系统一般出现在容易引起歧义的环境，或是以需要说明情况为目的的设计，执行着管理者的意图和设施内容的功能。为了更加准确地解释歧义或说明情况，此类导视系统设计以文章的形式出现居多。

5. 管理导视系统设计

管理导视系统设计是指为了提示法律和行政规则为目的的设计，一般情况下以表示要求注意的项目居多，执行督促人们注意行动安全及遵守秩序的功能。

## 三、导向系统的组成与设计

1. 导向系统组成

1）静态导向标志

（1）方向性标志。

方向性标志（图5-33）主要为乘客提供引路信息和定位信息，如出入口方向、售检票区域方向、换乘方向、列车运行方向、紧急出口方向等。

图5-33 方向性标志

（2）警示性标志。

示警性标志（图5-34）一般是危险或警告标志，指示乘客注意安全或不能进入，如注意碰头、禁止吸烟、乘客止步、严禁跳下站台、高压电危险等。

图 5-34 示警性标志

③服务性标志。

服务性标志（图 5-35）为乘客提供公共服务信息，如线路和车站分布图、列车运行时刻表、票价信息、厕所、公用电话、车站周边公交线路与公共设施指南等。

杭州地铁2号线东南段 票价梯形图

| | 朝阳 | 曹家桥 | 潘水 | 人民路 | 杭发厂 | 人民广场 | 建设一路 | 建设三路 | 振宁路 | 飞虹路 | 盈丰路 | 钱江世纪城 | 钱江路 |
|---|---|---|---|---|---|---|---|---|---|---|---|---|---|
| 朝阳 | 2 | | | | | | | | | | | | |
| 曹家桥 | 2 | 2 | | | | | | | | | | | |
| 潘水 | 2 | 2 | 2 | | | | | | | | | | |
| 人民路 | 3 | 2 | 2 | 2 | | | | | | | | | |
| 杭发厂 | 3 | 3 | 2 | 2 | 2 | | | | | | | | |
| 人民广场 | 3 | 3 | 2 | 2 | 2 | 2 | | | | | | | |
| 建设一路 | 4 | 3 | 3 | 2 | 2 | 2 | 2 | | | | | | |
| 建设三路 | 4 | 3 | 3 | 3 | 2 | 2 | 2 | 2 | | | | | |
| 振宁路 | 4 | 4 | 3 | 2 | 3 | 3 | 2 | 2 | 2 | | | | |
| 飞虹路 | 5 | 4 | 4 | 4 | 3 | 3 | 3 | 2 | 2 | 2 | | | |
| 盈丰路 | 5 | 5 | 4 | 4 | 4 | 3 | 3 | 3 | 2 | 2 | 2 | | |
| 钱江世纪城 | 5 | 5 | 4 | 4 | 4 | 3 | 3 | 3 | 2 | 2 | 2 | 2 | |
| 钱江路 | 5 | 5 | 5 | 5 | 5 | 4 | 4 | 4 | 3 | 3 | 3 | 2 | 2 |

图例：站点名称；站点名称；2 2元；3 3元；4 4元；5 5元

图 5-35 地铁票价信息

2）动态导向信息

（1）站台上的电子视觉信息。

站台上的电子视觉信息（图 5-36）为乘客提供列车到站时刻及目的地、列车到站预告及安全提示、末班车离开后本站运营结束以及发生紧急情况等信息。

（2）车站内的广播信息。

车站内的广播信息为乘客提供列车到站时刻、候车安全提示、紧急情况时的安抚乘客和撤离通知等信息。

2. 导向系统设计

导向系统是为方便乘客及其出行服务的，导向系统设计的关键是了解与满足不同乘客以及他们在不同地点对导向信息的需求。导向系统设计要点如下。

（1）全过程、不中断地提供导向信息。从车站外面的公交站点与商业设施到车站出入口、从车站出入口到站台以及换乘站台之间，在乘客决策前行方向的位置处均应设置导向标志，以排除乘客对前行方向是否正确的疑虑。

图 5-36 LCD 显示屏

（2）静态导向标志以图形、符号及它们的组合为主。

（3）在满足引导客流的功能前提下，信息量应最小。

（4）避免导向信息被弱化，商业广告应远离导向标志。

（5）考虑盲人乘客、轮椅乘客、不识汉字乘客对导向标志设置的特殊要求。设置盲道触觉导向标志、在无障碍通道内设置导向标志以及采用中英文对照等。

（6）考虑运营结束后保养、维修的方便与经济。

## 任务六 电话系统

专用电话系统是由程控调度交换机、调度台、值班台、调度电话等设备组成的数字调度系统，是控制中心调度员、车站 / 车辆段值班员指挥列车运行和下达调度命令的重要通信工具，是为列车运营、电力供应、日常维修、防灾救护、票务管理提供指挥手段的专用通信系统。根据运营业务性质的需要，专用电话系统包括调度电话、站内电话、站间电话、区间电话等，如图 5-37 所示。

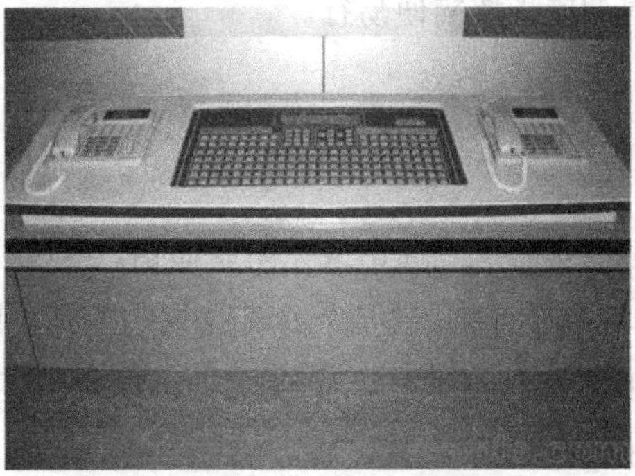

图 5-37 电话系统

调度电话是为行调、电调、维调、环调等提供专用的单键直通电话，并具有单呼、组呼、全呼、会议、紧急呼叫、强拆、强插等特有的功能。站内电话主要提供站内各分机与车站值班主机（台）之间的直达通信或分机间的拨号通信服务。站间电话可为车站值班员与相邻车站的车站值班员提供直达通信服务。区间电话为安装在隧道内或地面、高架线路旁的话机，通过站内电话子系统连接邻站的车站值班台或接入公务电话网，为隧道内、地面、高架线路旁的维修人员和紧急情况下的列车司机提供通信服务。

## 一、调度通信的特点

### 1. 调度通信关系明确

调度员与调度用户之间的关系是上下级关系，各调度用户之间是同级关系。通常情况下，由调度员发出调度指令，各调度用户之间互相不能下达调度指令。

### 2. 双向呼叫一键到位

调度实时性高、操作简单，只需在按键式键盘或计算机触摸屏上进行“单键直呼”“一键多号”的按键操作即可实现自动呼叫，无须记忆对方电话号码。

### 3. 双向呼叫畅通无阻

调度工作的重要性，要求调度呼叫可靠、畅通。可以通过“呼叫”“排队”“监听”“强插”或“强拆”等功能来实现。对于包括公网、专网的有线或移动用户的综合指挥调度，调度员的“强插”“强拆”功能不可能做到全网透明实施，但可通过对某一部电话的呼出限制或“一号通”等手段实现指挥到位。

### 4. 简单的会议操作功能

将参加会议的成员编成会议组，且可随时对会议组成员进行编辑。当需要召开某组会议时，只需按会议组号与会议键即可呼出该组会议所有成员召开会议，并进行会议录音。

### 5. 通信状态显示直观

调度系统具有主叫号码及相关资料（例如姓名、单位、职务、地址等）的显示功能，引导操作的显示功能（例如操作无效、请先摘机），会议显示功能以及用户、中继的状态显示功能（占用、空闲、振铃等）等，使得调度指挥简便易行。

## 二、调度系统的基本功能

### 1. 指挥、调度功能

（1）调度台与调度分机可以实现优先通话或无阻塞通话。

（2）调度员利用按键或摘机、呼叫或应答某个被调用户，也可同时呼叫或应答多个被调用户。

（3）调度员可以通过监听、插话或强插，实现对被调用户通话状态的干预。必要时可以直接催挂，甚至强行插除其正在进行的通话。

### 2. 自动交换功能

调度机可以不具备调度用户之间的自动交换功能。若调度机具备调度用户之间的自动交换功能，则该功能属辅助功能，只需基本交换功能，不应该设置过多的程控新业务功能，以免影响调度功能的正常实施。因此，以下自动交换功能不需要全部具备，可根据实际需求有所增减。

（1）调度员与被调用户之间、调度用户之间、调度用户与外线之间均可直接拨号。可根据用户服务等级限拨外线或长途通话等。

（2）调度用户之间的呼叫、调度用户呼叫外线、外线呼调度用户，必要时可经调度台人工转接。

（3）当调度机与市话交换机的中继以 E1/NO.7 信令连接时，占用市话的号码资源。公共电话网用户可直接拨叫调度用户；调度用户亦可直接拨叫外线。

### 3. 中继组网功能

调度机的中继组网功能如下。

（1）调度机具有数字、模拟兼容的组网能力。配备数字（E1）、环路（FXO）、E&M、微波、特高频等中继接口，可组成模拟或数字调度专网。

（2）多台数字调度机可以互连，组成无级或多级的自动数字调度网。

（3）调度机配置有标准的 E1 接口，可以直接与传输系统的 E1 接口相连接，通过传输系统中 PCM 一次群链路的传输，用以实现中继线或用户线的延伸。

（4）某些具有组网能力的调度机，可按用户组网需求设置中继汇接或迂回功能，以确保调度专网的安全与畅通。

（5）不同设备制造商生产的调度机要求有标准的中继与用户接口，便于不同制造商生产的调度机可以互联组网。

## 三、城市轨道交通调度电话子系统的功能需求

城市轨道交通调度电话子系统最基本的功能需求为：各调度台能快速地单独、分组或全部呼出所属分机，下达调度命令；各调度分机摘机就可呼叫对应的调度台。

（1）控制中心的各调度台（以及部分线路车辆段的调度台）对各站（车辆段）调度分机具有选呼、组呼、全呼和会议功能，并在任何情况下不应发生呼叫阻塞现象。

（2）调度分机之间不能直接进行通话。若分机之间确有必要进行通话时，须由调度台转接，在分机间通话时，调度员有权对分机间的通话进行监听、插话和强插。

（3）控制中心或车辆段各调度员之间的通话。

（4）控制中心总调度员协调和监视各调度员的控制操作。

（5）调度机或调度台可对调度通话自动进行录音。

（6）下属调度分机可对调度台进行一般呼叫和紧急呼叫。

（7）调度分机摘机直接呼叫调度台，分机呼叫调度台遇忙时应有忙音。须要时，应使用紧急呼叫手段。

（8）分机呼叫调度台时，调度台应能按顺序显示呼叫分机号码，呼叫类别，并能区分是一般呼叫还是紧急呼叫。若是紧急呼叫，调度台应具有能够引起调度员听觉、视觉注意的功能。

（9）若站台设置小容量调度机，则控制中心调度机与站台调度机组成二级调度网。

## 四、城市轨道交通调度电话子系统的组成

城轨调度电话子系统包括调度机、调度台和调度分机三部分，并通过城市轨道交通传输系

统或通信电缆连接组成。在控制中心安装有调度机或交换调度机作为调度总机，为调度人员提供专用的通信服务。一般在城市轨道交通中设有行车调度、电力调度、维修调度、环控调度、公安调度、AFC 调度和值班主任调度等（虚拟）调度专网。调度台配置在控制中心，调度分机配置在控制中心、车辆段以及各车站。

1. 调度机

1）调度机的软硬件

程控数字调度机的硬件部分与程控数字交换机类同。某些公司生产的程控数字交换机更换软件后全部或部分可作为调度机使用，这种设备可称为调度交换机。由于所采用的软件不同，调度机与交换机在功能方面具有很大的区别。

2）调度机的基本功能

（1）虚拟调度网程。程控数字交换机具有集中交换机功能，可以在一台交换机中建立多个虚拟用户电话网，每个虚拟用户电话网中可配置一个或多个话务台。

（2）电话会议功能。调度机应具备交互式多方电话会议功能，由调度员通过调度台预置会议组成员及会议组编号召开会议。

（3）组网能力。数字调度系统可以具备强大的组网接口与信令系统，用以组建调度专网中的各级汇接局及端局。

（4）录音功能。调度设备提供系统录音接口，录音系统可对整个属于调度机系统任何调度总机或分机进行重要通话录音。

2. 调度台

调度台可分为传统的按键式调度台和基于 PC（屏幕）的软调度台两大类。按键式调度台一般通过 ISDN BRI（2B+D）接口接入调度机。调度台与调度机的最远距离可达到 5 km。也可利用专用传输网实现异地远端调度。基于 PC（屏幕）的软调度台在 PC 中加入调度台应用软件，外接微音器、扬声器和电话手柄组成软调度台。

3. 调度分机

调度分机通常采用普通话机或数字话机，亦有专用的调度终端具有调度终端与会议终端的双重功能。其会议终端内置功放，配有话筒与扬声器接口，并加入防止声反馈引起啸叫的技术措施。

## 五、城市轨道交通调度电话子系统的类型

1. 调度电话的类型

根据运行组织和业务管理、指挥的实际需要，一般设置以下几种类型的调度电话。

（1）行车调度电话。行车调度电话用于控制中心行车调度员与各车站、车辆段值班员等与行车业务直接有关的工作员进行业务联络，通常设置两个或多个行车调度台，如图 5-38 所示。

（2）电力调度电话。电力调度电话用于控制中心电力调度员与各主变电所、牵引（含牵引

降压混合）变电所、降压变电所及其他特殊需要的地点的工作人员进行业务联络。

图 5-38 行车调度电话

（3）环控（防灾）调度电话。环控（防灾）调度电话用于控制中心防灾调度员与各车站、车辆段、主变电所防灾值班人员之间的通信联络。

（4）维修调度电话。维修调度电话系统用于综合维修基地维修调度员与全线各系统维修车间值班员之间的通信联络，可在控制中心与车辆段各设置一台维修调度台。

（5）AFC 调度电话。AFC 调度电话用于 AFC 调度员与各车站现场 AFC 工作人员进行业务联络。

（6）票务调度电话。票务调度电话用于票务中心值班员与各车站票务工作人员的业务联络。上述 AFC 调度电话与票务调度电话，可根据各城市轨道交通线路的管理需求选择配置。

2. 调度总机、分机的设置

城市轨道交通调度电话子系统的调度台设在控制中心的调度大厅内，调度分机设在各车站与各职能部门所在地。例如：列车调度电话系统的调度分机设在各车站、信号楼的车控室和停车场的运转室内；电力调度电话的调度分机设在各变电站的值班室内。部分调度总机、分机的设置见表 5-11。

**表 5-11 部分调度总机、分机的设置及数量**

| 设置地点<br>调度电话类型 | | 控制中心 | 车站 | 车辆段 | 主变电所 | 变电所 |
|---|---|---|---|---|---|---|
| 行车调度 | 总机 | 1 | | 若干 | | |
| | 分机 | | 若干 | | | |
| 电力调度 | 总机 | 1 | | | 若干 | |
| | 分机 | | | | | 若干 |
| 环控调度 | 总机 | 1 | | | 若干 | |
| | 分机 | | 若干 | 1 | | |
| 公安调度 | 总机 | 1 | | | | |
| | 分机 | | 若干 | 1 | | |
| 维修调度 | 总机 | 1 | | 1 | | |
| | 分机 | | | 若干 | | |

## 任务七 闭路电视监控系统

闭路电视（简称 CCTV，如图 5-39 所示）监控系统是安全防范领域的重要组成部分，系统通过摄像机及其辅助设备（镜头、云台等），直接观察被监视场所的情况，同时可以把监视场所的情况进行同步录像。另外，电视监控系统还可以与防盗报警系统等其他安全技术防范体系联动，使用户安全防范能力得到整体的提高。

## 一、闭路电视监控系统的组成

闭路电视监控系统作为安全防范系统的重要组成部分，具有事前预警、事后防范的功能，通过与周界防范系统和门禁等安防系统的联动，可获取更好的效果。闭路电视监控系统具有重要的作用，除了用于轨道交通之外还广泛应用于银行、高速公路、机场、小区、大厦、学校、医院、家庭等场所。

闭路电视监控系统由四部分构成：前端设备、传输部分、控制设备和显示设备。

### 1. 前端设备

前端设备主要包括摄像机、镜头、防护罩、支架、立柱、云台、解码器（也可以归入后图 5-39 闭路电视端）、变压器、后备电源。前端设备的合理选型会直接影响系统的效果，尤其是摄像机的合理配置，要能够因地制宜。

图 5-39　闭路电视

1）摄像机

在闭路电视监控系统中，摄像机处于系统的最前沿，它将被摄物体的光图像转变成电信号——视频信号，为系统提供信号源，因此它是系统中最重要的设备之一。

图 5-40　摄像机

2）摄像机镜头

摄像机镜头的作用是把被观察目标的光像聚焦于 CCD 传感器件上，在传感器件上产生的图像将是物体的倒像，尽管用一个简单的凸透镜就可以实现上述功能，但这时的图像质量不高，不能在中心和边缘都获得清晰的图像，为此往往附加若干透镜元件，组成一组复合透镜，方能得到满意的图像。

3）云台

它与摄像机配合使用能达到上下左右转动的目的，扩大一台摄像机的监视范围。同时能在一定范围内跟踪目标进行摄像，提高了摄像机的使用价值。由于使用环境不同，云台的种类很多。

（1）按安装部位划分。

①室内云台：在室内使用，抗环境干扰能力较弱。

②室外云台：在室外使用，密封性能好，防水、防尘，负载大，可全天候服务。

（2）按能够承受负载的能力划分。

①轻载云台：最大负重 20 磅（9.08 kg）。

②中载云台：最大负重 50 磅（22.7 kg）。

③重载云台：最大负重 100 磅（45 kg）。

④防爆云台：用于危险环境下，能够防爆和防粉尘点燃的云台，带高转矩交流电机和可调螺杆驱动，可负重 100 磅（45 kg）。

（3）按运动方向划分。

①水平旋转云台：仅能实现水平旋转运动，也称为转台。②全方位云台：既能够做水平旋转运动，也能够做垂直俯仰运动，有的还能够做结合两者的复合运动。

### 2. 传输部分

传输部分主要包括视频线、音频线、云台控制线和电源线。视频线可以选用同轴电缆（距离在 1 000 m 以内）或光缆（距离超过 1 000 m）。如选用同轴电缆，距离超过 350 m（大约值），还需要增加视频放大器；如选用光缆，前端设备增加光发射机，后端设备增加光接收机。

### 3. 控制设备

控制设备主要包括矩阵控制主机、控制键盘和数字硬盘录像机。矩阵控制主机可以不建设，但是硬盘录像机一定需要建设，实现摄像机的控制、切换、录像的回放等功能。

### 4. 显示设备

显示设备主要包括画面处理器、监视器、显示器、电视墙、操作台等，主要实现对摄像机画面的显示。

## 二、常见的几种闭路电视监控系统实现方法

从技术发展的角度考虑，闭路电视监控系统分为纯模拟系统（采用视频同轴电缆传输图像）、纯数字系统（采用网络摄像机和网络硬盘录像机，使用标准 TCP/IP 网络传输图像）和模拟系统与数字系统混合系统三种。

1. 模拟闭路电视监控系统

模拟闭路电视监控系统（图 5-41）采用模拟摄像机，使用同轴电缆进行传输图像信号，后端采用矩阵控制主机进行摄像机的切换和控制，录像机采用 VCR（录像带）录像机。

2. 数字闭路电视监控系统

数字闭路电视监控系统（图 5-42）采用网络摄像机直接接入局域网，通过标准的 TCP/IP 网络进行图像的传输，后端采用 IP 型网络硬盘录像机采集摄像机图像，进行图像的处理、显示、录像和回放，是目前的新技术和未来的主流系统。

3. 模拟与数字混合闭路电视监控系统

模拟与数字混合闭路电视监控系统（图 5-43）是闭路电视监控系统从模拟系统过渡到数字系统的一个混合系统，既降低了系统的建设成本，又考虑了系统的先进性。通常情况下，前端采用模拟摄像机，传输部分可以采用同轴电缆也可以采用网络进行传送，后端均为数字化硬盘录像机。

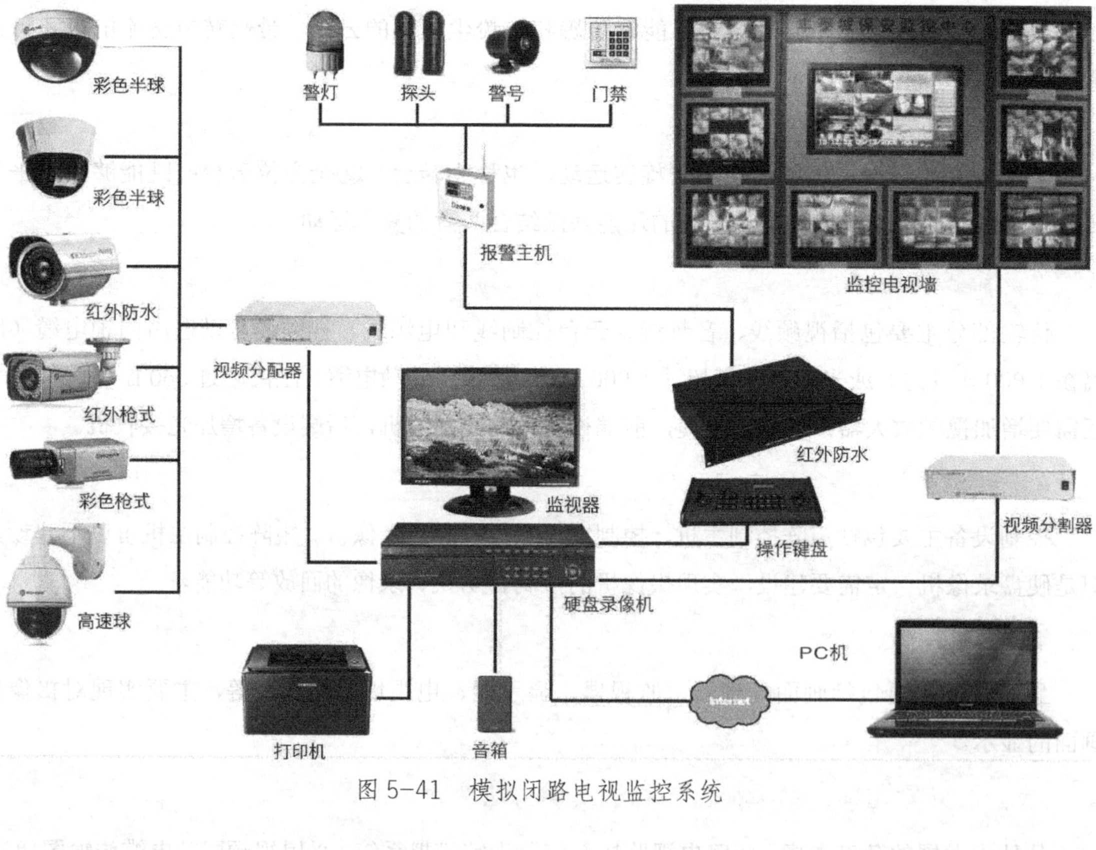


图 5-41 模拟闭路电视监控系统

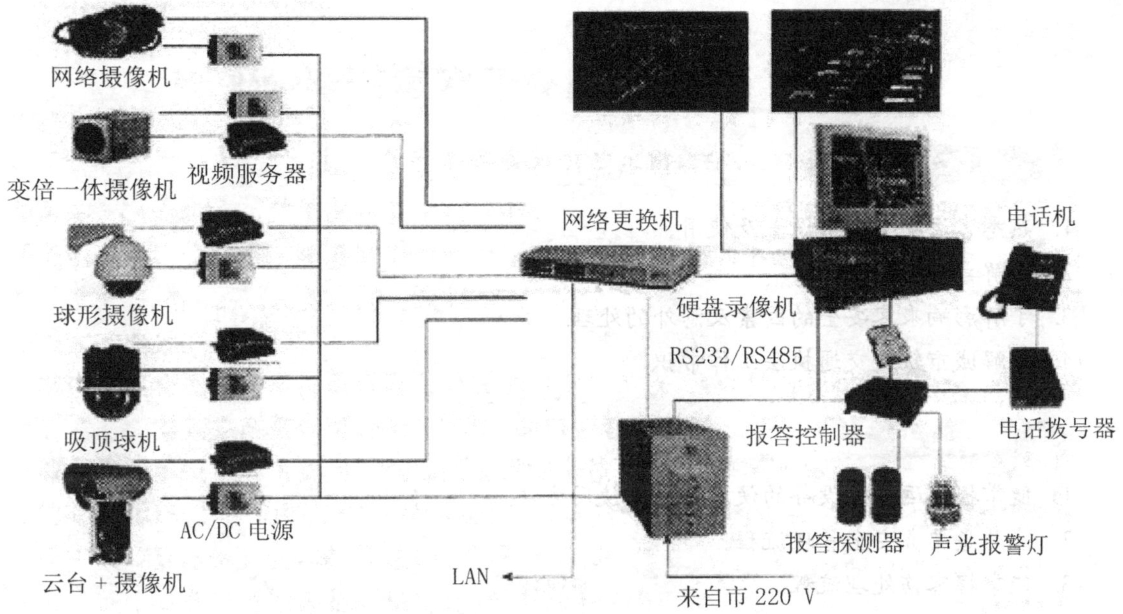


图 5-42 数字闭路电视监控系统

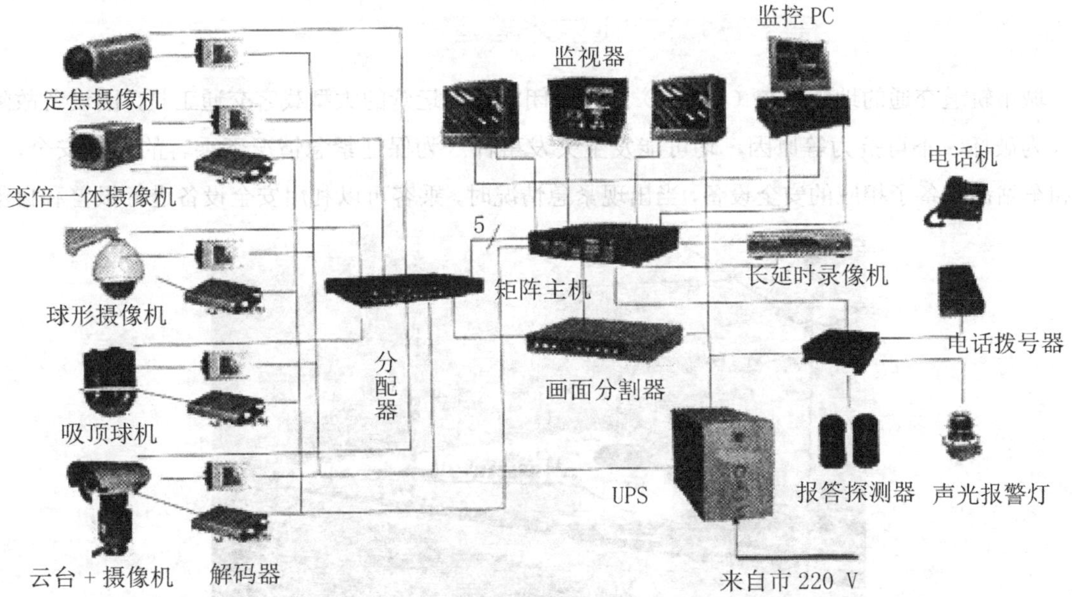


图 5-43 模拟与数字混合闭路电视监控系统

**【复习思考题】**

1. 列举车站与行车有关的技术设备。
2. 简述安全门 / 屏蔽门的分类及功能。
3. 简述车站导乘设备的功能与分类。
4. 保证乘客、电梯及建筑安全的部件有哪些？
5. 简述调度电话系统构成及作用。

# 项目六　城市轨道交通客运安全管理

知识点

1. 熟悉客运安全设备设置及使用。
2. 了解票务安全常识。
3. 了解影响乘客安全的因素及意外的处理。
4. 了解城市轨道交通执法工作常识。

技能目标

1. 能掌握客运安全设备的使用时机及使用方法。
2. 能熟悉票务安全管理流程。
3. 能掌握客伤处理流程。

## 任务一　城市轨道交通客运设备安全管理

城市轨道交通的地铁列车（图 6-1）是在封闭状态下运营的大型载客交通工具，因设备故障、在人为破坏、不可抗力等原因，均可能发生突发事件。为保证紧急情况下乘客的人身安全，列车和车站都配备了相应的安全设备，当出现紧急情况时，乘客可以利用安全设备进行报警和自救。

图 6-1　列车

### 一、列车安全应急设备

1. 紧急报警按钮或紧急对讲器（图 6-2）

安装位置：每节车厢安装有 2 ～ 3 个“紧急对讲按钮”，间隔分布在部分车门的旁边。

使用时机：当车厢内发生人员伤害、火警等紧急情况，需要通知列车司机时使用。

使用方法：打开按钮盖，按下按钮，此时“等待”灯亮，待“等待”灯灭，“讲话”灯亮后，与列车司机通话。

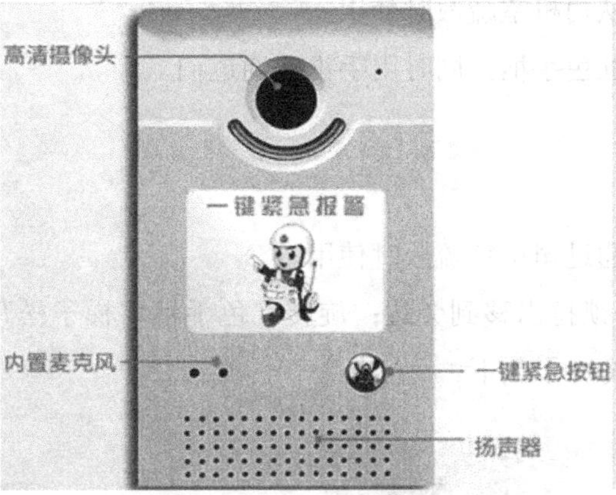


图 6-2 紧急报警按钮或紧急对讲器

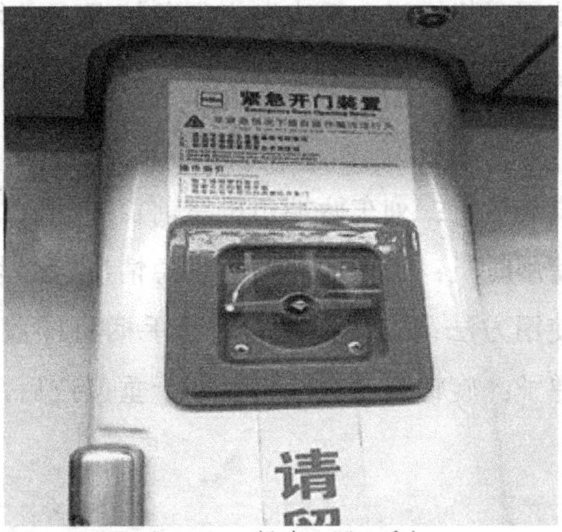


图 6-3 紧急开门手柄

2. 紧急开门手柄（图 6-3）

安装位置：每个车门侧边均安装有一个“紧急开门手柄”。

使用时机：当车厢内发生紧急情况，需要人工打开车门时使用。

使用方法：紧急时打开盖板，再拉下红色手柄。

3. 灭火器（图 6-4）

安装位置：每节车厢设有 2 个灭火器，放置于座椅下方。

使用时机：当车厢内发生火警紧急情况，需使用灭火器灭火时使用。

使用方法：解开两个皮带，拿出灭火器，拉开安全环、按下压把、对准火焰根部灭火。

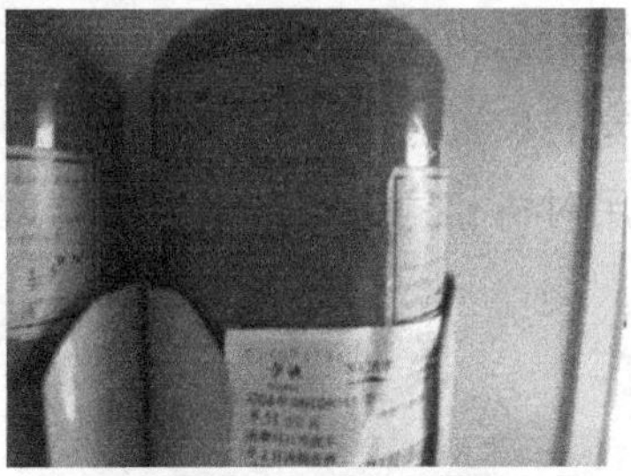

图 6-4 灭火器

4. 司机室通道门紧急手柄（图 6-5）

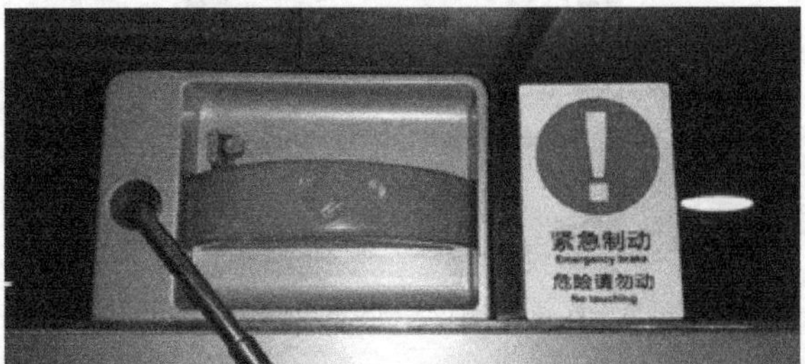


图 6-5 司机室通道门紧急手柄

安装位置：列车两端客室至司机室通道门上方均安装有一个“紧急疏散通道手柄”。

使用时机：当车厢内发生紧急情况，必须从司机室疏散时使用。

使用方法：紧急时拉下罩板，逆时针旋转红色手柄，同时用手推开通道门。

5. 逃生装置（图 6-6）

安装位置：列车两端司机室前窗中间。

使用时机：当车厢内发生紧急情况，必须通过司机室疏散时使用。

使用方法：旋转梯盖的两个手柄将梯盖解锁拉出移到旁边；旋转红色手柄将梯子松开，并取出梯子；旋转窗前的红色手柄于垂直位后，将梯子放下。

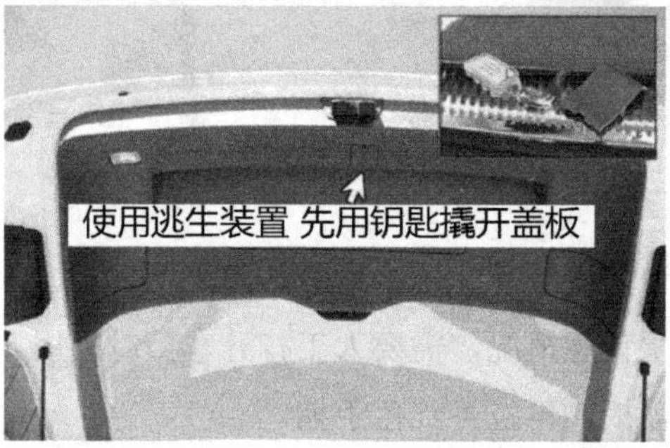


图 6-6　逃生装置

【安全提示】

通过梯子疏散时不要拥挤，有序从梯子疏散到地面。

## 二、车站安全应急设备

车站安全应急设备分为：火灾紧急报警器、自动扶梯紧停装置、紧急停车按钮、屏蔽门紧急开关、屏蔽门应急门五类。其安装位置和数量均根据不同的城市轨道交通系统建设的要求而有所不同，但各类应急设备的启用时机相同，就是必须在发生危及行车安全或人身安全的紧急情况时使用。

1. 火灾紧急报警器（图 6-7）

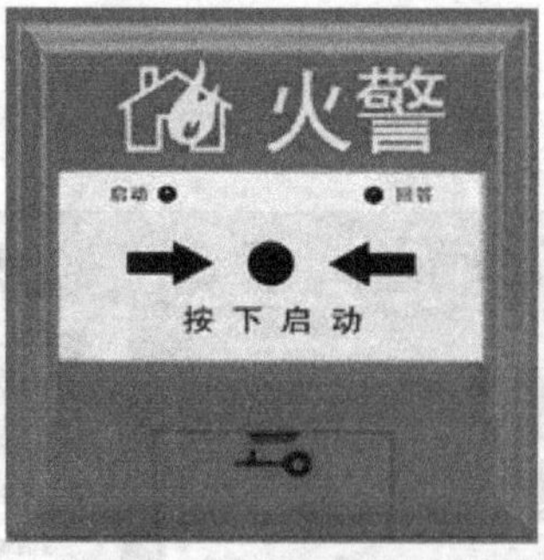


图 6-7　火灾紧急报警器

每个车站的站台端墙上都安装有“火灾手动报警器”。

2. 自动扶梯紧停装置（图 6-8）

车站内所有自动扶梯两端都安装有“紧急停梯”装置，发生紧急情况时，按压红色按钮即可使自动扶梯紧急停止运行。

图 6-8 自动扶梯紧停装置

3. 车站站台紧急停车按钮（图 6-9）

图 6-9 车站站台紧急停车按钮

每侧站台墙上各设 2 个“紧急停车按钮”，发生紧急情况时，击碎塑料保护罩，按下按钮即可。

## 三、车站应急备品

1. 呼吸器

车站定期组织员工演练，掌握呼吸器的使用方法。定期进行检查，保证气瓶压力在规定允许使用的范围，压力不足时及时向安全管理部门报告，及时联系充气，确保呼吸器在发生突发情况时能够正常使用。

2. 逃生面具

车站所有职工必须掌握逃生面具使用方法。车站每岗一副随岗配发，随岗交接，各岗位人员负责定期检查逃生面具真空包装的完好情况。有不符合标准的及时报运营公司安全管理部门。

3. 应急灯

应急灯要指定专人保管，建立使用及充电登记台账，车站要定期检查应急灯的性能，确保做到随取随用。

4. 担架

担架统一放置于车站备品间内，指定专人保管。

5. 存尸袋

存尸袋统一放置于车站备品间内，指定专人保管。

6. 便携式扶梯

便携式扶梯统一放置于站台备品房间内，指定专人保管。

## 四、灭火设备及使用方法

1. 城市轨道交通火灾的特点

城市轨道交通大部分运行于由车站和隧道构成的相对封闭的空间内，人和设备高度密集。在这种特殊的环境中，一旦发生火灾，其危害将是极其严重的，主要特点如下：

（1）地下空间狭小，大大增加了灭火救援的困难；

（2）火灾产生的烟气在相对封闭的空间内弥散，容易造成人员窒息；

（3）地下空间人员疏散困难，乘客在火灾紧急情况下易发生惊慌，相互拥挤而造成踩踏伤亡。

2. 灭火基本知识

火灾通常都有一个从小到大、逐步发展、直到熄灭的过程。火灾过程一般可以分为初起、发展、猛烈、下降和熄灭五个阶段。在火灾初起阶段（一般为着火后 5 ～ 10 min），燃烧面积不大，火焰不高，辐射热不强，是扑灭的最好时机，只要发现及时，用较少的人力和应急消防器材就能将火控制或扑灭。

灭火的基本方法是根据起火物资的燃烧状态，为破坏燃烧必须具备的基本条件而采取的一些措施。灭火的基本方法如下。

（1）冷却法：就是将灭火剂直接喷洒在可燃物上面，使可燃物的温度降低到燃点以下，从而使燃烧停止。用水扑救火灾主要作用就是冷却法灭火。使用水灭火时，必须先切断电源。

（2）窒息灭火法：就是采取措施，阻止空气进入燃烧区，或用惰性气体降低空气中的含氧量，使燃烧物资因缺乏氧气而熄灭。如用湿棉被、湿麻袋覆盖在燃烧的液化石油气瓶上。

（3）隔离法：就是将附近的可燃物资与正在燃烧的物品隔离或者疏散开，从而使燃烧停止。如拆除与火源相连接的易燃建筑结构，建立阻止火势蔓延的空间地带。

（4）化学抑制法：就是将化学灭火剂喷入燃烧区参与燃烧反应，中止链反应而使燃烧反应停止。最常见的就是用灭火器向着火点喷射灭火。

3. 消防设施

1）灭火器。

灭火器是一种轻便的灭火器材，是扑救初起火灾最常见的灭火设备。灭火器种类较多，在城市轨道交通范围内使用的主要有干粉灭火器、二氧化碳灭火器、泡沫灭火器三种。

2）消火栓给水系统。

城市轨道交通消火栓给水系统主要由消防水泵、消防水管、室内消火栓箱（包括水带、水枪、消防软管卷盘）和室外消火栓、消防水泵、消防水泵控制器等组成。

3）火灾自动报警系统。

火灾自动报警系统是为了及早发现、通报火灾，以便及时采取措施扑灭火灾而设置于建筑物内的一种自动消防设施。

通常，城市轨道交通每一条线的火灾自动报警系统以环网方式将各车站的报警控制器连成一个整体的网络，在控制中心能对全线报警系统实行监控管理，随时掌握全线动态情况。在其管辖范围内，对火灾状况进行监测报警和实施有关消防操作。

**【任务实施】**

在地铁车站能够迅速找到安全设施，并会使用。

**【效果评价】**

效果评价见表 6-1。

**表 6-1 评价表**

| 项目名称 | 城市轨道交通客运安全管理 | 学生姓名 | |
|---|---|---|---|
| 任务名称 | 任务一　城市轨道交通客运设备安全管理 | 分数 | |
| 项　目 | | 分值 | 考核得分 |
| 1．是否有小组计划 | | 5 | |
| 2．列车安全应急设备的认知情况 | | 20 | |
| 3．车站安全应急设备的认知情况 | | 20 | |
| 4．车站应急备品的认知情况 | | 20 | |
| 5．灭火设施使用的掌握情况 | | 25 | |
| 6．编制学习汇报报告情况 | | 5 | |
| 7．基本素养考核情况 | | 5 | |
| 总体得分 | | | |
| 教师简要评语：<br><br>教师签名： | | | |

## 任务二 城市轨道交通票务安全管理

票务安全管理主要包括车站现金的管理、车票的管理、票务备品的管理、票务钥匙的管理、特殊情况下的票务管理等方面的规定。图 6-10 为检票机。

图 6-10 检票机

## 一、现金安全管理

1. 车站现金安全区域

车站现金只能存放在现金的安全区域。现金安全区域包含车站票务管理室、车站票务中心(含车站临时票务中心，以下同)、TVM。

2. 现金的安全规定

1）车站票务管理室

（1）车站票务管理室随时保持锁闭状态（车站票务管理室门和防盗门需同时锁闭）。

（2）除当班票务工作人员、值班站长或以上级别人员外，其他人员必须得到值班站长或以上级别人员的许可，并由客运值班员陪同方可进入车站票务管理室。车站须设立台账，记录批准人、进入人员、进入原因、进入时间以及离开时间。客运值班员离开车站票务管理室时，车站票务管理室内所有人员必须随同离开，不得逗留。

（3）除现金交接、钱箱清点之外，其他时间车站票务管理室内所有现金只能保管在保险柜、补币箱、待清点钱箱或已锁闭尾箱内。

（4）车站票务管理室摄像监控设备必须 24 h 开启，票款的清点、交接必须在监控下进行，票款在清点后应立即放入保险柜内保管。

2）车站票务中心

（1）车站票务中心应随时保持锁闭状态（车站临时票务中心除外，但车站须随时监控车站临时票务中心的安全情况）。

（2）运营时间除当班售票员、票务检查人员、值班站长或以上级别人员外，其他人员必须得到值班站长或以上级别人员的许可，并由一名客运值班员或以上级别的人员陪同方可进入车站票务中心。非运营期间，原则上不允许任何人进入车站票务中心，确需进入时，须得到值班站长或以上人员的许可，由一名客运值班员或以上级别的人员陪同方可进入。车站须设立台账，记录批准人员、进入人员、所做事项、进入时间以及离开时间。

（3）售票员在处理现金时，应将现金放在乘客接触不到的地方。车站须做好存放于车站临时票务中心的现金的防盗工作。

3. 运送途中

现金在运送途中必须放入锁闭的钱箱、票盒或上锁的手推车中，由两名车站站务员工（车站站务员工包括车站站务员、值班员、值班站长和站长，下同）负责运送和运送途中的安全。

4. 现金的交接

1）现金交接原则

车站进行现金交接时，需做好交接记录。

（1）纸币：在监控范围内，双方当面清点金额后，签名确认交接。

（2）硬币：在监控范围内，对已加封的硬币交接时，确认加封正确完好后可凭加封金额交接；对零散硬币按实点数交接。

2）客运值班员之间的现金交接

（1）接班客运值班员应依据“客运值班员交接班本”上的记录，在监控范围内与交班客运值班员当面清点车站票务管理室内所有现金、核对封包数量及金额等，确认无误后进行签收；

（2）客运值班员交接班或打包返纳，发现交接现金金额与“客运值班员交接班本”不一致时，应立即通知值班站长到现场，共同对车站票款、备用金进行清点。若实点金额比报表金额小，则由交班人员补缴相应差额，交接双方在“客运值班员交接班本”和“车站营收日报表”上做好记录说明；若实点金额比报表金额大，则多出金额记入“车站营收日报表”的“客值交接长款”栏，由接班人员计入营收，交接双方在“客运值班员交接班本”和“车站营收日报表”上做好记录，并由值班站长确认。

（3）车站对账时不一致情况应由值班站长立即上报站长、票务主办，及时组织调查并在5个工作日内将调查情况报票务部。

5. 现金的加封

所有现金的加封均需双人负责加封。现金可用钱袋、信封、砂纸加封，加封后必须保证一经破封无法复原。

1）钱袋加封

加封前，先在砂纸上注明加封金额、加封车站、加封人和加封日期。加封时，将钱袋口用绳子缠绕扎紧后再用砂纸缠绕加封。纸币需用钱袋加封时，应先用砂纸加封或信封加封后再放入钱袋内加封。

2）信封加封

加封前，先在票务信封的正面注明加封金额、加封车站、加封人、加封日期。加封时，先将信封口封住，再用砂纸将信封背面的接缝处封住，最后在信封背面砂纸骑缝处及封面上签名，如图6-11所示。放入信封加封的纸币仅限于同一面额数量不足100张的，按面额大小归整后放入信封内进行加封。

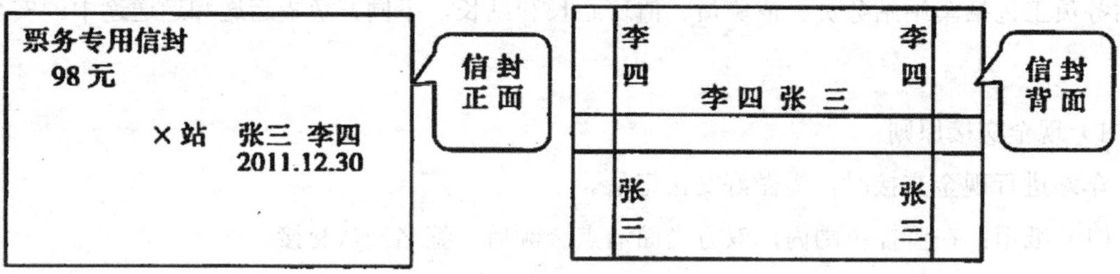


图 6-11　信封加封示意图

3）砂纸加封

同一面额每满 100 张须用砂纸加封。加封时，用砂纸缠绕归整后的纸币中部加封，砂纸上注明加封车站、加封人、加封日期。加封方法如图 6-12 所示。

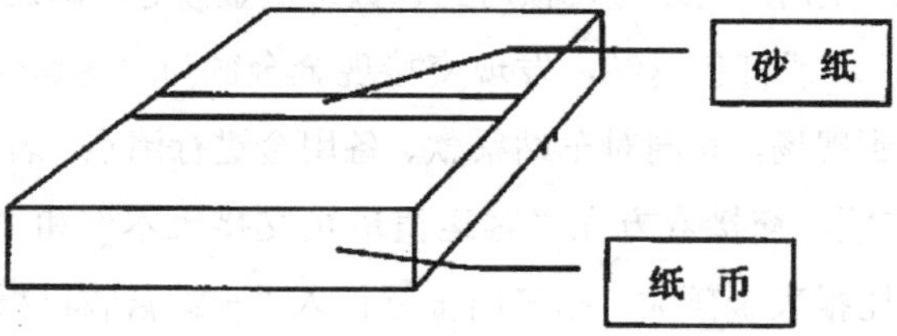


图 6-12　砂纸加封示意图

6. 现金的解行

具体解行方式、时间、流程及银行长短款按相关协议执行。

## 二、车票管理

### 1. 车票的安全管理

（1）车票的安全区域：原则上车票只能存放于车站票务管理室、车站票务中心、自动售票机（TVM）、半自动售票机（BOM）、出站闸机（AGM）、车票回收箱。

（2）车票在车站票务管理室的存放规定：对有值车票，均应根据票种归类存放于上锁的专用票柜或保险柜中；其他车票应按车票类型（闸机回收票、废票等）归类存放于固定的票柜。

（3）车票在车站票务中心的存放规定：售票员在车站票务中心处理车票时，应将车票放在乘客接触不到的地方。车站应做好存放于车站临时票务中心车票的防盗工作。

（4）运送途中：车票在运送途中，一律放在上锁的售票盒、票箱或上锁手推车中。储值票和预制单程票需由两名车站站务员工负责运送和安全工作。

（5）保管车票时，注意防折曲、刻划、腐蚀、水、重压和高温。

### 2. 车票的加封

车票加封可用票盒、钱袋、信封、砂纸加封，加封后必须保证一经破封无法复原。

（1）票盒加封：用砂纸在票盒中间部位十字型缠绕后加封，砂纸上必须注明加封内容（加封内容指车票类型、票种、数量、金额等，预制单程票尚需注明售出期限，以下同）、加封车站、加封人和加封日期。

(2)钱袋加封:将钱袋口用绳子缠绕扎紧后用砂纸缠绕加封,砂纸上注明加封内容、加封车站、加封人和加封日期。

(3)信封加封:将票务信封口封住,再用砂纸将信封背面的接缝处封住。在票务信封的正面注明加封内容、加封车站、加封人和加封日期,并在信封背面砂纸骑缝处及封面上盖章。

### 3. 车站票务管理室内的车票开封、清点原则

(1)所有车票的开封、清点须由车站站务员工双人共同完成。

(2)开封后,发现车票数量或信息有误,开封人员须及时报值班站长到车站票务管理室确认,并在相关台账或交接本上做好记录;车票、砂纸封存待核查清楚后方可使用。车站需要用票时可开另一包封口完好的车票。同时车站当班值班站长应立即将情况上报客运部,客运部及时组织调查并在5个工作日内将调查情况书面报票务部。

### 4. 运营结束后站存单程票的清点

车站运营结束后须将每台TVM票箱中的单程票、BOM票箱中的单程票、AGM票箱中的单程票及车站回收箱内的单程票全部回收并用点票机清点,该清点数量与车站票务管理室内站存的单程票的数量等都填写在"车站车票库存日报表"中。

### 5. 车站内部车票的交接

(1)车站进行车票交接时,须做好交接记录。

(2)客运值班员之间的车票交接。

①接班客运值班员应依据"客运值班员交接班本"上的记录,与交班客运值班员当面清点车站票务管理室内所有车票的数量以及编号、当日的车票上交单、车票配送单,确认无误后进行签收。

②交接时若发现车票数量或信息有误,及时报值班站长,值班站长须到车站票务管理室确认,按实际数量进行签收。由接班客运值班员在"客运值班员交接班本"和"车站车票库存日报表"记录相关情况,交班客运值班员和接班客运值班员和值班站长三方签章确认,并将情况立即上报客运部,及时组织调查并在5个工作日内将调查情况报票务部。

## 三、票务钥匙的管理

### 1. 票务钥匙

主要包括钱箱钥匙、TVM门钥匙、补币箱钥匙、AGM门钥匙、回收箱钥匙、车站票务中心门钥匙、挂锁钥匙、票柜钥匙、钥匙柜门钥匙、车站票务管理室门钥匙、防盗门钥匙、保险柜钥匙、票务监控系统控制器锁定/设置钥匙、票务监控系统专用柜钥匙等。

### 2. 票务钥匙的保管规定

(1)票务钥匙由车站值班员或以上级别人员保管。

(2)票务监控系统控制器锁定/设置钥匙、票务监控系统专用柜钥匙、回收箱钥匙由值班站长保管;加币箱钥匙、钱箱钥匙、车站票务中心钥匙由行车值班员保管;其他票务钥匙由客

运值班员保管。

（3）票务监控系统控制器锁定 / 设置备用钥匙、票务监控系统专用柜备用钥匙、车站票务管理室门备用钥匙、防盗门备用钥匙和保险柜备用钥匙由站长保管，其他票务备用钥匙由站长加封后交由客运值班员保管。

## 四、有价证券被劫的票务处理

（1）如遇车站有价证券被劫，待公安人员处理完毕后，在票务部的监督下，由车站值班员负责清点车站所有现金及车票，计算被劫金额。

（2）清点完毕后，被劫现金记入当天“车站营收日报”的“备注”栏，被劫车票数量在“车站车票库存日报表”的“备注”栏进行备注，“本日结存栏”减去被劫车票的数量，并附一份由公安出具的车站被劫证明及票务部出具的对现金、车票的清点证明，随报表上交票务室，且相关证明原件由票务室交运营分公司财务部，票务室保存复印件。

**【任务实施】**

掌握车站票务安全关键点，即现金、票卡、钥匙等，从其保管、存放、交接等多个环节进行安全卡控。

**【效果评价】**

效果评价见表 6-2。

**表 6-2 评价表**

| 项目名称 | 城市轨道交通客运安全管理 | 学生姓名 | |
|---|---|---|---|
| 任务名称 | 任务二城市轨道交通票务安全管理 | 分数 | |
| 项　目 | | 分值 | 考核得分 |
| 1. 是否有小组计划 | | 5 | |
| 2. 现金安全管理的掌握情况 | | 30 | |
| 3. 车票安全管理的掌握情况 | | 30 | |
| 4. 票务钥匙保管的掌握情况 | | 25 | |
| 5. 编制学习汇报报告情况 | | 5 | |
| 6. 基本素养考核情况 | | 5 | |
| 总体得分 | | | |
| 教师简要评语：<br>教师签名： | | | |

## 任务三 城市轨道交通乘客安全管理

在城市轨道运营生产中，影响运营安全的因素很多，近年来国内外城市轨道交通事故统计数据分析表明：影响城市轨道交通运营安全的因素可归结为“人、机、环境”三个方面。

“人”是指从事地铁相关工作或使用城市轨道交通工具出行的人员（图 6-13）“机”是指和运营有关的一切设备设施；“环境”是指人、机共处的特定的工作条件（温度、湿度、噪声、震动、有害气体、辐射等）。

图 6-13 安全管理人员

### 一、影响乘客安全的因素

首先来分析“人”的因素。以北京为例，城市轨道交通的客流逐年呈上升趋势，（2010 年共计运送乘客约 15.95 亿人次；2011 年共计运送乘客约 21.83 亿人次），受到运输能力的限制，导致部分线路不堪重负，在高峰时段已处于“超负荷”运行状态。从北京市轨道交通发生事故的统计分析表明，人员因素是影响乘客安全的主要因素。其中主要包括：拥挤、不慎及故意跳入轨道、工作人员处理不当、乘客违反相关条例及乘车须知乘车等。

1. 拥挤及不慎落入轨道

在城市轨道交通设计初期，很多地铁线路与站台之间没有加装屏蔽门（屏蔽门系统在项目中介绍）。在高峰时段，站台候车人员较多，在列车进站过程中容易造成拥挤，导致个别人员不慎落入轨道。例如，2001 年 12 月 4 日晚，北京地铁 1 号线 1 名女子在站台上候车，当列车驶入站台的瞬间，被拥挤的人群挤下站台，当场被列车轧死。

2. 故意跳入轨道

随着经济的发展，一些负面影响也随之而来，越来越多的人不堪各种压力而选择自杀。根据心理学研究，人的自杀行为受到他人的影响，而选择自杀的方式也会受到跟风的影响。由于媒体的报导，致使近年来选择在地铁自杀的人数不断增加，造成地铁列车延误的事件屡次发生，短的 10 min，长的 30 min。而地铁列车一旦受到影响，不能正点运行，势必影响全局，就需要全线进行调整。这不仅影响当事列车上的乘客，而且使整条线路甚至其他轨道交通线路上的乘客都可能被延误。网络化运营后，此类情况的发生，影响面将更大。

3. 工作人员处理不当

2003 年韩国大邱市地铁火灾中，地铁司机和综合调度室有关人员对灾难的发生有着不可推卸的责任。前方车站已发生火灾后，另一列车（1080 次）依然驶入烟雾弥漫的站台，在车站已经断电、列车不能行驶的情况下，司机没有采取果断打开车门疏散乘客的措施，而是车门紧闭，仍按照正常流程请示行调。在事故发生 5 min 后，调度居然还下达“允许 1080 次车出发”的指令。工作人员处理措施不得当导致了 1080 次列车乘客死伤严重。

4. 违反《城市轨道交通管理条例》（简称《条例》）规定及其他乘车须知相关规定，造成意外伤害

《条例》规定“乘客应当持有效车票在安全区域内候车，按照先下后上的顺序乘降。乘车过程中，不得阻碍屏蔽门（安全门）、车门的开启与关闭”。但是个别乘客由于赶时间抢上抢下，导致被夹在车门与屏蔽门之间，造成人身伤害。如 2007 年 7 月 15 日上海轨道交通一号线下行往莘庄方向一辆列车，在体育馆站发生一起事故，一名男性乘客在上车时，不慎被夹在列车与屏蔽门之间，在列车正常启动运行后，该男子不幸被挤压致死。主要原因是由于乘客未听从关门警示灯警告，强行登车所造成的。

其次是“机”的因素。机器是人、机、环境三个主要系统之一，仅仅由于机器与人及其环境的相互作用，它才成为一个安全因素。由于现在中国城市轨道交通的设备主要来自不同的国家，规格的不统一造成了检测和维修的困难。因城市轨道交通的设备故障而导致的运营失常是事故发生的主要原因之一。

城市轨道交通运营设备主要可分为三大类：行车设备、车辆设备、车站设施设备。运营设备的安全系数不高会造成运营系统的故障，故障严重时会造成整个运营系统的瘫痪。如因设备的不可靠可能会导致列车脱轨、追尾、侧面冲撞等严重事故，造成不可挽回的损失。如 2000 年 3 月 8 日早晨，日本日比谷线“中目黑—惠比寿”路段的拐角发生了一起事故。一列开往中目黑的列车脱轨，撞上了迎面开来的列车，事故造成 5 名乘客死亡、64 人受伤，事故调查结果为，车轮负重不平衡等多重原因造成了车轮脱轨。再如 2009 年 6 月，由于信号设备故障，华盛顿发生一起地铁列车意外相撞，导致 7 人死亡。可见城市轨道交通的运营设备在城市轨道交通的安全和可靠性上扮演了至关重要的角色。

最后是“环境”因素。人和机器都被处于一定的环境中，一方面人的操作可能引起机器方面的事故和损失，从而对环境产生有害的影响。另一方面，环境中的许多自然现象，如地震和灾难性的暴风雨、洪水等以及技术产生的灾害，如火灾和爆炸等，都会对机器产生危害。所以在故障和事故中环境因素也是不容小视的。城市轨道交通车站及列车是人流密集的公众聚集场所，一旦发生爆炸、毒气、火灾等突发事件，就会造成群死群伤或重大损失，严重影响社会秩序的稳定。

## 二、轨道交通客伤处置

轨道交通客伤主要有以下类型：列车车门夹伤、跌落站台、地面滑倒摔伤、电扶梯摔伤、列车撞轧人等。据统计分析，在各类客伤中，电扶梯摔伤所导致的客伤占所有客伤的 80% 以上。

1. 处置的原则

(1)贯彻预防为主、防救结合的原则;

(2)发生客伤事件要及时抢救、及时汇报;

(3)优先抢救伤者原则,现场处理应当本着以人为本的原则,优先抢救伤者,及时将伤者送医院救治;

(4)避免二次伤害原则,现场处理应当确保伤者、工作人员等相关人员的人身安全,避免发生二次伤害;

(5)尽快恢复运营原则,最大限度减少损失、消除负面影响,现场处理应当尽快出清线路,尽快恢复行车、尽快恢复运营;

(6)尽力获取证据原则,尽量地收集和保存事故(事件)的证据,挽留证人、保存证词;

(7)妥善做好善后处理工作。

2. 信息报告及报告内容

(1)发生客伤事故(事件),由以下人员负责立即按程序报告。

①在线路区间内,由司机立即报告行调,由行调通知相关车站及相关部门、领导,车站接到通知后立即通知地铁公安及保险公司。

②在车站内,由值班站长或行车值班员报告行调、地铁公安(驻站民警)以及保险公司。

(2)报告如下内容。

①发生时间(月、日、时、分)。

②发生地点(车站名;上、下行线;区间公里标、百米标或车厂,车站内具体发生地点等)。

③事故(事件)概况及原因:列车车次、列车号;发生原因的初步判断;事故(事件)伤亡人数、姓名、性别、受伤情况、所采取的抢救措施、送往的医院、陪同人姓名、部门、职务(工种),财产损失等。

④报告人姓名、所在部门、职务(工种)。

3. 现场处置要求及岗位分工

1)在轨行区发生客伤的处置

(1)列车司机立即采取紧急停车措施,报告行调;能够用对讲机联系到车站的,同时报告车站;若无法与车站联系的要求行调转达给车站,并保持联系;对列车内乘客进行广播安抚,稳定乘客情绪;按行调或事故处理主任的指挥,停车待令;待车站事故处理主任到达后,听从事故处理主任指挥;确保安全情况下,接受事故处理主任小范围动车指令,及时将信息报告至行调;得到事故处理主任线路出清的确认后向行调报告,并按行调的指令执行;运行到前方车站后,按行调通知清客退出服务。

(2)站长(或值班站长)担任事故处理主任,负责事故(事件)现场的指挥与处理。值班站长携带应急物品,落实好安全防护措施,进入线路寻找伤者;保护事故(事件)现场,用粉笔标记事发伤者、列车等位置,并拍照取证,及时寻找目击证人,收集现场证据,至少挽留两名目击证人，并安排专人接洽证人并做好相关记录；若伤者被压在车轮下，事故处理主任指挥司机向前或向后小范围动车（需要及时告知行调）；将伤者移出线路，对伤者进行必要的现场急救，等待 120 急救中心到来将伤者送往医院；事故处理主任确认线路出清后，立即报告行调。

（3）行车值班员在车控室进行应急广播，按规定程序报告（含报 120 急救中心、公安和保险公司），与事故现场保持沟通，密切注意运营情况，确保行车安全，加强各类人工广播，做好恢复运营的准备工作。

（4）站台岗人员及时封锁现场，疏散围观群众，维护现场秩序，做好乘客引导、解释工作；配合司机疏散列车上的乘客。

（5）客运值班员、票亭岗人员服从安排，对影响正常行车的情况，按照上级通知要求，做好相应的停止售票或退票服务工作，坚守岗位，做好乘客解释工作。

2）在车站发生客伤的处置

（1）值班站长负责先期的处理工作，做好受伤乘客的安抚及事发现场的调查取证工作。

（2）值班站长告知乘客可去医院就诊，伤势较重时，在征得乘客的同意后，拨打 120 进行救治。

（3）如乘客无人陪同，车站应设法联系受伤乘客家属，待家属到达后进行移交。

（4）如乘客提出要求车站垫付医疗费时，值班站长在报请上级有关负责人后，在不超过规定金额的范围内，可以先期垫付，但必须留下医药费凭证。

**【知识链接】**

车站一般都会配有应急物品，主要包括担架、裹尸袋、轮椅、照相机、手电筒、警戒绳、荧光衣、对讲机及包扎纱布、止血带等简单医疗急救物品。应急物品放置于车站车控室内，平时车站加强管理，保证备品齐全有效，以备急需。

4. 后续处理

（1）客伤处理由专门客伤处理人员负责，在与乘客协商无异议的，且费用在一定金额内可与乘客办理有关手续（签订事故处理协议书及收款凭证）予以解决；

（2）对超出专职人员的处理范围或不能与乘客协商解决的客伤事件，应向运营安全部门（技术安全部）汇报后，将相关材料移交运营安全部门处理；

（3）客伤处理完毕，须办理以下手续：与乘客签订的事故处理协议书、收款凭证（收条）、乘客原始缴费凭证、病例、出院证明和乘客身份证复印件，填好客伤处理单连同车站及乘客事情经过一并交上级管理部门；

（4）在双方协议不成的情况，经由人民法院介入处理，法院裁定作为最终解决手段。

**【注意事项】**

（1）车站发生各类客伤事件时，值班站长应报部门客伤处理负责人、运营安全部门（技术安全部）、保险公司等；如乘客伤势严重，车站应及时拨打“120”急救中心电话。

（2）车站应做好客伤事件的取证工作，目击证人至少要两名及以上非运营方人员。

**【知识链接】**

## 有关地铁执法管理（图 6-14）

为了保障城市轨道交通建设顺利进行和安全运营，规范城市轨道交通管理，维护乘客的合法权益，根据有关法律、法规，各市结合本市实际制定《条例》。各城市轨道交通管理单位，根据《条例》相关规定，开展日常执法工作。

执法分为两种，一种是直接授权的，另一种是委托的。以西安地铁为例，西安市地铁保护执法大队属于授权执法，从法律上讲属于直接授权，与城管相比地铁保护执法大队主要是保护车厢内外、车站内设施环境卫生以及纠正影响他人乘车的行为，同时划分了保护区，排除和纠正地铁沿线周边施工单位对地铁造成的潜在风险。

图 6-14 地铁执法管理

**【任务实施】**

车站发生乘客跳轨事件工作人员的处理流程如下。

（1）车站接到司机或行调的通知后，按规定程序报告（含报 120 急救中心、公安和保险公司）。

（2）由行调指定车站的值班站长（或站长）担任事故处理主任。

（3）经行调许可后，事故处理主任带领至少一名员工迅速前往现场处理。公安已到达车站的，会同公安到现场处理。

（4）到达列车后，落实好安全防护措施，寻找伤者。

（5）保护事故（事件）现场，用粉笔标记伤者、列车等位置，并拍照取证。

（6）若伤者被压在车轮下，事故处理主任指挥司机向前或向后小范围动车。

（7）事故处理主任确认线路出清后，立即报告行调。

（8）运行到前方车站后，按行调通知列车清客，并将伤者送医院救治。

**【效果评价】**

效果评价见表 6-3。

**表 6-3 评价表**

| 项目名称 | 城市轨道交通客运安全管理 | 学生姓名 | |
|---|---|---|---|
| 任务名称 | 任务三城市轨道交通乘客安全管理 | 分数 | |
| 项　目 | | 分值 | 考核得分 |
| 1. 是否有小组计划 | | 5 | |
| 2. 乘客安全影响因素的认知情况 | | 30 | |
| 3. 客伤处理流程的掌握情况 | | 50 | |
| 4. 编制学习汇报报告情况 | | 10 | |
| 5. 基本素养考核情况 | | 5 | |
| 总体得分 | | | |
| 教师简要评语：<br><br>教师签名： | | | |

**【复习思考题】**

1. 列车安全应急设备有哪些？使用时机是如何规定的？
2. 车站安全应急设备有哪些？使用时机是如何规定的？
3. 了解灭火的基本常识，灭火的基本方法有哪些？
4. 现金安全管理还有哪些地方需要完善？
5. 车票的保管、交接还有哪些优化空间？
6. 针对影响乘客安全的因素，有哪些解决的措施？
7. 如何有效防止客伤的发生？

# 项目七　城市轨道交通车站运作管理

**知识点**

1. 了解城市轨道交通车站日常运作管理内容。
2. 掌握城市轨道交通车站行车组织方式及内容。
3. 掌握城市轨道交通车站票务组织方式及内容。
4. 掌握城市轨道交通车站施工组织方式及内容。

**技能目标**

1. 能够掌握城市轨道交通客运组织的原则、影响因素。
2. 能掌握国内外城市轨道交通客运组织工作区别以及优缺点。
3. 能了解城市轨道交通客运组织的发展方向。

## 任务一　城市轨道交通车站日常运作管理

### 一、车站边门管理

为方便一些特殊乘客（如免费乘车人员、坐轮椅的乘客）、大件行李进出及应急情况下快速进出付费区，地铁车站在付费区与非付费区之间设置一道管理通道门，称为边门，如图7-1所示。

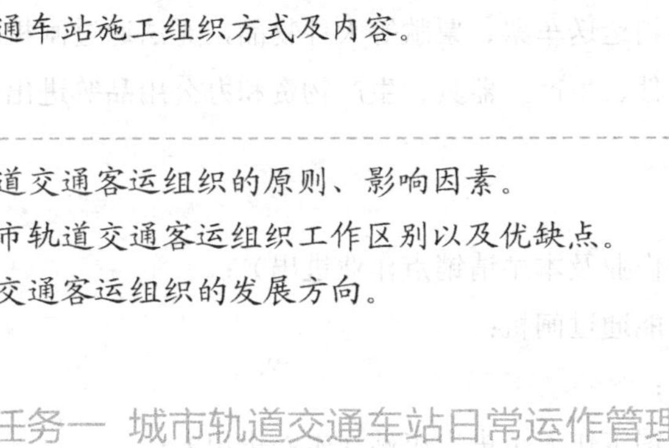

图 7-1　车站边门

1. 边门日常管理要求

（1）在运营时间内，车站边门应全部关闭。

（2）一般情况下车站人员不得开边门放行。

2. 边门使用规定

因以下情况，须使用车站边门进出付费区，应服从车站工作人员指引，按规定办理登记手续。

1）乘客服务需要

（1）办理了团体票乘车的团体；

（2）残疾军人、残疾警察乘车；

（3）残疾人（含盲人）乘车；

（4）乘坐轮椅或推婴儿车等不方便通过闸机的乘客；

（5）携带大件行李乘客，且行李符合规定尺寸。

2）内部工作需要

（1）使用手推车或票箱运送车票、票款等大件物品，无法通过闸机时；

（2）运送大的备品备件、生产工器具、生产物资和办公用品等进出付费区时；

（3）参观接待时；

（4）新闻媒体采访；

（5）临时施工（本站作业及本站请销点作业进出）；

（6）工作证件损坏不能通过闸机；

（7）引导员进出车站；

（8）车站付费区内商铺工作人员进出车站（本站进出）；

（9）地铁公司相关合同、协议中明确需提供交通便利的外单位作业人员或新线测试配合人员。

3. 特殊情况需要

（1）警务人员执行紧急任务；

（2）国家安全局工作人员执行紧急任务时；

（3）突发性工程抢修、抢险；

（4）发生紧急情况（如：票务设备故障、列车晚点、清客、越站）；

（5）突发性采访。

（3）边门使用手续

1）乘客服务

（1）符合边门使用条件的乘客，应在车站“车站边门进出登记本”上进行登记；

（2）残疾军人、残疾警察或残疾人、盲人乘客（不能独立通过闸机者），凭其证件办理登记后使用边门；

（3）坐轮椅或推婴儿车等不方便通过闸机的乘客（不能独立通过闸机者）乘车，由车站工作人员登记后可使用车站边门，并监督乘客将车票投入闸机；

（4）乘客购买行李票后，若其行李未能通过闸机，进行登记后可使用边门，并监督乘客将车票检票或投入闸机。

2）内部工作

（1）符合边门使用条件的人员需要出示有效证件。

（2）由使用人进行登记，并由车站工作人员确认签名。

（3）参观接待，相关人员须凭相关证明、接待方案办理登记后，方可使用车站边门进站；出站时，凭相关证明、接待方案重新办理登记出站。如团体参观人数较多，由团体负责人一人在“车站边门进出登记本”登记情况，在备注栏注明进 / 出总人数即可，车站工作人员负责监督并及时签名确认。

（4）新闻媒体采访，相关人员须凭总公司或党群工作部开具的相关证明办理登记后，方可使用边门进站；出站时，凭相关证明重新办理登记出站。

（5）临时施工，施工单位人员须凭有效出入证件、有效施工作业令登记后，方可使用车站边门，且只能本站施工或本站请销点作业人员及物品进出，不能作为乘车的凭证。

（6）工作证件损坏，员工须填写“车站边门进出登记本”，同时出示工作证件（黑名单的工作证件不予使用边门），厅巡人员予以确认，方可使用车站边门。

（7）引导员须持有效证件进行登记后，方可使用车站边门。

（8）车站付费区内商铺工作人员凭本人有效工作证件登记后．方可使用车站边门，且只能本站进出，不能作为乘车的凭证。

3）特殊情况

（1）警务人员执行紧急任务，须凭警察证，可使用车站边门。

（2）国家安全局工作人员执行紧急任务，须凭国家安全局工作证，可使用车站边门。

（3）突发性工程抢修、抢险，须按行车调度员或是维修调度员授权发布的调度命令，方可使用车站边门。

（4）发生票务设备故障、列车晚点、清客、越站等紧急情况，相关人员按照各级应急处理预案要求，使用车站边门进行客流疏导。

（5）重大接待任务，按接待方案执行使用车站边门。

（6）突发性采访，须按党群工作部的通知，方可使用车站边门进站。

## 二、乘客遗失物品

遗失物品指在轨道交通单位属地管理范围内乘客遗失或乘客、工作人员捡到的物品。

### 1. 乘客遗失物品管理

（1）工作人员、乘客在车站、列车内捡到遗失物品，一律交车站处理，车站须妥善保管（图 7-2 为地铁车站遗失物品管理柜）。

（2）遗失物品清点至少由 2 名员工共同进行。

（3）车站须建立专项台账进行登记。

图 7-1 车站遗失物品管理柜

（4）手机、钱包、现金等贵重物品保存时间为5天，逾期无人认领的，交由上级相关部门或公安部门统一管理。

（5）衣物等一般物品保存时间为1个月，逾期无人认领的，交由上级相关部门统一管理；超过一年无人认领的，轨道交通单位可通过公开捐赠等方式处理。

（6）食物、饮品等失物招领期限为2天，逾期无人认领的，车站自行处理；对于无包装及易腐食品，车站当天自行处理。

**【注意事项】**

各地铁根据实际情况，对于物品的保管，特别对衣物等一般物品及食物、饮品等保存期有所不同。

2. 失物信息发布

（1）车站捡到物品要立即上报上级业务部门，须报拾获人、时间、车站、拾获位置及物品简单描述信息。

（2）捡到遗失物品后车站要及时寻求失主，并通过各种手段，如轨道交通公司官网、微博、报纸等对外发布。

（3）轨道交通单位相关部门要对遗失物品进行定期清点整理，并通过社会媒体等渠道统一集中发布，提高认领率。

（4）失物被认领后，车站须将认领信息及时上报上级部门备案。

3. 失物认领程序

（1）乘客得知遗失物品信息后可到负责保管的车站认领。

（2）失主认领失物时，车站应对物品的名称、数量和特征进行认真核对，情况属实即可办理认领手续。

（3）认领失物时，失主须出示本人身份证或其他有效证件。若失主委托他人领取，被委托人需携带本人的身份证，并提供物品详细信息，经车站工作人员核实确认后，返还失物给被委托人。

（4）地铁工作人员冒领、挪用、侵吞、损毁拾遗物品的，除返还原物或赔偿经济损失外，视情节严重程度，给予不同类别的处分、处罚或移交公安机关处理。

## 三、乘客物品掉入轨行区

1. 处置原则

（1）车站工作人员得知乘客物品掉落轨道时，应先安抚乘客，劝告乘客不要擅自拾取。

（2）车站工作人员在拾取物品前，要先报告行车调度员，得到允许后，方可拾取。

（3）当乘客掉落的物品影响行车时，车站工作人员发现后要立即报告行车调度员，得到允许后进行即时、有效、快速处理，处理时要注意自身安全防护。

（4）乘客掉落物品若不影响列车正常运行，且行车调度员未允许在运营中拾取时，车站工作人员要向乘客做好解释工作，并做好乘客信息登记，待运营结束拾回物品后，尽快与乘客联系将物品归还。

2. 处理程序

（1）车站工作人员在接到有物品掉落轨道的报告时，第一时间明确告诉乘客不要擅自跳下轨道，并报车控室。

（2）行车值班员接报后向行车调度员报告，得到处理许可后行车值班员按下紧急停车按钮，设置防护；站台岗用专用工具（拾物钳如图 7-3）夹起物品；若无法夹起物品，得到行车调度员允许后，用下轨梯进入轨道拾回物品；站台岗向行车值班员报告，“物品已拾回，线路已出清”。

图 7-3 专用拾物钳

（3）接到站台岗出清线路的报告后，行车值班员向行车调度员报告，得到允许后恢复紧急停车按钮，取消紧停。

（4）如果列车已开过来，物品不影响行车安全时等该列车开走后，再行处理。

（5）若列车已在站外停车时，车站确认物品不影响行车安全，可用对讲机呼叫列车司机，告知列车司机可进站停车；待列车出清后再按上述程序处理。

（6）若乘客掉落物品影响行车安全时，应做如下处理。

①若司机是第一发现人：

A. 司机在列车进站前第一时间发现，站内区间有物品侵入限界影响行车，则司机应立即采取有效措施停车，并向行车调度员报告；

B. 行车调度员通知车站行车值班员，有物品侵入限界影响行车，须尽快拾取，保证行车安全；

C. 行车值班员向行车调度员申请下轨道处理，得到允许处理后，按压紧急停车按钮设置防护，安排站台岗下轨道拾回物品；

D. 站台岗处理完毕后，确认线路出清，并报告行车值班员；

E. 行车值班员接报后向行车调度员报告，得到行车调度员允许后，恢复紧急停车按钮，取消紧停；

F. 接到行车调度员命令后，司机可启动列车进站。

②若车站工作人员是第一发现人：

A. 车站工作人员第一时间发现掉落轨道物品影响行车安全时，应立即按压紧急停车按钮，并向车控室报告；

B. 行车值班员向行车调度员申请下轨道处理，得到允许处理后，按压紧急停车按钮设置防护，安排站台岗拾回物品；

C. 行车调度员通知列车司机有物品侵入限界，注意瞭望，减速行驶，有必要时，需紧急停车；

D. 物品取回后，确认线路出清，并报行车值班员；

E. 行车值班员向行车调度员报告，物品已取回，线路已出清，得到行车调度员允许后，恢复紧急停车按钮，取消紧停；

F. 行车调度员通知列车司机，线路障碍已排除，恢复正常运行；

G. 若物主在现场，经与物主确认后，将物品归还；若物主不在现场，则做好物品的登记、保管和上报工作。

## 四、开关站程序

（1）车站开站程序见表 7-1。

**表 7-1 车站开站程序**

| 序号 | 责任人 | 内容 |
|---|---|---|
| 1 | 值班站长 | 首班车到站按照规定时间或行车调度员通知，组织进行运营前检查，检查项目包括：①影响行车的 A 类施工是否已经结束，确认销点情况；②站台、线路出清情况；③按规定开启环控设备，并查看运行情况；④测试 LOW 排列进路，进行道岔单操；⑤测试屏蔽门开关情况；⑥检查行车备品状态等。运营前检查后向行车调度员汇报 |
| 2 | 行车值班员 | 提前到站进行准备工作，出入口开启前到岗 |
| 3 | 售票员 | 首班载客列车到站前巡视车站，开启出入口、电扶梯等工作 |
| 4 | 客运值班员 | 提前到站进行准备工作，首班载客列车到站前领齐备品到岗 |
| 5 | 站台岗 | 首班载客列车到达前通过闭路电视查看站台到岗情况、打开照明开关、开启 AFC 设备（除闸机）外、向乘客广播候车的注意事项 |

（2）车站关站程序见表 7-2。

**表 7-2 车站关站程序**

| 序号 | 责任人 | 内容 |
|---|---|---|
| 1 | 行车值班员 | 上 / 下行尾班载客列车开出前开始播放末班车广播；运营结束后，执行车站节电照明模式 |
| 2 | 客运值班员 | 上 / 下行尾班载客列车开出前 5 min 左右关闭 TVM；通知售票员停止售票和进站检票工作；摆放有关服务信息的告示牌 |
| 3 | 站台岗 | 尾班载客列车开出前确认乘客上、下车情况；尾班车开出后进行站台清客 |
| 4 | 售票员 | 尾班载客列车开出前 5 min 停止售票、兑零等工作，收拾票、钱，整理票务处备品，注销 BOM，准备回票务管理室结账 |
| 5 | 值班站长 | 尾班载客列车到达前 5 min 确认所有 TVM、入闸闸机已关闭，停止售票广播播放。尾班载客列车开出后清站，关闭车站电扶梯和出入口 |

**【任务实施】**

若某地铁车站发生乘客物品掉落轨行区，车站工作人员的处理如下。

①车站工作人员得知乘客物品掉落轨道时，第一时间明确告诉乘客：请勿擅自跳下轨道，车站工作人员会帮您处理，并报车控室。

②行车值班员接报后向行调报告，得到允许处理的许可后，行车值班员按下紧急停车按钮。站台岗用专用工具（夹物钩）夹起物品，若无法夹起物品，向行调申请下线路拾取，得到允许后方可进行轨道拾回物品。站台岗向行车值班员报告，物品已拾回，线路已出清。

③接到站台岗出清线路的报告后，行车值班员向行调报告，得到允许后恢复紧急停车按钮，取消紧停。

**【效果评价】**

效果评价见表 7-3。

**表 7-3 评价表**

| | | | |
|---|---|---|---|
| 项目名称 | 城市轨道交通车站运作管理 | 学生姓名 | |
| 任务名称 | 任务一 城市轨道交通车站日常运作管理 | 分数 | |
| 项目 | | 分值 | 考核得分 |
| 1．是否有小组计划 | | 5 | |
| 2．车站边门管理的掌握情况 | | 20 | |
| 3．车站遗失物品管理的掌握情况 | | 20 | |
| 4．乘务物品掉入轨行区处理的掌握情况 | | 20 | |
| 5．车站开关站程序的掌握情况 | | 20 | |
| 6．编制学习汇报报告情况 | | 10 | |
| 7．基本素养考核情况 | | 5 | |
| 总体得分 | | | |
| 教师简要评语：<br>教师签名： | | | |

## 任务二 城市轨道交通车站行车组织

### 一、列车运行的基本概念

（1）在双线行车状况下，城市轨道交通系统的列车通常按右侧单方向运行。

（2）为保证列车运行的安全，在组织列车运行时，通过设备或人工控制，使列车按闭塞分区或站间区间保持间隔距离的办法，称为行车闭塞法。

（3）各站的行车工作由行车调度员统一指挥（图 7-4）。

图 7-4 行车调度员

## 二、行车工作的基本要求

车站日常运输工作的目标是确保运输安全，合理运用技术设备，按列车运行图接发列车，质量良好地完成客运任务。车站行车组织工作在实现上述目标的过程中起着核心作用。对车站行车工作的基本要求如下。

（1）执行命令听从指挥。严格执行单一指挥制，车站行车工作由车站行车值班员统一指挥。列车在车站时，所有乘务人员应在车站行车值班员指挥下进行工作。车站行车值班员应认真执行行车调度员的命令和上级领导的指示。

（2）遵章守纪按图行车。认真执行行车规章制度，遵守各项劳动纪律。办理作业正确及时、严防错办和忘办、严禁违章作业，当班必须精神集中，服饰整洁佩戴标志，保证车站安全、不间断地监控列车运行。

（3）作业联系及时准确。联系各种行车事宜时，必须用语规范、内容完整、简明清楚，严防误听、误解和臆测行事。

（4）接发列车目迎目送。接发列车严肃认真，姿势端正。列车进站前，对车站进行巡视检查，发现影响行车的因素及时汇报并采取有效措施，列车到站时组织乘客迅速上下车，查看屏蔽门等设备运行状态，列车出站时目送列车出清（图 7-5 为地铁车站站台作业人员），确保列车运行安全。

图 7-5 地铁车站站台作业人员

（5）行车表报填写齐全。行车表报包括各种行车凭证、行车日志和各种登记簿。行车凭证有路票、调度命令等。登记簿有调度命令登记簿、施工登记簿、交接登记簿等。行车表应按规定内容、格式认真填写各种行车表报，保持表报完整、整洁。

## 三、行车工作制度

为了加强车站行车工作组织，保证车站良好的行车作业秩序，必须建立和健全各项行车工作制度，做到行车作业制度化、程序化、标准化。车站行车工作制度主要有行车值班员岗位责任制、交接班制度、施工及检修登记制度、巡视检查制度和行车事故处理制度。

（1）行车值班员岗位责任制。车站行车值班员在值班站长的领导下，主管车站行车工作；服从行车调度员指挥，执行行车调度员命令，严格按列车运行图组织行车；熟悉行车设备的性能，掌握操作方法；控制车站广播，密切关注监视屏，掌握站台乘客动态；信号系统出现故障时负责现场人工排列进路；保管、使用行车设备备品，正确填写各种行车台账，字迹清楚；值班站长不在车控室时代理其职责。

（2）交接班制度。行车值班员交接时，应将列车运行和设备状态，上级指示和命令的完成情况等填记在“交接班登记簿”上，并口头向接班行车值班员交代清楚。行车值班员接班时，要了解列车运行情况，对行车设备、备品、表报进行检查后，签认接班。

（3）施工及检修登记制度。各种施工及检修工作，行车值班员应根据施工计划，向施工负责人交代有关注意事项后，方可登记。凡影响行车的临时设备抢修，行车值班员要与行车调度员联系作业时间，并获同意后，方可登记。施工及检修工作结束后，行车设备经试验，确认技术状态良好方可签认注销。

（4）运营前检查制度。在每日正常运营前，车站须复核施工登记注销情况，确认车站影响行车的施工已结束、线路出清；检查行车设备、备品齐全完好；开启运营照明、检查车站供电、环控系统正常，各种设备开启正常如电扶梯、AFC 设备等，检查行车控制台是否有异常情况，检查完后将情况汇报至行车调度员。

（5）行车事故处理制度。发生行车事故，应立即采取措施进行处理，同时向行车调度员及有关部门报告。认真记录事故发生的时间、地点、车次、车号、司机姓名及人员伤亡、设备损坏情况，查找人证、物证，并做好记录。清理现场，尽快开通线路。对责任行车事故，应认真找出原因，提出处理意见，制定防范措施。

## 四、列车运行控制

车站的列车运行控制是由整个系统的列车运行控制方式所决定的。

（1）在调度集中控制方式下，车站行车组织的主要工作是监控列车运行状态，行车值班员可兼做其他工作。

（2）指挥调度中心因故无法对列车的运行进行集中控制时，则由车站进行控制，有集中控制设备的车站负责进行列车的折返、进路排列等人工作业（图 7-6 为车站工作人员在车站级连锁设备上排列进路）。

**【安全提示】**

为确保安全，车站在车站级联锁设备上排列进路时，需要执行“一人操作，一人盯控”的制度。

图 7-6 车站工作人员在车站级连锁设备上排列进路

（3）在非正常情况下，车站根据调度指令，按规定的作业办法要求负责列车在车站接、发、调车等作业。

## 五、车站行车工作

### 1. 行车指挥自动化或调度集中控制时的接发列车

在实现行车指挥自动化的情况下，控制中心的计算机系统能根据计划列车运行图及列车运行实际情况，自动办理与实时控制车站上的列车接发工作，即与接发列车有关的进路办理和信号开放工作均能由计算机控制完成。在调度集中控制的情况下，由行车调度员直接指挥车站上的列车接发工作，行车调度员可在调度控制台上操纵车站的道岔和信号机。因此，当处于上述两种设备条件与控制方式下时，车站行车值班员的职责是在车站控制台上监控进路办理、信号开放是否正确，列车运行状态是否正常等。

### 2. 电话闭塞法行车时的接发列车

当根据行车调度员命令停止使用基本闭塞法，改用电话闭塞法行车，实行车站控制时，由于无设备控制，为保证列车运行安全，在同一时间、同一区间内只准有一个列车运行。此时，车站行车值班员具体组织和直接指挥接发列车工作。为保证车站能按列车运行图、不间断地接发列车及接发列车作业的安全，接发列车工作必须按规定的程序和要求进行。车站行车值班员应办理的作业有：准备进路、办理闭塞、交接凭证和接发列车等。

电话闭塞法是基本闭塞设备不能使用时，根据列车调度员命令所采用的代用闭塞法。为了防止因疏忽向占用区间发车，造成同向列车追尾，车站行车值班员在接发列车工作中的首要作业程序是办好接发列车进路，再向临站请求闭塞，在承认或解除闭塞前，应确认接车区间空闲和接车进路准备妥当（图 7-7 为人工加锁道岔）。接车站承认闭塞应向发车站发出电话记录号码作为依据。确认区间是否空闲的根据是发车站通知的，向本站发出列车是否已经到达本站。接车进路是指列车在车站上到、发或通过所需占用的一段站内线路。确认接车进路准备妥当的主要内容是接车进路空闲、接车进路道岔位置正确。若进路上道岔位置不正确，列车就有可能进入异线，造成列车冲突、脱轨等事故。

车站行车值班员只有在列车进路准备妥当、闭塞手续办理完毕后，才能填发列车占用前方区间凭证（图 7-8 为地铁车站使用的路票，作为占用前方区间凭证），给列车发车信号，准许列车发车。

图 7-7 人工加锁道岔

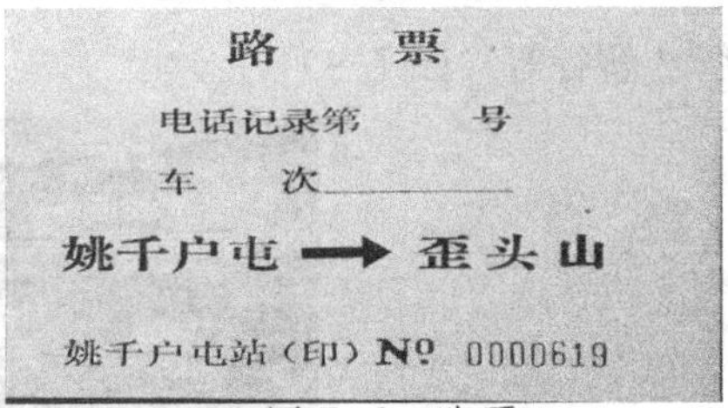
路 票

电话记录第 号

车 次________

姚千户屯 → 歪头山

姚千户屯站（印）№ 0000619

图 7-8 路票

【任务实施】

当地铁行车组织降级到以电话闭塞法行车时，车站行车作业办理程序如下。

（1）车站接收行调发布启用电话闭塞法命令。

（2）车站（故障区域内连锁站）向行调申请办理接发车进路，优先使用车站级 ATS/LOW 对进路上的道岔加锁。

（3）列车发车办理：①向前方站请求闭塞；②获得同意闭塞后填写行车日志、路票，经核对路票无误后交予司机，向司机显示发车手信号；③列车启动后向相邻站报点。

（4）列车接车办理：①收到后方站请求闭塞，确认接车进路准备妥当、接车线路空闲后同意闭塞，向后方站发出电话记录号码；②收到后方站列车出清报点后通知站台岗接车；③列车到达后收回路票、记录到达时间点，组织乘客上下车。

（5）接收行调发布取消电话闭塞法行车组织命令后恢复正常行车。

【效果评价】

效果评价见表 7-4。

**表 7-4 评价表**

| | | | |
|---|---|---|---|
| 项目名称 | 城市轨道交通车站运作管理 | 学生姓名 | |
| 任务名称 | 任务二城市轨道交通车站行车组织 | 分数 | |
| 项 目 | | 分值 | 考核得分 |
| 1．是否有小组计划 | | 5 | |
| 2．车站行车组织工作的认知情况 | | 30 | |
| 3．电话闭塞法行车的掌握情况 | | 50 | |
| 4．编制学习汇报报告情况 | | 10 | |
| 5．基本素养考核情况 | | 5 | |
| 总体得分 | | | |
| 教师简要评语：<br><br>教师签名： | | | |

## 任务三 城市轨道交通车站票务管理

城市轨道交通的票务工作主要包括车票在制票中心的制作和车票在车站的运作两大部分，由此带来的一系列工作有：车票的采购、车票的制作、车票的配送、车票在车站内的保管、车票的交接、车票的出售、使用车票进 / 出站、车票的回收、车票的注销、车票的销毁、票款的收集 / 保管 / 解行等（图 7-9）。

图 7-9 票务管理

### 一、车票

车票可从使用时间的限制、使用线路的限制、使用次数的限制和车票制作材料等不同的角度进行分类。

（1）按使用时间的限制分类，车票分为普通车票和定期车票。普通车票是当日或本次列车使用有效车票，定期车票是在规定时间内使用有效车票。定期车票又可分为月票、季票和年票等。

（2）按使用线路的限制分类，车票分为专线车票和联合车票。专线车票是指定线路使用有效车票，联合车票是各条线路使用有效车票。这里的各条线路既可是联运的各条轨道交通线路，又可是联运的轨道交通线路和其他城市交通线路。

（3）按使用次数的限制分类，车票分为单程车票和储值车票。单程车票是一次乘客使用有效车票，储值车票是在票值用完前可多次乘车使用有效车票。为吸引更多乘客购买储值车票，一些轨道交通系统给购买储值车票乘客一定优惠，如根据储值车票的不同价值附送 10 元左右数额不等的票值，并在最后不管车票剩值多少，仍可乘坐全程一次。

（4）按车票制作材料分类，车票分为纸片车票磁卡车票和 IC 卡车票。纸片车票是普通纸制成的传统车票，上面印有票价、站名、编号等。磁卡车票是用纸或塑料卡片作为基片，在上面涂上磁粉物质制成的车票，磁卡上有磁卡密码、编号、车资、进站时间和地点等信息。磁卡车票又可分为接触式磁卡车票和非接触式磁卡车票。

①纸票适用于人工售检票的票务运作模式，每张纸票相当于一张定额发票，乘客只能使用一次。每张纸票包括存根、主券、进站副券、出站副券四部分。存根是轨道交通内部在进行收益稽核时使用的，进 / 出站副券分别是乘客在进出站时提供给检票人员检查的，主券是最后留给乘客，供乘客留存或报销使用的（图 7-10 为北京地铁早期纸质车票）。

②磁卡车票和 IC 卡车票适用于自动售检票的票务运作模式，每张车票相当于轨道交通提供给乘客的一个储存票款的载体。车票主要有两种：一种是单程票，即乘客只能用于一次乘车；另一种是储值票，即可以让乘客多次乘车使用，直到车票中储存的票款用完为止。无论单程票、储值票都可以在自动售检票系统中使用（图 7-11 为南京地铁单程票，图 7-12 为成都地铁单程票，图 7-13 西安地铁试乘单程票）。

图 7-10 北京地铁早期纸质车票

图 7-11 南京地铁单程票

图 7-12 成都地铁单程票

图 7-13 西安地铁试乘单程票

## 二、票制的制定

票制和票价是轨道交通系统票务管理中相辅相成的两项内容。

票制是指票价的结构。其中应用较为广泛的有单一票制、计程票制、计程计时票制。城市轨道交通系统的票制主要有单一票价制、计程票价制、区段票价制和区域票价制、计程计时票价制5种。

(1)单一票实行制。不论乘车距离，全线只发售一种票价车票。这种票制的优点是售票速度快，检票试行单检制，即进站检票、出站不检票，可减少车站作业人员。缺点是不利于吸引短途客流。

(2)计程票制。按照乘车距离或乘车站数发售不同票价车票。这种票制的优点是乘客的车费负担比较合理，有利于吸引更多的客流。缺点是车票种类多、售检票作业比较复杂。

(3)区段票制。把全线分成若干区段，按是否在区段内乘车和跨越几个区段乘车发售不同票价车票。乘客在位于两个区段的相邻车站间乘车按区段内乘车购票。这种票制是单一票价制和计程票制的折中，因而兼有它们的特点。

(4)区域票制。把由多条线路组成的轨道交通网分成若干区域，按区域内乘车以及跨出区域乘车发售不同票价的车票。区域内乘车又有区域单一票制和区域计程票制之分。

(5)计程计时票制是指不仅按乘坐距离的远近支付车费，而且还要按乘客乘坐时间长短收取车费，两者取车费最大值作为收费依据。

## 三、车票的有效期

有效期是指乘客购买了一张车票后，在车票所含有的余值充足的条件下，可以用于乘客乘车的有效期限。例如，单程票的有效期一般会是一天，而储值票的有效期则可能是一段比较长的时间，如半年或1年等。

## 四、优惠政策

优惠政策主要指城市轨道交通在乘车费用上对不同乘客给予的让利举措，有些是从市场营销的角度出发制定的，如给乘客的乘车费用积分优惠；有些是从社会效益的角度出发制定的，如给予学生、老人乘客折扣优惠；有些是依据政府的福利要求制定的，如西安地铁给予65周岁及以上老人免费乘坐地铁的优惠等。

## 五、车票的使用规则

使用规则是指乘客持有效车票乘车时必须遵守的票务原则，如一张车票只能提供给一个乘客使用或可以提供给多个乘客使用；乘客进站检票后，在车站逗留的最长时间；乘客持车票乘车时，是遵守“进站检票—出站验票”—再进站检票—再出站验票的“一进一出”的顺序，还是其他顺序等。

## 六、退票原则

退票原则是指乘客在购买车票后，因特殊原因需进行退票时的限制条件。

## 七、日常票务管理

在确保轨道交通系统的运营秩序和运营收入上，票务管理起着重要的作用。为了加强日常票务管理，应做到如下几点。

(1)专设票务管理部门，负责车票的印刷、保管、发放、售出统计和票款交收等工作。

(2)配备高效方便的售检票及其他辅助设备，如自动售票机、自动检票机、辅币兑换机，以及查询校验磁卡车票的验票机等。

（3）在实行人工售检票作业时，要有完善的售检票作业程序和处置乘客无票乘车或越站乘车的措施，并制定补票罚款制度。

## 八、售检票作业

售检票作业是对乘客的第一道服务环节，在售检票过程中，乘客希望有一个便利、快捷、文明的服务，运输企业也希望提供让乘客满意的服务以吸引更多的客流，因此，售检票作业是车站客运工作的一个重要组成部分。

轨道交通系统售检票作业方式有开放式和封闭式两类，开放式售检票作业方式是指车站不设检票口，乘客在上车前或在列车上进行随机查票。封闭式售检票作业方式是指乘客进出车站均要经过检票口检票。开放式售检票作业方式一般用于客流量较小的轨道交通系统，它对国民素质要求较高，并在运营收入低于运营成本或有政府的补贴时。封闭式售检票作业方式能减少或杜绝无票乘车、越站、超时乘车等现象，确保客运收入。目前，封闭式售检票作业方式主要有传统的人工售检票和计算机控制的自动售检票两种。与人工售检票相比，自动售检票具有售检票速度快、能统计并准确快速提供票务信息、收入信息和客流信息等优点。

## 九、车票的运作流程

（1）纸票的运作流程如图 7-14 所示。

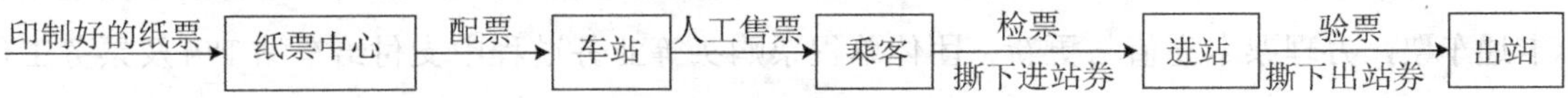


图 7-14 纸票运作流程

（2）磁卡票的运作流程如图 7-15 所示。

（3）IC 卡车票的运作流程如图 7-16 所示。

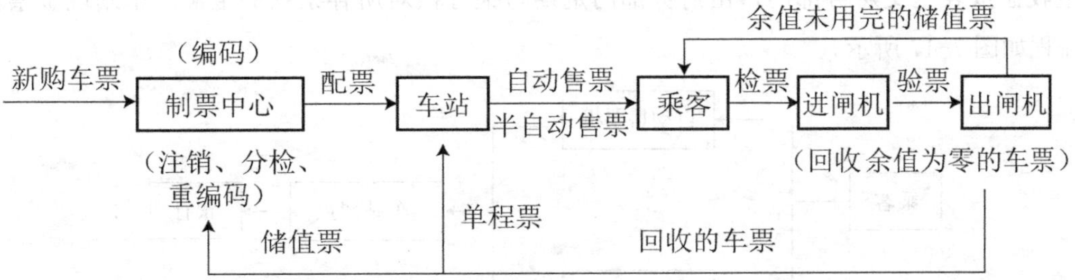


图 7-15 磁卡票运作流程

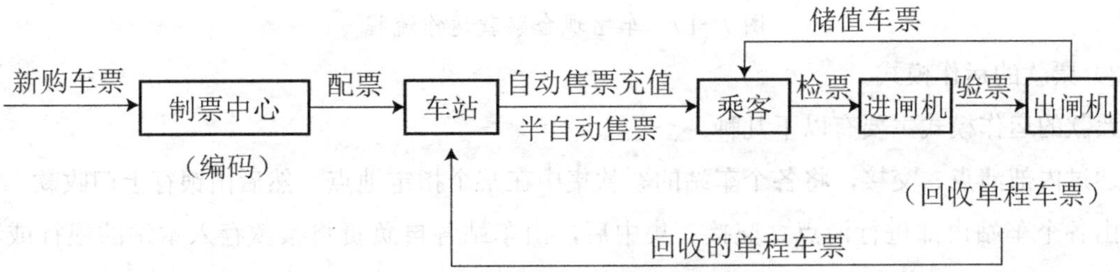


图 7-16 IC 卡车票运作流程

## 十、车票的管理

对于车票的管理，一方面从宏观上总体把握所有车票的流向、流量，确保整个车票流程顺畅，保障车票的供应，使车票得以高效利用；另一方面从微观上通过制定严谨的车票交接、保管制度，把握每一张有值车票的去向，确保每一张车票的安全。

### 1. 定期对车票的运作情况进行统计分析

以IC卡车票为例，车票管理部门定期分析的内容有各种车票的库存量、站存量、使用比例、售卖量、报废量、流失量，客流一定情况下车票的最低投放量，以及不同时期车票随客流的波动规律等。

### 2. 在自动售检票系统中设有储值票使用追踪系统

追踪每一张车票的使用情况，对于使用情况异常的车票进行及时报警，并设置黑名单，以确保公司的收益。

## 十一、现金运作

车站现金系统主要由票款和备用金组成。

### 1. 票款运作

1）票款。

票款是指乘客在车站自动售票机（TVM）、半自动售票机（BOM）上购买单程票、储值票、一卡通车票，办理票卡充值与更新、团体单程票购买等业务过程中支付给车站TVM及票务工作人员的现金或支票的总和。

2）票款的运作流程。

票款的运作流程中，基本上都是由现场票款存入指定的银行账户并将通过人工或机器生成的现金收益报表送交财务部门，由财务部门定期与银行核对所存票款的金额。车站现金票款的运作流程如图7-17所示。

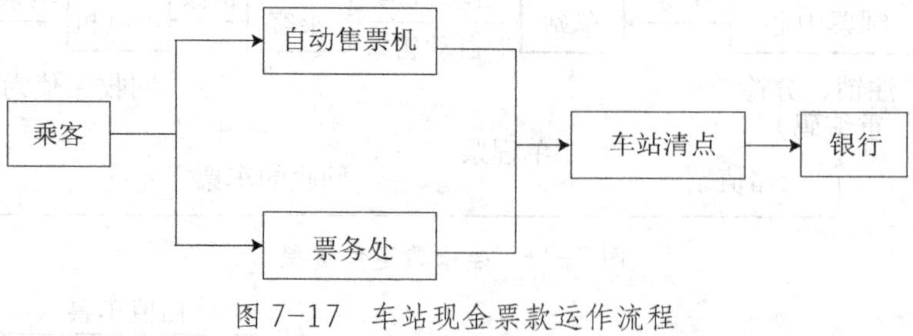


图7-17　车站现金票款运作流程

3）票款的运作模式。

票款的运作模式主要有以下几种。

通过内部清点、交接，将各个车站的票款集中在某个指定地点，然后由银行上门收款。

由各个车站内部进行清点、交接、集中后，由车站各自负责将票款存入本站的银行或者由银行去各个车站上门收款。

车站客运值班员规整当天的所有票款后，锁入保险柜或银行票款箱，等待银行上门收取或将其运送到指定的地点，集中清点并存入银行账户。对于自动售票设备中的票款，则运送到指定的地点集中清点后再存入银行。

2. 备用金

备用金是指由上级财务部门配发给车站，专用于与银行兑零，给乘客找零、兑零，自动售票机补币等。备用金的运作模式主要有两种。

（1）管理部门直接给各个车站核定一定数目的备用金并一次性将备用金配发到各个车站，由各个车站依据本站的情况从票款中兑出或者与银行兑换，确保有足够的零钞或硬币提供给乘客。这一模式下，各车站每天保有的备用金的数目是恒定的，不会根据客流量或售票量的情况而有所改变，除非管理部门对备用金的数目重新进行调整。

（2）管理部门定期（如每周）让各个车站依据具体情况提交下一时期每天所需要备用金的数目，之后由管理部门与银行联系，由银行每天提供各个车站所需要的硬币备用金，而车站每天由于兑换而产生的硬币备用金则连同车站的票款一起存入银行。在这种模式下，各个车站每天保有的备用金数目会随客流的情况、售票量的情况而有所变化。

**【任务实施】**

掌握票卡及现金的运作流程。

**【效果评价】**

效果评价见表 7-5。

**表 7-5　评价表**

| 项目名称 | 城市轨道交通车站运作管理 | 学生姓名 | |
|---|---|---|---|
| 任务名称 | 任务三　城市轨道交通车站票务管理 | 分数 | |
| 项　目 | | 分值 | 考核得分 |
| 1. 是否有小组计划 | | 5 | |
| 2. 车票种类的认知情况 | | 20 | |
| 3. 票制的认知情况 | | 20 | |
| 4. 车票运作流程的掌握情况 | | 40 | |
| 5. 编制学习汇报报告情况 | | 10 | |
| 6. 基本素养考核情况 | | 5 | |
| 总体得分 | | | |
| 教师简要评语：<br><br>教师签名： | | | |

# 任务四 城市轨道交通车站施工管理

城市轨道交通的维修施工作业具有时间短、要求高、作业空间相对集中、绝大部分为夜间作业等特点，必须科学合理地组织时间和空间的立体化施工作业，要求有关部门密切配合，最大限度地利用较短的施工时间，保质保量地完成施工任务，确保设备安全、可靠运行。城市轨道交通的维修施工作业原则上安排在运营结束后的非运营时间内进行，并在运营开始前预留 40 min 作为营前的准备时间。

图 7-18 抢修施工

在运营中遇行车设备故障影响列车不能继续运行时，须组织抢修施工，并应遵循“先通后复”的原则。对故障设备临时处理恢复行车后，维持运行到运营结束后再对该设备进行全面修复（图 7-18）。

## 一、施工管理基本定义

### 1. 施工负责人

负责在主站办理进场作业登记和该项作业的组织、安全和管理的人员。

### 2. 施工责任人

同一施工项目在多个作业点进行，该施工项目除配备施工负责人外，各点（辅站）的施工需配备施工责任人，施工责任人在辅站办理进场作业登记和负责该作业点施工的组织、安全和管理。

### 3. 影响行车的施工

指进行该项施工作业时，如果当天或次日线路上有列车、工程车运行，行车会受其影响的施工。

### 4. 主站

施工负责人持“施工进场作业令”到某个车站登记请点施工的车站称为主站。

### 5. 辅站

同一线路同一施工项目多站进行时，施工责任人到其作业区域包含的各站（除主站外），登记请点的车站称为辅站；同一施工项目安排主站和辅站总数原则上不超过6个。

6. 施工进场作业令

施工进场作业令是允许在地铁运营公司所辖设备和范围内进行施工的一种凭证。

7. 施工区域出清

施工区域出清是指在施工区域范围内施工结束后，施工负责人或施工责任人确认所有作业有关人员已撤离，有关设备、设施已恢复正常，工器具、物料已撤走等。

8. 外单位

外单位指除地铁运营公司以外的单位。

9. 影响客运的施工

这是指进行该项施工作业时，车站的客运服务设备设施功能降低，影响客流组织、服务质量的施工。

10. 主办部门

主办部门是指运营分公司内实施委外维修或施工的部门。

11. 主配合部门

主配合部门是指配合地铁公司其他处室、子公司的施工及其委外项目施工的部门。

12. 配合部门

配合部门是指协助地铁公司其他处室、子公司和运营分公司其他部门的施工及其委外项目施工的部门。

## 二、施工计划分类

1. 按施工作业地点和性质分类

（1）影响正线、辅助线行车的施工为A类，其中开行工程列车、电客车的施工为A1类，不开行工程列车、电客车的施工为A2类，车站、主所、控制中心（以下称OCC）范围内影响行车设备设施的作业为A3类。

（2）在车辆段的施工为B类，其中开行电客车、工程列车的施工（不含车辆段电客车、工程列车的检修作业）为B1类，不开行电客车、工程列车但在车辆段线路限界、影响接触网停电、在车辆段线路限界外3m内搭建相关设施及影响车辆段行车的施工为B2类，车辆段内除B1、B2以外其他影响行车设备设施的施工为B3类。B3类主要包括供电、通信、信号、机电等与行车有关设备的检修。

（3）在车站、主所、OCC范围内不影响行车的施工为C类，其中大面积影响客运、消防设备正常使用及需动火的作业（含外单位进入变电所、通信设备房、信号设备房、环控电控室、照明配电室、蓄电池室、水泵房、其他气体灭火保护房内作业）为C1类，其他局部影响客运，但经采取措施影响不大且动用简单设备设施（如动用220 V及以下的电力、钻孔等，不违反安全规定）

的施工为C2类。

2. 按时间分类

（1）属于正常修程内的A1、A2、A3、B1、B2、C1类作业应纳入月计划。月计划应结合运营分公司月度设备检修计划编制。

（2）因设备检修需要，对在月计划里未列入的进行补充或月计划中需调整变更A1、A2、A3、B1、B2、C1类作业的计划为周计划。

（3）对在月计划和周计划里未列入的进行补充或月计划、周计划中需调整变更A1、A2、A3、B1、B2、C1类作业的计划，称为日补充计划。

（4）运营时间对设备进行临时抢修后，需在停运后继续设备维修的A1、A2、A3、B1、B2、C1类作业的计划为临时补修计划。

（5）属于B3、C2类的作业，无须提报计划，施工作业负责人直接与车辆段/车站联系，经车辆段/车站同意后开始施工。

## 三、施工作业管理

1. 施工前准备工作

（1）对维修、调试、施工等作业按性质、地点分别组织。A类作业须经行车调度员批准方可进行。B类作业须经车辆段调度员同意方可进行，如影响正线行车须报行车调度员批准。C类作业的施工项目经车站批准后方可施工，外单位施工作业按“外单位工程施工作业管理流程”进行，经车站批准后方可施工。

（2）各施工单位及部门的施工、检查作业，应严格控制作业范围及作业时间。外单位施工负责人（责任人）须持有安全合格证、临时出入证，方可在规定范围内进行施工（特殊情况除外）。

（3）施工人员进出站规定。施工负责人持作业令提前到达主站；施工责任人及维修人员在规定施工开始时间前到达辅站和相关车站；按规定程序办理施工作业手续。外单位的施工作业人员进出车站须提前与车站当班人员联系并于关站前进站。特殊情况确需关站后进入的应事先与车站预约，车站根据预约的地点、时间，查验手续后开门放行。

2. 请点规定

（1）属于A类的作业，施工负责人在作业令规定施工开始时间前到车站，经车站检查施工进场作业令、安全合格证（施工负责人项目）、临时出入证（外单位需办理）合格后，填写相关登记本请点，由车站确认条件满足后向行车调度员申报请点，行车调度员经过审核，确认条件满足后方可批准。车站值班员传达允许施工的命令，请点生效，可以施工。

（2）属于A类作业，但需多个车站进入施工的作业项目，施工负责人除到主站按上一条规定办理外，还需核实辅站情况。辅站施工责任人在作业令规定施工开始时间前到达辅站办理登记手续，辅站值班员检查施工进场作业令、安全合格证（施工负责人项目）、临时出入证（外单位需办理）合格后向主站值班员核实施工事项并请点，主站判断条件满足后报行车调度员请点，行车调度员批准施工，传达给施工负责人及辅站，辅站值班员允许施工责任人开始该作业点的施工。

（3）属于 B1、B2 类的作业，施工负责人到车辆段调度员处请点，车辆段调度员检查施工进场作业令、安全合格证（施工负责人项目）、临时出入证（外单位需办理）合格后方可批准；B3 类作业直接到车辆段调度员处登记作业（属于外单位的 B3 类作业，施工人员需持“外单位进场作业许可单”和临时出入证到车辆段调度员处登记作业）。经车辆段调度员同意，方可施工；车辆段内进行影响正线行车的作业，车辆段调度需报行车调度员，经行车调度员批准后，方可施工。

（4）属于 C1 类的作业，施工负责人持施工进场作业令、临时出入证（外单位需办理）到车站登记请点，经车站审核、批准后方可进行；属于 C2 类的直接到车站登记施工（外单位需持“外单位进场作业许可单”和临时出入证）。

（5）如遇作业区域同时包含正线和车辆段线路时，施工部门到车辆段调度员处请点，车辆段调度员在审核批准该项施工作业后，还须向行车调度员请点，征得同意后，方可允许施工部门开始施工。

（6）有外单位作业时，由指定的施工主办部门或主要配合部门人员协助办理请点后，方可开始作业。

（7）在作业请点站（主站）请点，各部门可使用《施工进场作业令》原件、复印件（含传真件），外单位必须使用施工进场作业令原件；辅站登记可用作业令复印件（或传真件）。

3. 销点规定

（1）A 类作业，施工作业地点仅一个站的，施工负责人在施工区域出清完毕后报车站，由车站向行车调度员销点。

（2）B、C 类作业施工完毕后，施工负责人负责施工区域出清后到车辆段或车站销点。

（3）属于作业区域同时包含正线和车辆段线路的施工销点时，施工负责人在施工区域出清完毕后，向车辆段销点，车辆段在办理销点手续时必须同时向行车调度员办理销点。

（4）当多站销点时，辅站施工责任人负责本段线路出清并报施工负责人后，在辅站销点；辅站值班员向主站值班员销点；施工负责人负责该项作业区域全部出清后，方可报主站值班员销点，主站值班员向行车调度员销点。

（5）需异地销点的施工作业，施工负责人（责任人）应在“车站施工登记表”备注栏中注明异地销点的地点、人数，登记进入施工的车站要及时通知异地销点的车站值班员。

（6）当施工作业只有一组人员进行作业，需异地销点的，销点的时间不得超过施工进场作业令中规定的结束时间，作业结束后，施工负责人向销点站登记销点，销点站经与施工负责人核对销点的施工内容、施工人数、地点全部无误后，记录施工负责人有效证件、姓名、作业令号码、作业人数等，并向请点站核对无误后，准予销点；销点站负责向行车调度员报告销点。

（7）当施工作业有多组人员进行，需异地销点的，销点的时间不得超过施工进场作业令中规定的结束时间，作业结束后，施工责任人负责本段线路出清报施工负责人，并在辅站销点，辅站值班员向主站登记的销点站值班员销点；施工负责人负责该项作业区域全部出清后统一向在主站登记的销点站登记销点，销点站经与施工负责人核对销点的施工内容、施工人数、地点全部无误后，记录施工负责人有效证件、姓名、施工进场作业令号码、作业人数等，并向请点站核对无误后，准予销点，销点站并负责向行车调度员报告销点。

## 四、施工安全管理

每项属于A类、B类、C类（B3、C2类除外）作业需设立1名施工负责人，辅站另设施工责任人，两者需经过培训后取得安全合格证（含施工负责人项目）并实行持证上岗制度。属于B3、C2类的作业，无须设立施工负责人，但必须指定1名人员负责施工及施工安全管理。

### 1. 施工防护

（1）接触网停电检修或需接触网停电挂地线等作业必须由具备接触网挂地线资质的人员负责在该作业地段两端挂接地线。

（2）内线路施工须由施工负责人在车站两端头轨道中央设置红闪灯防护。

（3）在站间线路施工时，除施工部门在距作业地点两端规定的安全距离外设置红闪灯防护外，车站还负责该施工地段两端车站的端墙门对应的轨道上设置红闪灯防护。施工前，由请点车站设置红闪灯，并通知作业区另一端车站值班员放置红闪灯防护。施工结束后，车站撤除红闪灯，并通知作业区另一端车站值班员撤除红闪灯。如施工作业区域跨越站内、站间，施工区域两端车站的防护信号应放在相关端墙门对应的轨道上（图7-19为施工人员现场设置防护红闪灯）。

图7-19　施工人员现场设置防护红闪灯

**【安全提示】**

为保证作业中的安全，各地铁均规定了红闪灯的设置距离。

（4）在折返线、存车线、联络线、安全线上施工时，由作业人员在作业区域可能来车方向处放置红闪灯防护。

（5）车站值班人员安排人员到站台检查相关端墙处红闪灯是否按规定摆放，并监督红闪灯状态，并对红闪灯的摆放、状态进行不定期检查。

（6）施工作业时除严格执行以上规定及相关安全防护规定外，须按施工部门的有关施工操作程序的防护规定执行。

（7）凡在运营时间内进行作业的，必须做好防护措施，确保地铁乘客的安全，最大限度减少对乘客的影响。

2. 施工安全

（1）人、工程车在同一区域作业时，由施工负责人与车长根据现场情况协调。

①按施工前进方向，列车在前，人员在后，原则上顺序不得颠倒或列车运行前后皆有作业。

②非随车施工人员与列车应有 50 m 以上的安全间隔距离，原则上列车不得后退，如需后退，需施工负责人和车长协商后才能动车确保人身安全。

③作业人员应在自己现场作业区来车方向设置红闪灯防护。

（2）开行工程车、调试列车的有关防护。

①组织工程车运行时，在工程车运行的到达站前方，必须保证至少有一个站间区间空闲；

②在开行工程车进行作业的封锁作业区域前后方，必须保证至少有一个站台区或站间区间空闲；

③在开行高速调试列车的封锁作业区域前后方，必须保证至少有一个站间区间空闲；

④凡进入线路施工的施工作业人员必须按要求穿荧光衣，并根据作业性质及作业要求使用其他安全防护用品；

⑤施工作业过程中如要进行动火作业，必须办理动火令，严禁在无动火令的情况下进行动火作业；

⑥外单位施工由主办部门或主配合部门负责安全管理、安全监督；

⑦各施工单位、部门在申报施工计划时应严格按照相关规定，结合施工作业过程中的实际情况，提出安全防护要求和配合要求。在施工作业过程中，施工单位、部门应严格遵守以上安全规定和施工进场作业令中的要求。

## 五、车站人员工作职责

（1）负责查验施工作业人员和施工负责人 / 责任人的相关证件；

（2）负责办理施工作业登记申请和销点手续；

（3）负责在站台端墙处线路设置和撤销区间作业的施工防护；

（4）负责为下线路施工作业人员开启屏蔽门端墙门，并将施工作业人员带到相应的端墙门；

（5）负责监督施工负责人和配合人员清点进出作业区域的施工作业人员；

（6）负责监督车站施工作业安全；

（7）负责与施工负责人、配合人员确认施工区域线路出清。

## 六、运营时间内特殊情况的施工规定

1. 正线、辅助线发生各类设备故障或事故需封锁区间抢修的规定

1）抢修程序

（1）由行车调度员负责组织故障情况下的行车，根据维调要求组织相关问题的处理；

（2）行车调度员向相关车站发布封锁线路的命令，并通知车站允许施工人员进入线路，需要时通知电调停电；

（3）维调得到行车调度员的封锁命令号码、范围和时间后，负责组织封锁区间内的设备抢修工作并指定一名施工负责人为现场指挥；

（4）抢修完毕，现场指挥确认线路出清后报维调，维调在“值班主任事故 / 事件处理记录表”上签认恢复行车时间，该封锁区间交回行车调度员解封，行车调度员组织列车运行；

（5）列车或车辆在线路上的起复救援工作按相关应急处理程序的有关规定执行。

2）进入封锁区间的要求

抢修、救援人员进出已交由维调控制、封锁的区间应使用无线电话（如无法联络时经车站）向维调申请，得到维调批准后进入封锁的区间。

2. 运营时间正线、辅助线发生各类设备故障需短时间进行临时抢修的规定

行车调度员按照“先通后复”的原则根据运营实际情况及时安排抢修作业。

（1）进入站台或站台附近区段的作业。

（2）检修人员到车控室办理临时登记手续后（特殊情况下经行车调度员同意可不办理登记手续），到站台待令，车站报行车调度员抢修人员已到位。

（3）行车调度员扣停列车后及时通知车站抢修作业内容，具备抢修条件（图 7-20 为运营期间抢修屏蔽门故障）。

（4）车站得到行车调度员准许后，允许抢修人员进入抢修区间，车站应监督抢修人员进入正确的区域。

（5）施工负责人在来车方向设置红闪灯后开始组织作业。

（6）维修期间严禁运行列车进入抢修的区间或站台区域。

图 7-20　运营期间抢修屏蔽门故障

（7）特殊情况在有安全地带避让列车的轨行区进行抢修作业时，需征得值班主任同意。抢修单位应在车控室安排胜任的联络防护员，现场抢修人员要及时避让列车，注意作业安全。

（8）抢修人员抢修结束、出清线路、恢复运营条件后，及时向车站销点，车站向行车调度员报线路已出清，行车调度员组织列车开始运行。

（9）抢修人员应及时到车控室补办相关手续。

【任务实施】

车站办理 A1 类作业请销点的工作程序如下。

①核对施工计划。

②检查施工负责人的施工进场作业令及身份证明等相关证件。

③身份证明、施工作业令内容核对无误后，进行施工请点登记，核实施工作业人数，如果是异地销点的，则注明销点车站 B，施工开始前要告知销点站 B。

④向行调请点，得到同意后，安排人员打开端墙门、按要求设置防护，准予其施工作业。

⑤施工结束后，施工负责人清点人数，出清线路，撤除防护措施，到车控室办理销点手续。

⑥值班员核实施工人员是否出清，施工防护是否撤除，安排人员撤除车站防护，值班员核实无误后，向行调申请销点；如果施工人员在另外的 B 站销点，则由 B 站人员核实施工作业人员是否出清，B 站向请点站报告施工出清情况，请点站确认无误后再向行调销点。

⑦值班员销点后通知保安人员，开出入口门送施工人员出站。

【效果评价】

效果评价见表 7-6。

**表 7-6 评价表**

| | | | |
|---|---|---|---|
| 项目名称 | 城市轨道交通车站运作管理 | 学生姓名 | |
| 任务名称 | 任务 4 城市轨道交通车站施工管理 | 分数 | |
| 项目 | | 分值 | 考核得分 |
| 1. 是否有小组计划 | | 5 | |
| 2. 施工计划分类的认知情况 | | 20 | |
| 3. 车站施工安全管理的掌握情况 | | 30 | |
| 4. 车站请销点作业程序的掌握情况 | | 30 | |
| 5. 编制学习汇报报告情况 | | 10 | |
| 6. 基本素养考核情况 | | 5 | |
| 总体得分 | | | |
| 教师简要评语：<br><br>教师签名： | | | |

【复习思考题】

1. 边门使用规定有哪些？免费乘车的乘客在车站应办理的手续是什么？

2. 司机发现乘客物品掉落入轨行区时应如何处理？

3. 简述车票及现金的运作流程。

4. 电话闭塞法行车时车站行车方面的重点工作有哪些？

5. 施工人员到站施工时请销点程序如何办理？

6. 为保证安全，施工安全防护方面有哪些规定？

# 项目八　城市轨道交通网络化客运组织管理

## 知识点

1. 线网联控的基本概念。
2. 单线级的客流有效分配。
3. 线网级的客流有效分配。
4. 同源系数的计算。
5. 邻线同源系数。

## 技能目标

1. 掌握计算辅控站需控制的总换乘人数。
2. 掌握组团线、网控实施效果分析

## 任务一　线网大客流的有效分配

当车站出现大客流时，车站可通过采取单站级的客流控制措施减缓乘客进站的速度，但车站实施客流控制的强度取决于列车在本站所允许上车的人数。若列车在本站所剩余的列车运能足够，则无须启动客流控制，反之则需启动单站级客流控制。当线路出现大客流，线路前方车站客流不断积累，导致列车到达本站的满载率过大，所允许上车的人数过少时，启动本站的单站级客流控制无法增加列车本站可上车的人数，仅能无限延长乘客进站时间，乘客乘车需求无法得到满足。为提高列车在本站允许上车的人数，必须将允许进站的客流量在前方车站进行分配，通过客流控制达到限值要求，保证列车到达大客流车站时有足够的剩余运能，满足本站的客流疏导需求。

同时，对于换乘站，除进站客流外，换乘客流也是车站客流组成的重要部分。随着轨道交通线路的增加，网络化运营成为必然。线网格局下，客流量不断上升，而不同线路的转换必须经过换乘站进行换乘，换乘站的换乘客流压力与日俱增。在换乘站，单站级客流控制仅能减缓进站客流对车站的冲击，而不能对换乘客流进入本站的速度进行控制，因此要通过计算得出邻线不能换乘的客流量，并将其在邻线车站进行分配，仅允许合理范围内的换乘客流进入本站，保证换乘客流组织安全有序。

总而言之，线网大客流情况下，单站的客流控制无法解决线网大客流顺畅疏导的需要，需通过对线网各车站实施有组织的客流分配，多站共同配合完成客流疏导。本章主要介绍如何通过控制本线前方车站的进站客流增加列车剩余运能，及控制邻线车站进站客流以减少换乘客流，此两种方式即为线网联控。

## 一、线网联控的基本概念

线网联控是指大客流车站在启动单站级客流控制后，客流压力无法缓解时，通过线网其他车站的客流控制缓解大客流车站的客流压力（图 8-1）。为便于说明，引入线网联控的相关概念。

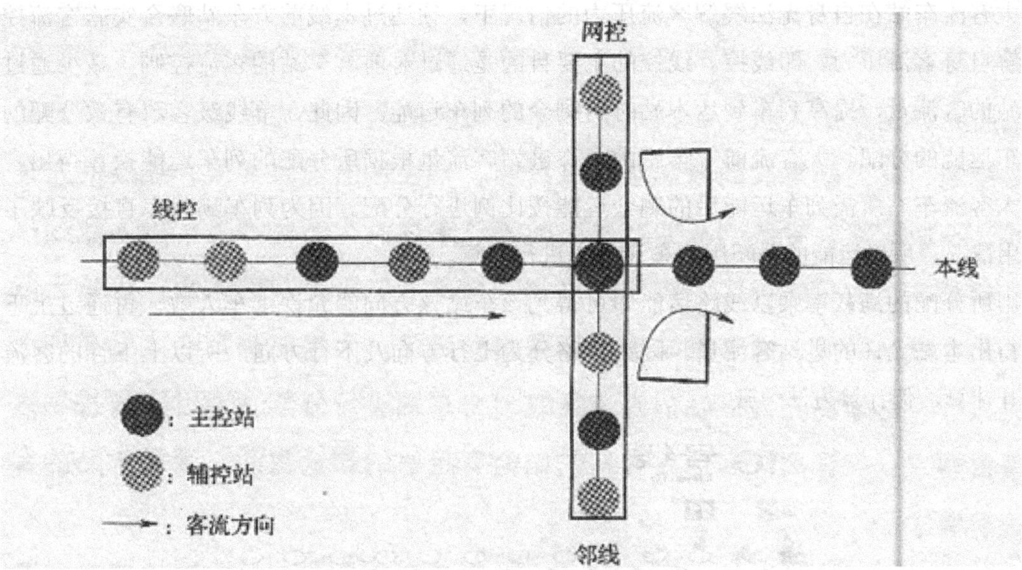


图 8-1 主控站、辅控站示意图

1. 主控站

主控站为大客流车站或连续几个高满载率区段中最高满载率的车站，若启动本站的客流控制措施后无法缓解客流压力，需通过本线或者邻线其他车站实施客流控制配合客流疏导（见图 8-1）。

2. 辅控站

辅控站是配合主控站实施客流控制的本线或邻线车站。

3. 单线级客流联控模式（线控）

单线级客流联控模式（线控）即主控站出现大客流，本线辅控站采取客流控制措施限制进站乘客人数，缓解主控站或高满载率区段客流压力的客运组织方式。

4. 线网级客流联控模式（网控）

线网级客流联控模式（网控）即主控站大客流实施单线级客流联控后，无法缓解客流压力，通过邻线辅控站采取客流控制措施限制进站乘客人数，缓解主控站客流压力的客运组织方式。

在大客流情况下，开展线网联控以优先满足主控站的客流疏导、缓解高满载率区段的客流压力为原则。当主控站本站出现大客流或连续多个区段满载率偏高时，先实施本线线控，通过本线辅控站的客流控制缓解客流压力；当客流压力无法缓解时，再实施网控，邻线辅控站实施客流控制缓解换乘客流对主控站的冲击。

## 二、单线级客流有效分配

单线级客流有效分配指通过比较选取本线辅控站限制进站客流，降低通过主控站的客流量，缓解主控站的客流压力。按照单线级客流有效分配的方式实施的客流控制即为线控。下面对单线级客流有效分配的方法进行介绍。

1. 单线级客流有效分配的实施方法（图 8-2）

大客流车站在自身无法缓解客流压力的情况下，须通过本线前方车站联合实施客流控制，以缓解自身客流压力，即线控。线控的主要目的是通过对前方车站的客流控制，减少通过大客流车站的客流量，提高列车到达本站时所剩余的列车运能。因此，单线级客流有效分配的本质是列车运能的分配。大客流前方车站的允许进站客流量根据所分配的列车运能换算得出，即将扣除大客流车站所需列车运能后的剩余运能按比例进行分配。因为列车满载率直接反映了运能的利用情况，所以运能的分配用列车满载率进行计算。

用所分配的满载率乘以线路运能即可得到该车站该方向的允许上车人数，再通过上下行客流比得出本站允许的进站客流量。因为线路分为上行方向及下行方向，所以上下行的客流分配须分开计算，但计算方法一致。

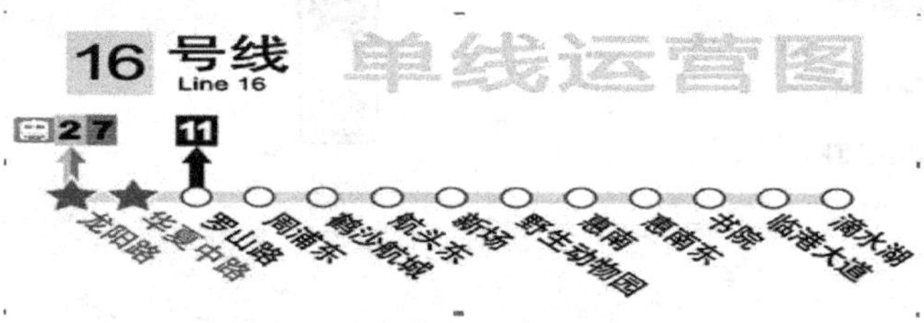


图 8-2 单线级客流分配

1）通过 OD 客流量选取辅控站

当大客流车站（主控站）出现大客流自身无法缓解时，需限制前方车站 1 至车站 $i$-1 的进站客流，减少通过主控站的客流量。此时，从车站 1 至车站 $i$-1 中选择进站客流对主控站影响较大的车站作为辅控站，可从 OD 客流量判断影响程度。

OD 客流量的定义为：O—ORIGIN 起点，D—DESTINATION 终点，OD 量即从某一个站进站，再从某一个站出站的客流量。如表 8-1 中的 $X_{(2,\ i+1)}$ 表示在车站 2 进站越过大客流车站 $i$ 后在车站 $i$+1 出站的客流量。通过判断前方各车站越过大客流车站的 OD 客流的大小选取辅控站。

**表 8-1 大客流时段单位时间车站某方向 OD 客流数据表**

| O \ D | 车站 $i$+1 | 车站 $i$+2 | 车站 $i$+3 | 车站 $i$+4 | … | 车站 $i$+$n$ | 总计 |
|---|---|---|---|---|---|---|---|
| 车站 1 | $X_{(1,\ i+1)}$ | $X_{(1,\ i+2)}$ | $X_{(1,\ i+3)}$ | $X_{(1,\ i+4)}$ | … | $X_{(1,\ i+n)}$ | $A_1$ |
| 车站 2 | $X_{(2,\ i+1)}$ | $X_{(2,\ i+2)}$ | $X_{(2,\ i+3)}$ | $X_{(2,\ i+4)}$ | … | $X_{(2,\ i+n)}$ | $A_2$ |
| 车站 3 | $X_{(3,\ i+1)}$ | $X_{(3,\ i+2)}$ | $X_{(3,\ i+3)}$ | $X_{(3,\ i+4)}$ | … | $X_{(3,\ i+n)}$ | $A_3$ |
| 车站 4 | $X_{(4,\ i+1)}$ | $X_{(4,\ i+2)}$ | $X_{(4,\ i+3)}$ | $X_{(4,\ i+4)}$ | … | $X_{(4,\ i+n)}$ | $A_4$ |
| 车站 5 | $X_{(5,\ i+1)}$ | $X_{(5,\ i+2)}$ | $X_{(5,\ i+3)}$ | $X_{(5,\ i+4)}$ | … | $X_{(5,\ i+n)}$ | $A_5$ |
| … | … | … | … | … | … | … | … |
| 车站 $i$-1 | $X_{(i-1,\ i+1)}$ | $X_{(i-1,\ i+2)}$ | $X_{(i-1,\ i+3)}$ | $X_{(i-1,\ i+4)}$ | … | $X_{(i-1,\ i+n)}$ | $A_{i-1}$ |

若 $A_2 > A_4 > A_5 > A_1 > A_3 > \cdots > A_n$，则选取前三位车站即 $A_2$、$A_4$、$A_5$ 作为辅控站（辅控站数量可由实际情况决定）。

2）计算辅控站需控制的满载率

单线级客流分配的本质是列车运能的分配，即通过辅控站限制进站客流降低列车满载率。由于前方车站仅选取部分站点作为辅控站，非辅控车站对列车满载率降低不起作用，且主控站之后的车站需预留一定的列车冗余，因此需计算辅控站需控制的满载率。

根据表 8-2，主控站所需的列车容量 $R=D_i-D_{i-1}$。因需要给主控站后方车站预留列车容量 $a$（可根据实际情况确定），假定列车最大满载率为 120%，因此，列车到达主控站时列车满载率

$$M=120\%-R-a。$$

车站 1 的客流将满载率提高 $D_1$，车站 3 的客流将满载率提高 $D_3-D_2$，车站 $i$-1 的客流将满载率提高 $D_{i-1}-D_{i-2}$，将此数据相加即为非辅控站所需的满载率数值 $M_{非辅控站}$，因此，辅控站需控制满载率在 $M_{辅控站}$之内。

$$M_{辅控站}=M-M_{非辅控站}。$$

**表 8-2 某线路某方向单位时间断面客流量及满载率情况**

| 断面起始站点 | 断面结束站点 | 断面客流量 | 满载率 | 满载率变化 |
|---|---|---|---|---|
| 车站 1 | 车站 2 | $C_1$ | $D_1$ | $D_1$ |
| 车站 2 | 车站 3 | $C_2$ | $D_2$ | $D_2-D_1$ |
| 车站 3 | 车站 4 | $C_3$ | $D_3$ | $D_3-D_2$ |
| 车站 4 | 车站 5 | $C_4$ | $D_4$ | $D_4-D_3$ |
| 车站 5 | 车站 6 | $C_5$ | $D_5$ | $D_5-D_4$ |
| … | … | … | … | … |
| 车站 $i$-1 | 车站 $i$（主控站） | $C_{i-1}$ | $D_{i-1}$ | $D_{i-1}-D_{i-2}$ |
| 车站 $i$（主控站） | 车站 $i$+1 | $C_i$ | $D_i$ | $D_i-D_{i-1}$ |

3）计算辅控站单位时间限流值

辅控站需控制的满载率按照各辅控站越过主控站 OD 客流量的比例进行分配，根据线路运能即可计算出该方向单位时间的允许上车人数，通过上下行客流之比计算出另一方向的允许上车人数，继而得出各辅控站的限流值。

以辅控车站 2 为例，则设车站 2 上行 15 min 可进站人数为 $K_1$，下行为 $K_2$，15 min 限流值为 $K$。

车站 2 所分配的满载率 $M_{辅控站2}=M_{辅控站}\times A_2/(A_2+A_4+A_5)$

车站 2 上行 15 min 可上车的人数 $K_1$= 运能 $\times M_{辅控站2}$

设 $K_1:K_2=Y$（经验值）

则 $K_2=K_1/Y$

因此，辅控车站 2 的单位时间限流值为

$$K=K_1+K_2$$

2. 实例：广州地铁 1 号线（见图 8-3）公园前站上行线控

1）通过 OD 客流选取辅控站

广州地铁 1 号线线路图如图 8-3 所示，某时段西朗—农讲所 OD 客流量见表 8-3。

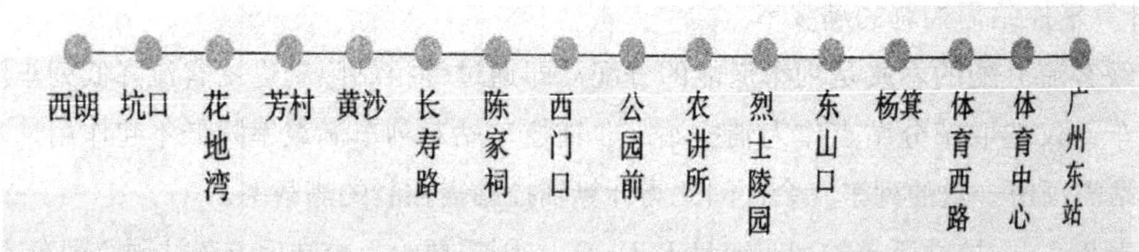


图 8-3 1 号线线路图

通过比较早高峰的 OD 客流量，选取单位时间内西朗—西门口区段进站到农讲所—广州东站出站的最大 OD 客流量进行辅控站限流值计算。

**表 8-3 2015 年 4 月 27 日 8：15—8：30 西朗—农讲所 OD 客流量**

人次

| O \ D | 农讲所 | 烈士陵园 | 东山口 | 杨箕 | 体育西路 | 体育中心 | 广州东站 | 总计 |
|---|---|---|---|---|---|---|---|---|
| 西朗 | 35 | 39 | 11 | 17 | 10 | 28 | 23 | 163 |
| 坑口 | 81 | 78 | 31 | 38 | 33 | 59 | 35 | 355 |
| 花地湾 | 46 | 45 | 20 | 26 | 11 | 37 | 13 | 198 |
| 芳村 | 110 | 93 | 28 | 46 | 50 | 71 | 44 | 442 |
| 黄沙 | 11 | 21 | 9 | 11 | 7 | 18 | 10 | 87 |
| 长寿路 | 41 | 45 | 17 | 27 | 31 | 40 | 26 | 227 |
| 陈家祠 | 59 | 72 | 27 | 37 | 59 | 67 | 43 | 364 |
| 西门口 | 29 | 53 | 19 | 29 | 45 | 83 | 45 | 303 |
| 公元前 | 10 | 37 | 19 | 8 | 25 | 45 | 16 | 160 |
| 农讲所 | 1 | 11 | 20 | 33 | 36 | 67 | 48 | 216 |

由表 8-3 可知，1 号线上行进站且通过公园前的客流量前五的车站为芳村、陈家祠、坑口、西门口、长寿路，这些即为 1 号线公园前上行线控辅控站。

2）计算上行区段满载率，得到公园前所需的列车容量

西朗—农讲所断面客流量及满载率情况见表 8-4。

**表 8-4 西朗—农讲所断面客流量及满载率情况**

| 断面起始站点 | 断面结束站点 | 8:15—8:30<br>断面客流量 / 人 | 满载率 | 满载率变化 |
|---|---|---|---|---|
| 西朗 | 坑口 | 2 658 | 27.95% | 27.95% |
| 坑口 | 花地湾 | 4 300 | 45.21% | 17.26% |
| 花地湾 | 芳村 | 5 098 | 53.60% | 8.39% |
| 芳村 | 黄沙 | 6 481 | 68.14% | 14.54% |
| 黄沙 | 长寿路 | 6 437 | 67.68% | -0.46% |
| 长寿路 | 陈家祠 | 7 070 | 74.33% | 6.66% |
| 陈家祠 | 西门口 | 9 268 | 97.45% | 23.11% |
| 西门口 | 公元前 | 7 964 | 83.73% | -13.71% |
| 公元前 | 农讲所 | 9 798 | 103.02% | 19.29% |

1 号线公园前站上行所需列车容量 $R$=103.02%-83.73%=19.29%，即公园前站所需的满载率为

19.29%。

因要给公园前之后的车站留一定的列车容量（20%），故上行列车行驶到公园前站时需有 39.29% 的容量冗余。列车最大满载率以 120% 进行计算，则列车到达公园前时满载率需低于 80.71%。

3）计算辅控站 15 min 限流值

按照上表 8-4，西朗上车人数将满载率提高 27.95%，花地湾上车人数将满载率提高 8.39%，黄沙站开出后满载率降低 0.46%，则此三个非辅控站对满载率提高的影响总和为 38.88%。因此，坑口、芳村、长寿路、陈家祠、西门口需将列车的满载率控制在 41.83% 以内，方能保证公园前站满载率低于 80.71%。

根据坑口、芳村、长寿路、陈家祠、西门口各站越过公园前的 OD 客流量分别为 355 人、442 人、227 人、364 人、303 人，带入上文公式（8-1），可得：

坑口站需控制的满载率 =41.83%×355/（355+442+227+364+303）=8.78%

芳村站需控制的满载率 =41.83%×442/（355+442+227+364+303）=10.93%

长寿路站需控制的满载率 =41.83%×227/（355+442+227+364+303）=5.62%

陈家祠站需控制的满载率 = 41.83%×364/（355+442+227+364+303）=9.00%

西门口站需控制的满载率 =41.83%×303/（355+442+227+364+303）=7.50%

1 号线 15 min 运能为 9 511 人，因此上行方向可进站的人数为：

坑口站上行方向可进站人数 =9 511×8.78%=835 人

芳村站上行方向可进站人数 =9 511×10.93%=1 040 人

长寿路站上行方向可进站人数 =9 511×5.62%=535 人

陈家祠站上行方向可进站人数 =9 511×9.00%=856 人

西门口站上行方向可进站人数 =9 511×7.50%=713 人

根据各辅控站上下行客流之比，可得出各辅控站的 15 min 限流值（见表 8-5）。

**表 8-5 1 号线线控辅控站 15 min 限流值**

人

| 辅控站 | 15 min 限流值 | 调整后 15 min 限流值 |
|---|---|---|
| 坑口 | 1 002 | 1 000 |
| 芳村 | 1 248 | 1 200 |
| 长寿路 | 713 | 700 |
| 陈家祠 | 1 046 | 1 000 |
| 西门口 | 842 | 800 |

注：为便于车站操作，将限流值进行调整。

## 三、线网级的客流有效分配

单站级客流控制及单线级客流分配目的在于均衡进站客流，但对于换乘站，除进站客流外还包括换乘客流。单线级的客流分配无法对邻线的换乘客流起到限制作用，而单站级的客流控制方式仅能缓解换乘客流在站内的流速，无法减少邻线源源不断的换乘客流量。此时，需根据本线的客流压力限制邻线的换乘客流，并将此限制要求在邻线车站进行分配，即线网级的客流有效分配。根据线网级客流有效分配方案实施的客流控制即为网控。

目前各线客流潮汐特点显著，因此线网级的客流有效分配可根据早、晚高峰分别制定分配方案。

### 1. 线网级客流分配的实施方法

线网级客流分配（图 8-4）的主要目的是降低邻线车站对主控站的客流影响。分配时首先选取实施客流分配的邻线车站，并根据本线的运能情况设定邻线不能上车的换乘客流量。将这些客流量按邻线各站通过大客流车站的换乘客流量比例进行分配，最后根据各站换乘客流量与进站客流量的比例计算出邻线各站所分配的进站客流值。图 8-4 为线网级客流分配示意图。

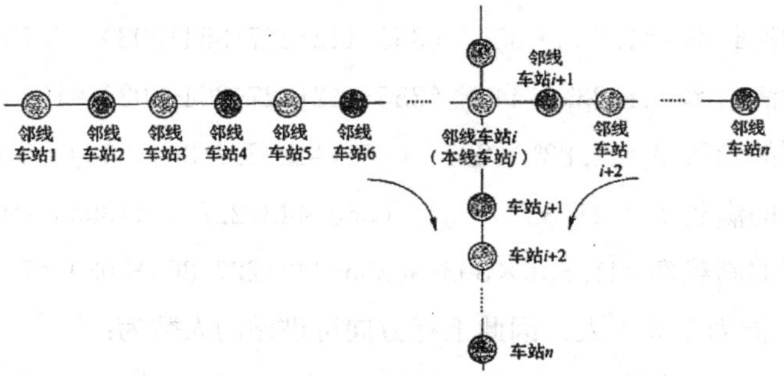


图 8-4 线网级客流分配示意图

1）通过 OD 客流量选取邻线辅控站

邻线对主控站的影响体现在换乘客流，因此对邻线高峰时段单位时间内换乘进入本线的 OD 客流量（表 8-6）进行分析，判断邻线各车站进站并通过主控站某方向的客流量，从而选取出辅控站。邻线换乘至某线某方向的 OD 客流量见表 8-6。

**表 8-6 邻线换乘至某线某方向的 OD 客流量**

| O \ D | 车站 $j$+1 | 车站 $j$+2 | 车站 $j$+3 | 车站 $j$+4 | … | 车站 $n$ | 总计 | 总进站量 |
|---|---|---|---|---|---|---|---|---|
| 邻线车站 1 | $X_{(1,\ j+1)}$ | $X_{(1,\ j+2)}$ | $X_{(1,\ j+3)}$ | $X_{(1,\ j+4)}$ | … | $X_{(1,\ n)}$ | $A_1$ | $B_1$ |
| 邻线车站 2 | $X_{(2,\ j+1)}$ | $X_{(2,\ j+2)}$ | $X_{(2,\ j+3)}$ | $X_{(2,\ j+4)}$ | … | $X_{(2,\ n)}$ | $A_2$ | $B_2$ |
| 邻线车站 3 | $X_{(3,\ j+1)}$ | $X_{(3,\ j+2)}$ | $X_{(3,\ j+3)}$ | $X_{(3,\ j+4)}$ | … | $X_{(3,\ n)}$ | $A_3$ | $B_3$ |
| 邻线车站 4 | $X_{(4,\ j+1)}$ | $X_{(4,\ j+2)}$ | $X_{(4,\ j+3)}$ | $X_{(4,\ j+4)}$ | … | $X_{(4,\ n)}$ | $A_4$ | $B_4$ |
| 邻线车站 5 | $X_{(5,\ j+1)}$ | $X_{(5,\ j+2)}$ | $X_{(5,\ j+3)}$ | $X_{(5,\ j+4)}$ | … | $X_{(5,\ n)}$ | $A_5$ | $B_5$ |
| … | … | … | … | … | … | … | … | … |
| 邻线车站 $i$ | $X_{(i,\ j+1)}$ | $X_{(i,\ j+2)}$ | $X_{(i,\ j+3)}$ | $X_{(i,\ j+4)}$ | … | $X_{(i,\ n)}$ | $A_i$ | $B_i$ |
| … | … | … | … | … | … | … | … | … |
| 邻线车站 $n$ | $X_{(n,\ j+1)}$ | $X_{(n,\ j+2)}$ | $X_{(n,\ j+3)}$ | $X_{(n,\ j+4)}$ | … | $X_{(n,\ n)}$ | $A_n$ | $B_n$ |

若 $A_2 > A_4 > A_5 > A_1 > A_3 > \cdots > A_n$，则选取前三位车站即邻线车站 2、邻线车站 4、邻线车站 5 作为辅控站（辅控站数量可由实际情况决定）。

2）计算辅控站需控制的总换乘人数

与单线级客流分配的计算不同，线网级客流分配不通过满载率分配进行计算，而是按照现场需要来限制换乘的客流量。需控制的换乘客流按照控制运能的 $a\%$ 计算，本线上行 15 min 早高峰运能为 $y$，即需控制邻线换乘至本线某方向的上行不能上车的客流为 $C=a\%\times y$，此数值需通过控制所选取的辅控站进站客流达到。

3）计算各辅控站需控制的换乘人数

将邻线需控制的换乘客流量按照各辅控站换乘客流的比例进行分配。各辅控站通过主控站换乘至某方向的人数为 $A_2$、$A_4$、$A_5$，总进站人数分别为 $B_2$、$B_4$、$B_5$，则：

邻线车站 2 需控制的换乘人数 $H_{辅控站2}=CA_2\ /(A_2+A_4+A_5)$

邻线车站 4 需控制的换乘人数 $H_{辅控站4}=CA_4\ /(A_2+A_4+A_5)$

邻线车站 5 需控制的换乘人数 $H_{辅控站5}=CA_5\ /(A_2+A_4+A_5)$

4）计算辅控站需控制的总人数

根据辅控站的换乘客流占辅控站进站客流的比例，通过辅控站需控制的换乘人数推算出辅控站需控制的总人数。

辅控站换乘人数占总进站人数的比例 $D$= 辅控站换乘人数 / 辅控站总进站人数

邻线车站 2 需控制的总人数 $K_{辅控站2}=H_{辅控站2}\ /D$

邻线车站 4 需控制的总人数 $K_{辅控站4}=H_{辅控站4}/D$

邻线车站 5 需控制的总人数 $K_{辅控站5}=H_{辅控站5}/D$

5）计算辅控站单位时间限流值

得出辅控站需控制的总人数后，在辅控站进站客流量中扣除需控制的总人数即为单位时间限流值。

邻线车站 2 限流值 $X_{辅控站}2=A_2-K_{辅控站2}\ /D$

邻线车站 4 限流值 $X_{辅控站}4=A_4-K_{辅控站4}/D$

邻线车站 5 限流值 $X_{辅控站}5=A_5-K_{辅控站5}/D$

2. 实例：广州地铁 1 号线公园前站上行网控计算

当 1 号线公园前站上行出现大客流，启动线控后客流压力无法缓解时，需启动网控，对 2 号线（见图 8-5）换乘 1 号线客流进行控制，缓解公园前站的客流压力。广州地铁 1 号线路如图 8-5 所示。

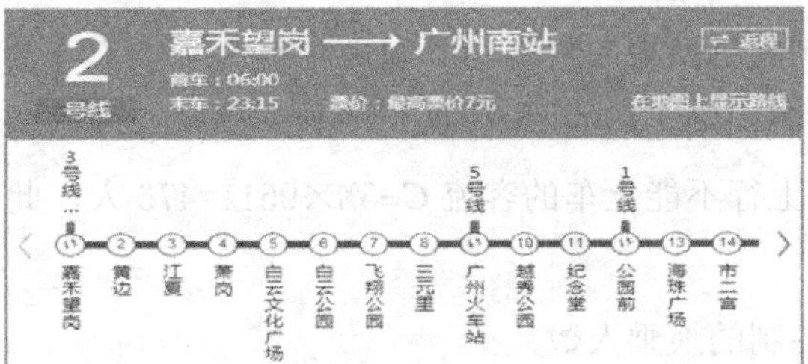


图 8-5　2 号线线路图

1）通过 OD 客流量（见图 8-7），选取网控的辅控站。

高峰期 2 号线换乘 1 号线的 OD 客流量见表 8-7。

**表 8-7 高峰期 2 号线换乘 1 号线的 OD 客流量**

| D / O | 农讲所 | 烈士陵园 | 东山口 | 杨箕 | 体育西路 | 体育中心 | 广州东站 | 通过公园前站换乘至 1 号线上行的进站人数 | 线网合计 |
|---|---|---|---|---|---|---|---|---|---|
| 嘉禾望岗 | 21 | 38 | 7 | 14 | 23 | 27 | 48 | 178 | 2 323 |
| 黄边 | 29 | 33 | 8 | 2 | 6 | 12 | 10 | 100 | 1 115 |
| 江夏 | 35 | 38 | 14 | 10 | 9 | 24 | 6 | 136 | 2 358 |
| 萧岗 | 2 | 4 | 1 | 1 | 0 | 1 | 3 | 12 | 143 |
| 白云文化广场 | 10 | 19 | 5 | 3 | 10 | 14 | 5 | 66 | 895 |
| 白云公园 | 12 | 15 | 2 | 2 | 7 | 7 | 5 | 50 | 752 |
| 飞翔公园 | 6 | 12 | 2 | 2 | 8 | 25 | 3 | 58 | 603 |
| 三元里 | 35 | 51 | 13 | 14 | 15 | 31 | 30 | 189 | 2 132 |
| 广州火车站 | 17 | 48 | 8 | 6 | 1 | 2 | 15 | 97 | 1 085 |
| 越秀公园 | 18 | 30 | 5 | 5 | 12 | 24 | 8 | 102 | 679 |
| 纪念堂 | 4 | 10 | 8 | 2 | 4 | 8 | 8 | 44 | 423 |
| 公园前 | 0 | 0 | 0 | 0 | 0 | 0 | 0 | 0 | 245 |
| 海珠广场 | 4 | 7 | 0 | 3 | 10 | 9 | 8 | 41 | 341 |
| 市二宫 | 29 | 31 | 11 | 17 | 39 | 52 | 36 | 215 | 1 475 |
| 江南西 | 30 | 36 | 21 | 24 | 43 | 73 | 43 | 270 | 1 748 |
| 昌岗 | 25 | 31 | 8 | 15 | 20 | 28 | 19 | 146 | 1 560 |
| 江泰路 | 39 | 41 | 14 | 16 | 27 | 33 | 41 | 211 | 1 510 |
| 东晓南 | 47 | 36 | 16 | 16 | 27 | 39 | 31 | 212 | 1 923 |
| 南洲 | 6 | 9 | 4 | 3 | 6 | 12 | 3 | 43 | 649 |
| 洛溪 | 29 | 38 | 10 | 9 | 10 | 22 | 12 | 130 | 1 894 |
| 南浦 | 20 | 27 | 7 | 21 | 14 | 24 | 8 | 121 | 1 249 |
| 会江 | 4 | 3 | 1 | 2 | 0 | 2 | 1 | 13 | 218 |
| 石壁 | 1 | 5 | 0 | 1 | 0 | 1 | 2 | 10 | 64 |

根据表 8-7，江南西、市二宫、东晓南、江泰路、三元里五站进站客流量在公园前换乘 1 号线上行方向的客流量位居前位，故选为网控的辅控站。

2）计算辅控站需控制的总换乘人数

需控制的换乘客流按照控制运能的 5% 计算，1 号线上行 15 min 早高峰运能为 9 511 人，即需控制二换一到公园前站上行不能上车的客流 $C$=5%×9511=476 人，此数值需通过控制所选取的辅控站进站客流达到。

3）计算各辅控站需控制的换乘人数

江南西、市二宫、东晓南、江泰路、三元里车站通过公园前站换乘至 1 号线上行的人数分别为 270 人、215 人、212 人、211 人、189 人；总进站人数分别为 1 748 人、1 475 人、1 923 人、

1510 人、2132 人。

江南西站需控制的换乘人数 = 476×[270/（270+215+212+211+189）] =117 人

市二宫站需控制的换乘人数 = 476×[215/（270+215+212+211+189）]=93 人

东晓南站需控制的换乘人数 = 476×[212/（270+215+212+211+189）]=92 人

江泰路站需控制的换乘人数 = 476×[211/（270+215+212+211+189）]=92 人

三元里站需控制的换乘人数 = 476×[189/（270+215+212+211+189）]= 82 人

4）计算辅控站需控制的总人数

江南西站需控制的总人数 =117/（270/1 748）=757 人

市二宫站需控制的总人数 =93/（215/1 475）=638 人

东晓南站需控制的总人数 =92/（212/1 923）=835 人

江泰路站需控制的总人数 =92/（211/1 510）=658 人

三元里站需控制的总人数 =82/（189/2 132）=925 人

5）计算辅控站 15 min 限流值

江南西站限流值 =1 748-757=991 人

市二宫站限流值 =1 475-638=837 人

东晓南站限流值 =1 923-835=1 088 人

江泰路站限流值 =1 510-658=852 人

三元里站限流值 =2 132-925=1207 人

为便于车站记忆及操作，将上述限流值进行调整，详见表 8-8。

**表 8-8 1 号线上行网控辅控站 15 min 进站量及限流值**

| 辅控站 | 调整前 15 min 限流值 | 调整后 15 min 限流值 |
|---|---|---|
| 江南西 | 991 | 1 000 |
| 市二宫 | 837 | 850 |
| 东晓南 | 1 088 | 1 100 |
| 江泰路 | 852 | 900 |
| 三元里 | 1 207 | 1 200 |

## 任务二 多站连续换乘的组团联控

线网联控方案是以一个换乘站为主体进行辅控站的选取及限流值的计算，但轨道交通处于快速发展期，网络化运营成为轨道交通发展的必然趋势，目前，北京共开通 18 条地铁线路，上海地铁共开通 16 条地铁线路，广州地铁共开通 13 条线路，多条线路相连出现了多个换乘站，部分线路出现了连续换乘站的情形。与单个换乘站相比，相邻的连续换乘站中客流对车站影响的复杂程度大大增加，面对新的线网格局，研究多站连续换乘的客运组织越发重要。

### 一、连续换乘站组团联控研究的意义

换乘站担负着线网大量换乘客流的集散、中转功能，是地铁网络的重要节点。大线网格局

下将出现换乘站连续的情况，以广州地铁为例，线网共有换乘站 26 个，共有 7 组两个及以上换乘站相连的情况。广州地铁线网连续换乘站示意图如图 8-6 所示。

连续换乘站中的车站除受本站所在两条线路客流量的影响，同时也受前方换乘站客流注入的影响。对连续换乘站而言，影响较大的客流为连续通过相邻换乘站的客流，可通过同源系数说明该部分客流对连续换乘车站的影响程度。连续换乘站组团统计见表 8-9。

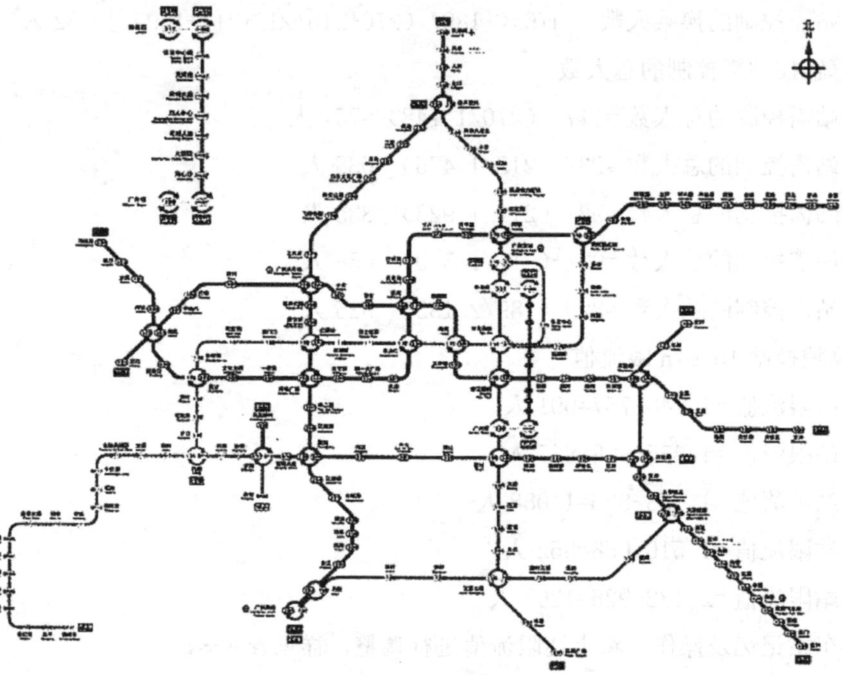

图 8-6 广州地铁线网连续换乘站示意图

**表 8-9 连续换乘站组团统计表**

| 组团属性 | 组团 |
|---|---|
| 连续两站 | 1. 海珠广场 — 公园路 |
| | 2. 体育西路 — 珠江新城 |
| | 3. 燕塘 — 广州西站 |
| | 4. 万胜围 — 车陂南 |
| | 5. 东山口 — 区庄 |
| | 6. 广州南 — 石壁 |
| 连续三站 | 7. 东山口 — 杨箕 — 体育西路 |

连续换乘站的客流按来源可分为本线同源客流和邻线同源客流，因此同源系数也分为本线同源系数与邻线同源系数。当同源系数大于 0.6 时，可认为这两个连续换乘的客流有高度的相关性，可同时对这两个连续换乘站实施客流分配，也称为组团车站的客流分配。对比单个换乘站的客流分配，组团车站的客流分配有以下优势。

（1）组团换乘站（表 8-9）的客流分配针对两个换乘站同时实施，对比线控、网控，从针对单个换乘站转换为针对组团区段的客流压力。

（2）组团换乘站辅控车站的选取原则是选择本线或邻线对连续换乘站均带来较大客流冲击的站点实施客流联控，组团内换乘站同步实施客流控制，容易形成合力，达到同时缓解组团内换乘站客运压力的效果。

（3）组团换乘站的线网联控解决了相邻换乘站之间相互独立、不同步实施客流控制效果不佳的问题，提高客流控制成效。

## 二、同源系数的计算

下面以广州地铁为例，对连续换乘站开展本线同源系数分析，详细介绍本线同源系数及邻线同源系数的计算方法。

### 1. 本线同源系数

地铁线路分为上行、下行两个方向，因此连续换乘站分别受到所在线路上行方向及下行方向的前方车站的进站客流影响。如图 8-7 所示，$A_1$、$A_2$ 为连续换乘站，该连续换乘站上行方向受前方 $S_1$ ～ $S_i$ 各站的汇入客流影响，下行方向受前方 $X_1$ ～ $X_i$ 各站汇入客流影响。

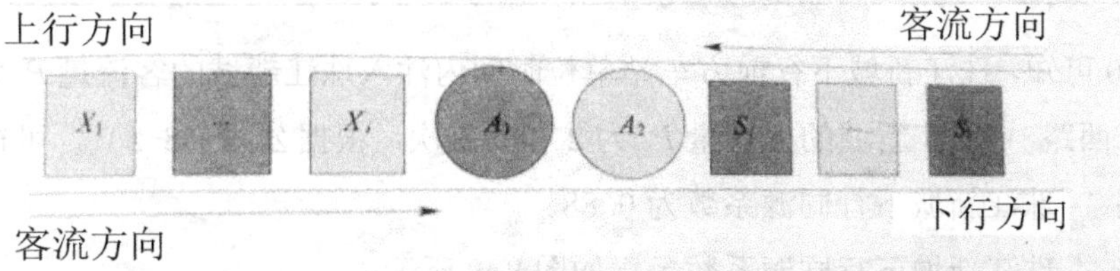


图 8-7 本线连续换乘站客流来源示意图

注：$A_1$ 和 $A_2$ 为两个连续换乘站，$S_1$ ～ $S_i$ 为上行方向对连续换乘站有影响的车站，$X_1$ ～ $X_i$ 为下行方向对连续换乘站有影响的车站。

连续换乘站的本线同源客流由本线连续换乘站的前方车站单位时间内进站通过连续换乘站的客流组成。对本线连续换乘站的上下行客流来源进行分析，查找本线同源客流的关联程度，以本线乘客出行的 OD 为基础，计算得出本线同源客流系数。反映本线同源客流的关联程度的系数可按公式（8-2）计算：

$$a = \frac{\frac{P_2}{P_1}\sum_{i=1}^{X} M_1}{\sum_{i=1}^{X} N_i}$$

式中：$a$—— 本线同源客流系数；

$P_1$—— 本线单位时间注入前方换乘站客流量（人）

（以体育西路 — 珠江新城上行方向的连续换乘站为例，3 号线天河客运站 — 石牌桥五站单位时间内进站客流注入体育西路的客流量总和为 $P_1$）；

$N_1$—— 本线首个车站注入前方换乘站的客流量（人）；

$N_i$ —— 本线第 $i$ 个车站注入前方换乘站的客流量（人）；

$P_2$—— 本线单位时间通过连续换乘站的客流量（人）；

（以体育西路 — 珠江新城上行方向的连续换乘站为例，3 号线天河客运站 — 石牌桥五站单位时间内进站客流同时注入体育西路和珠江新城上行方向的客流量之和为 $P_2$）

$M_1$—— 本线首个车站注入连续换乘站的客流量（人）；

$M_i$—— 本线第 $i$ 个车站注入连续换乘站的客流量（人）；

$X$—— 本线客流注入换乘站的车站数量（个）。

本线同源客流系数 $a$ 是衡量本线换乘站之间关联度的一个关键指标，当本线同源客流系数大于 0.6 时，则表示本线连续换乘站的客流组成具有较高同源性，即连续换乘站关联度较高。

【实例】体育西路 — 珠江新城连续换乘站下行同源系数计算。

根据清分数据，3 号线下行方向番禺广场 — 广州塔各站单位时间内进站通过珠江新城 — 体育西路的客流情况见表 8-10。

**表 8-10 珠江新城—体育西路下行同源系数相关数据**

| 连续换乘站 | 换入站 | 属性 | 人次 | 属性 | 人次 |
|---|---|---|---|---|---|
| 珠江新城—体育西路 | 珠江新城 | 下行越过珠江新城 | 2 381 | 越过珠江新城后越过体育西路 | 2 087 |

由表 8-10 可知，珠江新城下行前方车站单位时间内注入珠江新城的客流量 $P_1$ 为 2 381 人次，连续通过体育西路 — 珠江新城的客流量 $P_2$ 为 2 087 人次，根据公式（8-2），可得：

体育西路 — 珠江新城下行同源系数为 0.88。

体育西路 — 珠江新城下行同源系数示意如图 8-8 所示。

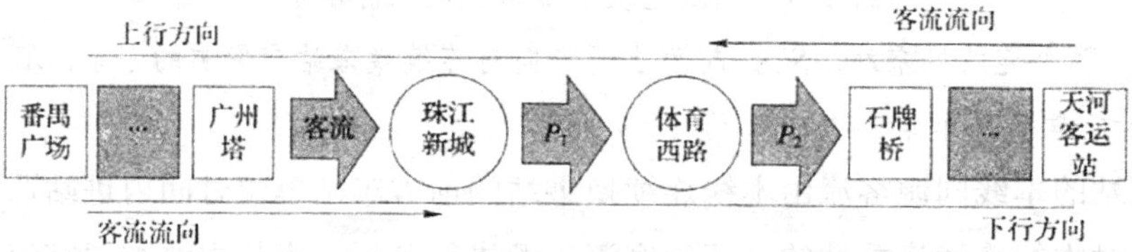


图 8-8 体育西路—珠江新城下行同源系数示意图

简单而言，体育西路—珠江新城连续换乘站的下行同源系数为，该连续换乘站下行前方车站进站后，连续通过珠江新城、体育西路后的客流量与前方车站进站仅通过珠江新城后的客流量的比值。

2. 邻线同源系数

与本线同源系数不同，由于换乘站中存在多条线路，因此连续换乘站所在线路分别受两条及以上线路的换乘客流所影响。

如图 8-9 所示，$A_1$、$A_2$ 为 $L_1$ 线的连续换乘站，$L_2$ 及 $L_3$ 两条相邻线路，其客流汇入并途经这一组团的客流对 $A_1$、$A_2$ 及 $L_1$ 造成影响。$L_2$、$L_3$ 换入 $L_1$ 的客流包含上、下行换入客流，同时影响该连续换乘站所在线路的上下行，因此邻线同源系数不分上下行进行计算。

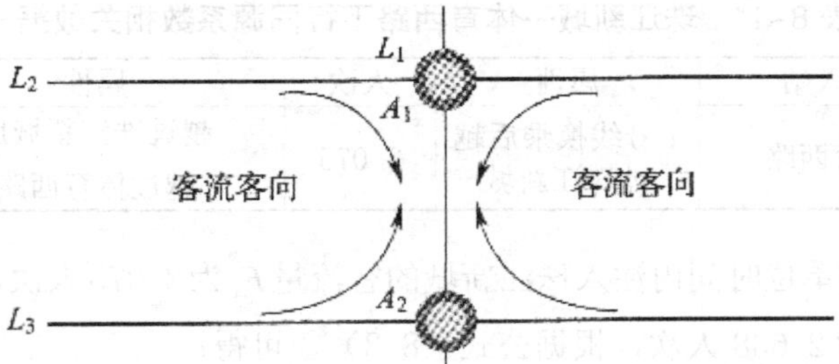


图 8-9 邻线连续换乘站客流来源示意图

注：$A_1$ 和 $A_2$ 为两个相邻换乘站，$L_i$、$L_2$、$L_3$ 分别为 3 条相邻的线路，$A_1$ 为 $L_1$ 与 $L_2$ 的换乘站，$A_2$ 为 $L_i$ 与 $L_3$ 的换乘站。

连续换乘站的邻线同源客流由邻线车站单位时间进站换入连续换乘站的客流组成。对连续换乘站的邻线客流来源进行分析，查找邻线同源客流的关联程度，以邻线乘客出行的 OD 为基础，结合清分双比例算法模型中乘客出行路径的分布系数，计算得出邻线同源客流系数。反映邻线同源客流的关联程度的系数可按公式（8-3）计算：

$$p=\frac{F_2}{F_1}=\frac{\sum_{i=1}^{X}G_i}{\sum_{i=1}^{X}H_i}$$

式中：$P$—— 邻线同源客流系数；

$F_1$—— 邻线单位时间注入前方换乘站客流量（人）；

（以体育西路—珠江新城上行方向的连续换乘站为例，1 号线各站单位时间内换入体育西路上行方向的客流量总和为 $F_1$）

$H_1$—— 邻线首个车站注入前方换乘站的客流量（人）；

$H_i$—— 邻线第 $i$ 个车站注入前方换乘站的客流量（人）；

$F_2$—— 邻线单位时间通过连续换乘客站的客流量（人）；

（以体育西路—珠江新城上行方向的连续换乘站为例，1 号线各站单位时间内换入体育西路、珠江新城上行方向的客流量总和为 $F_2$）

$G_1$—— 邻线首个车站注入连续换乘站的客流量（人）；

$G_i$—— 邻线第 $i$ 个车站注入连续换乘站的客流量（人）；

$X$—— 邻线客流注入换乘站的车站数量（人）。

邻线同源客流系数是衡量邻线换入客流对连续换乘站影响程度一个关键指标，当存在某一邻线换入本线的同源客流系数大于 0.6 时，则表示邻线换入连续换乘站的换乘客流组成具有较高同源性，即连续换乘站关联度较高。

【实例】体育西路 — 珠江新城连续换乘站邻线同源系数计算（1 号线）。

根据清分数据，1 号线各站单位时间内进站通过体育西路 — 珠江新城的客流情况如表 8-11 所示。

表 8-11　珠江新城—体育西路下行同源系数相关数据

| 连续换乘站 | 换入站 | 属性 | 人次 | 属性 | 人次 |
|---|---|---|---|---|---|
| 体育西路—珠江新城 | 体育西路 | 1号线换乘后越过珠江新城 | 3 075 | 越过珠江新城后越过体育西路 | 2 638 |

根据表8-11,1号线单位时间内注入珠江新城的客流量$F_1$为3 075人次,连续通过体育西路—珠江新城的客流量$F_2$为2 638人次，根据公式（8-3），可得：

体育西路 — 珠江新城 1 号线同源系数为 0.86

## 三、组团换乘站的客流有效分配

### 1. 组团线控与组团网控

根据上文，同源系数大于 0.6 的连续换乘站可组合成团，实施组团换乘站客流的有效分配，以达到缓解多站连续换乘区段大客流组织压力的目的，分配方法与上文单个大客流车站的单线级客流有效分配基本一致。为便于下文说明，引入组团线控、组团网控两个概念。

1）组团线控

组团线控是指当组团换乘站中的一个车站（主控站）出现大客流时，组团换乘站的前方车站采取客流控制措施限制进站客流，以减少连续通过组团换乘站的客流量，缓解组团换乘站客流压力的客运组织方法。

2）组团网控

组团网控是指实施组团线控仍无法缓解客流压力时，组团换乘站的相邻线路辅控站采用客流控制措施限制进站客流，以减少连续通过组团换乘站的换乘客流量，缓解组团换乘站客流压力的客运组织方法。

### 2. 组团换乘站单线级的客流有效分配

与线控的计算相似，组团线控也是根据组团车站前方车站1— 车站$i$的OD客流量选取辅控站。不同之处在于，线控中选取的是主控站前方车站进站并在主控站后方出站的OD客流量，组团线控则选取的是组团车站前方各站进站并在组团车站后方各站出站的OD客流量，所选的OD客流量必须连续通过组团换乘站。组团车站单线级客流分配如图 8-10 所示。

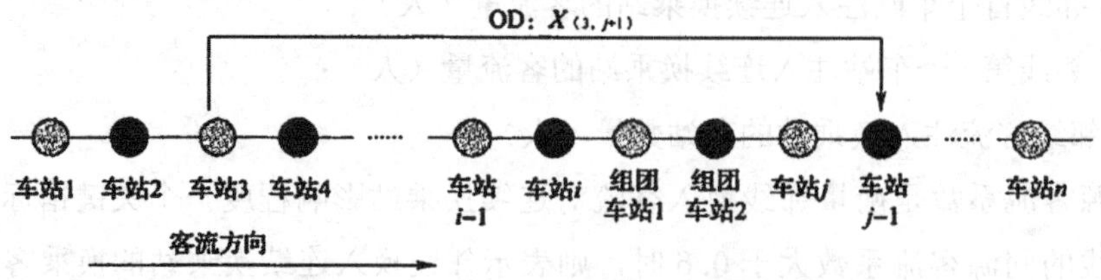


图 8-10　组团车站单线级客流分配图

1）通过 OD 客流量选取辅控站

选取高峰期某方向车站 1— 车站 $i$ 进站，于车站 $j$— 车站 $n$ 出站的 OD 客流量，根据连续通过组团车站的 OD 客流量选取辅控站，见表 8-12。

表 8-12 某线组团换乘站某方向单位时间 OD 客流量

| O \ D | 车站 $j$ | 车站 $j$+1 | 车站 $j$+2 | … | 车站 $n$ | 总计 |
|---|---|---|---|---|---|---|
| 车站 1 | $X_{(1,\ j)}$ | $X_{(1,\ j+1)}$ | $X_{(1,\ j+2)}$ | … | $X_{(1,\ n)}$ | $A_1$ |
| 车站 2 | $X_{(2,\ j)}$ | $X_{(2,\ j+1)}$ | $X_{(2,\ j+2)}$ | … | $X_{(2,\ n)}$ | $A_2$ |
| 车站 3 | $X_{(3,\ j)}$ | $X_{(3,\ j+1)}$ | $X_{(3,\ j+2)}$ | … | $X_{(3,\ n)}$ | $A_3$ |
| 车站 4 | $X_{(4,\ j)}$ | $X_{(4,\ j+1)}$ | $X_{(4,\ j+2)}$ | … | $X_{(4,\ n)}$ | $A_4$ |
| … | … | … | … | … | … | … |
| 车站 $i$-1 | $X_{(i-1,\ j)}$ | $X_{(i-1,\ j+1)}$ | $X_{(i-1,\ j+2)}$ | … | $X_{(i-1,\ n)}$ | $A_{i-1}$ |
| 车站 $i$ | $X_{(i,\ j)}$ | $X_{(i,\ j+1)}$ | $X_{(i,\ j+2)}$ | … | $X_{(i,\ n)}$ | $A_i$ |

若 $A_3 > A_4 > A_{i-1} > A_1 > A_2 > A_i$，选取 OD 客流量前三位（可根据实际情况调整个数）为组团换乘站的辅控站。

（2）计算辅控站需控制的满载率（表 8-13）。

表 8-13 某线路某方向单位时间断面客流量及满载率情况

| 断面起始站点 | 断面结束站点 | 断面客流量 / 人 | 满载率 | 满载率变化 |
|---|---|---|---|---|
| 车站 1 | 车站 2 | $C_1$ | $D_1$ | $D_1$ |
| 车站 2 | 车站 3 | $C_2$ | $D_2$ | $D_2-D_1$ |
| 车站 3 | 车站 4 | $C_3$ | $D_3$ | $D_3-D_2$ |
| 车站 4 | 车站 5 | $C_4$ | $D_4$ | $D_4-D_3$ |
| … | … | … | … | … |
| 车站 $i$-1 | 车站 $i$ | $C_{i-1}$ | $D_{i-1}$ | $D_{i-1}-D_{i-2}$ |
| 车站 $i$ | 组团车站 1 | $C_i$ | $D_i$ | $D_i-D_{i-1}$ |
| 组团车站 1 | 组团车站 2 | $C_{组团}$ | $D_{组团}$ | $D_{组团}-D_i$ |

为了便于计算，直接设定组团车站后列车预留容量 $a$（可根据实际情况确定），假定列车最大满载率为 120%，因此，列车到达组团的最后一个车站时列车满载率 $M$=120%$-a$。

由表 8-13 可知，车站 1 的客流将满载率提高 $D_1$，车站 2 的客流将满载率提高 $D_2-D_1$，车站 $i$ 的客流将满载率提高 $D_i-D_{i-1}$，组团车站 1 的客流将满载率提高 $D_{组团}-D_i$，此数据相加即为非辅控站所需的满载率数值 $M_{非辅控站}$，因此辅控站需控制满载率在 $M_{辅控站}$之内。

$$M_{辅控站}=M-M_{非辅控站}$$

3）计算辅控站单位时间限流值

将辅控站需控制的满载率 $M_{辅控站}$按照各辅控站越过组团车站 OD 客流量的比例进行分配，根据运能情况可得出到某方向允许上车的客流量。车站上下行客流比值不同，按照本站的上下行客流之比得到另一方向可进站的客流量，继而计算出辅控站的限流值。

以辅控车站 3 为例，设车站 3 上行 15 min 可进站人数为 $K_1$，下行 15 min 可进站人数为 $K_2$，15 分钟限流值为 $K$。

车站 3 所分配的满载率 $M_{车站3}=M_{辅控站}\times B_3\ /\ (B_3+B_4+B_{i-1})$

车站 2 上行 15 分钟可上车的人数 $K_1$= 运能 $\times M_{车站}$。

设 $K_1$ ：$K_2$=$Y$（经验值）

则 $K_2=K_1$ / $Y$，因此，辅控车站 3 的单位时间限流值

$$K=K_1+K_2$$

【实例】体育西路—珠江新城组团线控计算。

（1）通过 OD 客流量选取辅控站。

2015 年 4 月某日早高峰下行方向越过广州地铁 3 号线体育西路 — 珠江新城的 15 minOD 客流量见表 8-14。

**表 8-14 体育西路—珠江新城的车站 15 minOD 客流量**

人

| D<br>O | 天河客运站 | 五山 | 华师 | 岗顶 | 石牌桥 | 机场南 | 人和 | 龙归 | 白云大道北 | 永泰 | 同和 | 京溪南方医院 | 梅花园 | 燕塘 | 广州东站 | 林和西 | 合计 |
|---|---|---|---|---|---|---|---|---|---|---|---|---|---|---|---|---|---|
| 广州塔 | 0 | 3 | 18 | 11 | 18 | 4 | 2 | 0 | 2 | 0 | 2 | 1 | 0 | 0 | 3 | 0 | 64 |
| 客村 | 23 | 6 | 54 | 33 | 53 | 9 | 4 | 1 | 5 | 6 | 8 | 3 | 3 | 5 | 16 | 45 | 274 |
| 大唐 | 3 | 1 | 14 | 5 | 17 | 3 | 1 | 2 | 4 | 6 | 3 | 0 | 1 | 2 | 1 | 28 | 91 |
| 沥滘 | 2 | 0 | 6 | 5 | 4 | 3 | 1 | 2 | 1 | 2 | 3 | 2 | 2 | 3 | 2 | 7 | 45 |
| 厦滘 | 11 | 11 | 33 | 25 | 29 | 5 | 4 | 1 | 0 | 4 | 4 | 6 | 2 | 10 | 7 | 38 | 190 |
| 大石 | 20 | 8 | 58 | 26 | 47 | 9 | 2 | 4 | 3 | 9 | 8 | 9 | 6 | 14 | 13 | 58 | 294 |
| 汉溪长隆 | 4 | 3 | 41 | 30 | 51 | 2 | 2 | 3 | 4 | 0 | 1 | 10 | 4 | 7 | 13 | 41 | 216 |
| 市桥 | 17 | 13 | 92 | 69 | 104 | 4 | 7 | 11 | 4 | 8 | 11 | 8 | 8 | 11 | 18 | 99 | 484 |
| 番禺广场 | 13 | 19 | 55 | 43 | 49 | 11 | 4 | 7 | 10 | 8 | 11 | 10 | 3 | 11 | 18 | 70 | 342 |

由表 8-14 可知，3 号线下行对组团车站客流压力影响较大的车站为市桥、番禺广场、大石、汉溪长隆、厦滘，因番禺广场为起点站，故不纳入辅控站。选市桥、大石、汉溪长隆、厦滘为体育西路—珠江新城下行组团线控的辅控站。

2）通过断面客流量计算列车满载率。

**表 8-15 番禺广场—体育西路各区段断面客流量及满载率**

| 断面客流起始点 | 断面客流结束点 | 断面客流量 / 人次 | 满载率 | 满载率变化 |
|---|---|---|---|---|
| 珠江新城 | 体育西路 | 10 294 | 116.92% | 1.48% |
| 广州塔 | 珠江新城 | 10 164 | 115.45% | -3.90% |
| 客村 | 广州塔 | 10 507 | 119.34% | 15.65% |
| 大塘 | 客村 | 9 129 | 103.69% | 1.98% |
| 沥滘 | 大塘 | 8 955 | 101.72% | 7.75% |
| 厦滘 | 沥滘 | 8 273 | 93.97% | 1.03% |
| 大石 | 厦滘 | 8 182 | 92.94% | 23.44% |
| 汉溪长隆 | 大石 | 6 118 | 69.49% | 21.91% |
| 市桥 | 汉溪长隆 | 4 189 | 47.58% | 28.16% |
| 番禺广场 | 市桥 | 1 710 | 19.42% | 19.42% |

假设要给珠江新城、体育西路之后的车站留30%的冗余，列车最大满载率按照120%进行计算，因此列车体育西路开出后的最大满载率$M$=90%。

根据表8-15非辅控站的车站上车人数将满载率提高到42.38%，辅控站需控制满载率$M_{辅控站}$=47.62%

（3）计算辅控站下行15 min可进站人数。

市桥、汉溪长隆、大石、厦滘的进站人数分别为484人、216人、294人、190人，将$M_{辅控站}$分配至各辅控站，根据3号线运能8 804人，可得出辅控站下行15 min可进站人数。

市桥站分配的满载率$M$市桥=47.62%×484/（484+216+294+190）=19.47%

市桥站下行15 min可进站人数=8 804×19.47%=1 714人

以此类推，则：

汉溪长隆站下行15 min可进站人数=8804×8.69%=765人

大石站下行15 min可进站人数=8804×11.82%=1 041人

厦滘站下行15 min可进站人数=8804×7.64%=673人

（4）计算辅控站15 min限流值。

根据辅控站上下行客流的比例计算出辅控站的限流值，计算结果详见表8-16。

**表8-16 组团线控15 min限流值**

人

| 辅控站 | 15 min进站量 | 15 min限流值 |
|---|---|---|
| 市桥 | 2 300 | 1 904 |
| 汉溪长隆 | 950 | 850 |
| 大石 | 1 785 | 1 189 |
| 厦滘 | 1 011 | 808 |

因市桥、汉溪长隆、大石、厦滘在工作日已实施常态化客流控制，其15 min进站量为实施客流控制后的数值。若限流值在实施客流控制后的进站量大幅度降低，车站客运组织难度增大，乘客排队等候进站的时间将大大延长，因此可对这些车站的限流值适当放宽，见表8-17。

**表8-17 调整后组团线控15 min限流值**

人

| 辅控站 | 15 min进站量 | 15 min限流值 |
|---|---|---|
| 市桥 | 1 707 | 2 000 |
| 汉溪长隆 | 725 | 800 |
| 大石 | 1 362 | 1 500 |
| 厦滘 | 771 | 800 |

体育西路—珠江新城作为组团换乘站，实施单站级客流控制，主要根据本站站台、站厅的客流人数进行进站人数的控放。

3. 组团换乘站线网级的客流有效分配

组团车站线网层级的客流分配方法与单个换乘站线网层级的客流分配方法一致，不同之处仅在于通过OD客流量选取客流分配车站时，OD客流量需为连续通过组团换乘站的客流数据。

【实例】体育西路、珠江新城组团网控计算（见表 8-18）。

**表 8-18 2015 年 4 月某日晚高峰 5 号线越过 3 号线珠江新城——体育西路的 15 minOD 客流量分析**

人

| O \ D | 天河客运站 | 五山 | 华师 | 岗顶 | 石牌桥 | 机场南 | 人和 | 龙归 | 白云大道北 | 永泰 | 同和 | 京溪南方医院 | 梅花园 | 燕塘 | 广州东站 | 林和西 | 合计 | 总进站量 |
|---|---|---|---|---|---|---|---|---|---|---|---|---|---|---|---|---|---|---|
| 滘口 | 7 | 3 | 6 | 11 | 1 | 9 | 9 | 7 | 0 | 4 | 10 | 6 | 1 | 0 | 3 | 0 | 77 | 601 |
| 坦尾 | 1 | 0 | 2 | 2 | 0 | 0 | 3 | 0 | 0 | 0 | 1 | 1 | 0 | 0 | 0 | 0 | 10 | 171 |
| 中山八 | 1 | 2 | 2 | 8 | 2 | 1 | 12 | 4 | 0 | 2 | 4 | 3 | 0 | 2 | 0 | 0 | 43 | 667 |
| 西场 | 1 | 0 | 1 | 0 | 1 | 3 | 4 | 2 | 0 | o | 3 | 5 | 0 | 5 | 1 | 1 | 27 | 342 |
| 西村 | 3 | 5 | 10 | 7 | 7 | 2 | 6 | 7 | 0 | 4 | 7 | 4 | 0 | 5 | 1 | 0 | 73 | 849 |
| 广州火车站 | 6 | 3 | 4 | 8 | 8 | 1 | 4 | 2 | 1 | 0 | 2 | 1 | 1 | 3 | 1 | 2 | 47 | 628 |
| 小北 | 4 | 9 | 15 | 15 | 6 | 3 | 13 | 15 | 0 | 2 | 20 | 7 | 7 | 17 | 0 | 1 | 1 34 | 1 303 |
| 淘金 | 7 | 13 | 14 | 7 | 5 | 4 | 12 | 20 | 3 | 6 | 15 | 12 | 9 | 22 | 2 | 1 | 152 | 1 484 |
| 区庄 | 2 | 11 | 8 | 8 | 11 | 0 | 5 | 8 | 1 | 3 | 19 | 10 | 5 | 7 | 1 | 0 | 99 | 1 096 |
| 动物园 | 7 | 2 | 6 | 1 | 5 | 0 | 3 | 5 | 1 | 7 | 6 | 4 | 2 | 3 | 1 | 1 | 54 | 1 004 |
| 杨箕 | 3 | 5 | 7 | 4 | 2 | 0 | 2 | 1 | o | 1 | 1 | 2 | 9 | 2 | 2 | 1 | 42 | 476 |
| 五羊邨 | 16 | 13 | 10 | 12 | 7 | 1 | 12 | 10 | 1 | 13 | 17 | 8 | 11 | 14 | 3 | 2 | 150 | 1 637 |
| 珠江新城 | 6 | 3 | 9 | 4 | 7 | 1 | 9 | 8 | 3 | 1 | 13 | 11 | 4 | 10 | 0 | 1 | 93 | 2 494 |
| 猎德 | 13 | 4 | 4 | 8 | 7 | 0 | 2 | 5 | 3 | 6 | 9 | 7 | 4 | 2 | 1 | 2 | 77 | 780 |
| 潭村 | 18 | 14 | 10 | 8 | 13 | 1 | 7 | 4 | 2 | 13 | 14 | 14 | 2 | 12 | 1 | 2 | 135 | 1 298 |
| 员村 | 10 | 1 | 3 | 10 | 0 | 2 | 2 | 2 | 2 | 2 | 4 | 8 | 1 | 0 | 2 | 0 | 49 | 488 |
| 科韵路 | 8 | 4 | 3 | 2 | 6 | 0 | 4 | 2 | 1 | 8 | 13 | 12 | 7 | 3 | 1 | 1 | 75 | 837 |
| 车陂南 | 2 | 0 | 1 | 0 | 2 | 0 | 2 | 0 | 0 | 1 | 3 | 4 | 1 | 3 | 1 | 0 | 21 | 409 |
| 东圃 | 1 | 1 | 0 | 1 | 1 | 0 | 2 | 3 | 0 | 2 | 2 | 6 | 4 | 1 | 0 | 0 | 24 | 262 |
| 三溪 | 5 | 1 | 2 | 1 | 0 | 1 | 0 | 1 | 0 | 0 | 1 | 3 | 2 | 1 | 0 | 0 | 18 | 186 |
| 鱼珠 | 0 | 0 | 0 | 1 | 0 | 0 | 0 | 0 | 0 | 0 | 0 | 0 | 1 | 2 | 0 | 0 | 4 | 98 |
| 大沙东 | 2 | 1 | 0 | 5 | 1 | 0 | 1 | 2 | 1 | 2 | 3 | 4 | 0 | 1 | 1 | 1 | 25 | 347 |
| 文冲 | 0 | 1 | 2 | 0 | 0 | 1 | 2 | 3 | 0 | 1 | 3 | 1 | 5 | 1 | 0 | 1 | 21 | 289 |

体育西路—珠江新城实施组团网控时，1 号线、5 号线各辅控站启动单站级客流控制，限制进站客流，从而减少 1 号线、5 号线连续通过体育西路—珠江新城的客流量，缓解组团车站的客流压力。下面以 5 号线晚高峰辅控站限流值的计算为例进行说明。

表 8-18 中，5 号线进站越过珠江新城—体育西路的客流量前五位分别为五羊邨、淘金、小北、潭村、区庄。由于区庄为换乘站，故不选取为辅控站，另选取猎德、科韵路作为辅控站。

3 号线晚高峰该时段 15 min 运能为 6 712 人，取运能的 5% 为预留运能，则 5 线辅控站 15 min 共需控制不能通过珠江新城—体育西路的换乘人数 328 人。各辅控站按照比例分配需控制通过组团车站的人数，详见表 8-19。

**表 8-19 5 号线辅控站需控制的通过组团车站人数**

人

| 辅控站 | 需控制的通过组团车站的换乘人数 |
|---|---|
| 小北 | 62 |
| 淘金 | 71 |
| 五羊邨 | 70 |
| 猎德 | 36 |
| 潭村 | 63 |
| 科韵路 | 26 |

根据本站通过组团车站人数占本站总进站人数的比例，可得辅控站 15 min 需控制的总人数。见表 8-20。

**表 8-20 5 号线辅控站需控制的总人数**

人

| 辅控站 | 需控制的通过组团车站的换乘人数 |
|---|---|
| 小北 | 603 |
| 淘金 | 693 |
| 五羊邨 | 764 |
| 猎德 | 365 |
| 潭村 | 606 |
| 科韵路 | 290 |

根据各辅控站进站客流量，各站 15 min 可进站人数（限流值）见表 8-21。

**表 8-21 5 号线辅控站 15 min 限流值**

人

| 辅控站 | 15 min 进站量 | 15 min 限流值 |
|---|---|---|
| 小北 | 1 303 | 700 |
| 淘金 | 1 484 | 791 |
| 五羊邨 | 1 637 | 873 |
| 猎德 | 780 | 415 |
| 潭村 | 1 298 | 692 |
| 科韵路 | 937 | 647 |

为便于车站记忆及操作，将辅控站 15 min 限流值进行调整，见表 8-22。

**表 8-22 调整后五号线辅控站 15 min 限流值人**

人

| 辅控站 | 调整前 15 min 限流值 | 调整后 15 min 限流值 |
| --- | --- | --- |
| 小北 | 700 | 700 |
| 淘金 | 791 | 800 |
| 五羊邨 | 873 | 900 |
| 猎德 | 415 | 400 |
| 潭村 | 692 | 700 |
| 科韵路 | 647 | 650 |

1 号线网控辅控站选取及限流值以此类推。

## 四、组团线、网控实施效果分析

广州地铁 3 号线与 5 号线是客流量大、满载高的线路，客流压力位居线网前位。体育西路、珠江新城作为大客流线路的换乘站，客运组织压力及重要性显而易见。如前所述，3 号线体育西路及珠江新城的客流同源系数大于 0.6，满足组团的条件，因此广州地铁先开展了 3 号线体育西路—珠江新城的组团线、网控预案的实施工作。

体育西路—珠江新城组团线控是指 3 号线体育西路—珠江新城任意一个站点出现大客流时，组团换乘站及 3 号线的各辅控站同时采取客流控制措施限制进站客流量。当实施组团线控后客流压力无法缓解时，1、5 号线的辅控站采取客流控制措施限制进站客流量，缓解晚高峰组团换乘站的客流压力。

下面以 2014 年 9 月 30 日体育西路—珠江新城组团线、网控的实施为例进行说明：

2014 年国庆期间，线网日均客运量为 643 万人次，节前一天（2014 年 9 月 30 日）线网客流量达到 790 万人次，比 2013 年同期增长 14.16%。客流高峰期出现在 17：00—19：00 期间。为疏导车站大客流，体育西路于 9 月 30 日 17：38—18：43 发起上行组团线控，17：57—18：43 期间发起了组上行团网控。组团车站客流控制情况详见表 8-23。

**表 8-23 2014 年 9 月 30 日体育西路—珠江新城客流控制情况**

| 日期<br>车站 | 2014 年 9 月 30 日 | 2013 年 9 月 30 日 |
| --- | --- | --- |
| 体育西路 3 号线 | 17：04—19：13 一客流控制<br>17：13—19：13 二级客流控制<br>17：22—19：04 三级客流控制<br>17：38—18：43 上行组团线控<br>17：57—18：43 下行组团网控 | 16：33—19：13 一级客流控制<br>16：33—19：13 三级客流控制<br>17：15—18：50 上行线控 |
| 珠江新城 3 号线 | 17：20—19：40 二级客流控制<br>17：38—18：43 上行组团线控<br>17：57—18：43 下行组团网控 | 17：30—19：10 二级客流控制<br>17：30—19：10 上行线控<br>17：30—19：10 下行线控 |

由表 8-23 可知，在客流联控时间上，体育西路、珠江新城对比上年同期客流联控时间均有所缩短。实施组团线、网控后，体育西路客流压力缓解明显。

2014 年及 2013 年区段满载率见表 8-24 和表 8-25。

**表 8-24 2014 年 9 月 30 日体育西路—珠江新城区段满载率**

| 时间区段 | 2014 年 9 月 30 日 | | | | |
|---|---|---|---|---|---|
| | 17:30—17:45 | 17:45—18:00 | 18:00—18:15 | 18:15—18:30 | 18:30—18:45 |
| 体育西路—珠江新城 | 67% | 82% | 75% | 97% | 86% |
| 珠江新城—广州塔 | 95% | 79% | 92% | 96% | 99% |
| 珠江新城—体育西路 | 77% | 77% | 81% | 94% | 94% |
| 广州塔—珠江新城 | 64% | 67% | 71% | 81% | 89% |

**表 8-25 2013 年 9 月 30 日体育西路—珠江新城区段满载率**

| 时间区段 | 2013 年 9 月 30 日 | | | | |
|---|---|---|---|---|---|
| | 17:30—17:45 | 17:45—18:00 | 18:00—18:15 | 18:15—18:30 | 18:30—18:45 |
| 体育西路珠—江新城 | 57% | 79% | 106% | 94% | 95% |
| 珠江新城—广州塔 | 83% | 87% | 104% | 103% | 100% |
| 珠江新城—体育西路 | 83% | 85% | 95% | 98% | 103% |
| 广州塔—珠江新城 | 65% | 64% | 96% | 90% | 98% |

由表 8-24 表 8-25 可知，2013 年 9 月 30 日体育西路、珠江新城在实施线控期间，体育西路一珠江新城区段上下行满载率在部分时段超过 100%；2014 年 9 月 30 日体育西路、珠江新城客流高峰时段在实施组团线控、网控后，珠江新城—体育西路区段上下行满载率比 2013 年同期总体有所下降，客流控制时段满载率均未超 100%。

从现场操作来看，原来部分辅控站需分别配合体育西路和珠江新城进行客流控制，组团后，辅控站只需对这一"组团"进行辅控，要求较为明朗，客流控制力量更为集中有力；从体育西路—珠江新城组团线、网控的实施效果来看，组团线、网控很好地控制了本线及邻线辅控站通过组团车站的客流量，降低了体育西路—珠江新城区段列车的满载率，体育西路站允许上车的人数增加，从而缓解了体育西路的客流压力。

**【复习思考题】**

1. 什么是线网联控？

2. 简述单线级的客流分配实施方法？

3. 线网级客流分配的实施方法是什么？

# 项目九　城市轨道交通自动售检票系统

## 知识点

1. 掌握城市轨道交通自动售检票系统的结构。
2. 熟悉并掌握城市轨道交通自动售检票系统的终端设备。
3. 了解城市轨道交通自动售检票系统终端设备的主要功能。
4. 掌握票卡的定义、种类，了解其使用规定。

## 技能目标

1. 能模拟操作自动售票机。
2. 能模拟操作自动检票机。
3. 能处理自动售检票机的简单故障。

## 任务一　城市轨道交通自动售检票系统概述

城市轨道交通自动售检票（Automatic Fare Collection，AFC）系统作为城市轨道交通运营管理的组成部分，是城市轨道交通票务收益的重要系统，是多项高新技术和统计、财务等专业知识的综合运用，利用自动售票机、半自动售票机、自动检票机等终端设备，以实现城市轨道交通的售票、检票、计费、收费、统计、清分结算和运行管理等全过程自动化的票务管理系统。

城市轨道交通自动售检票系统能够独立完成售检票交易处理、票务管理、设备监控以及同外部系统进行相关数据交换等功能，不仅能为地铁乘客提供方便、快捷的售检票服务，同时也是实现地铁综合自动化、提高运营管理水平的必要手段。

### 一、自动售检票系统简介

北京、上海、广州、天津、深圳、南京等大城市的轨道交通车站都广泛使用了城市轨道交通自动售检票系统作为重要的客运管理应用。城市轨道交通自动售检票系统是国际化大城市轨道交通运行中普遍应用的现代化联网收费系统。随着自动售检票系统的启用，乘客可以通过各入口处的自动售票机购买单程票。

城市轨道交通自动售检票系统是集计算机网络技术、自动控制技术、通信技术、现金自动识别技术、微电子计算技术、机电一体化技术、传感技术、机械制造技术、智能卡技术、嵌入式系统技术、大型数据库管理等高新技术于一体的大型系统。该系统可实现以下功能。

（1）售票、检票、计费、收费、统计的全过程自动化，将大大减少票务工作人员的工作量，提高地铁的运行效率和效益，使乘车收费更趋于合理，并且可以减少逃票情况的发生。

（2）减少现金流通，避免人工售检票过程中的各种漏洞和弊端，同时还能方便乘客，减少人工找零的烦琐和差错。

（3）通过对客流量、营业收入等综合业务进行汇总分析，增强了客流分析预测的能力，合理地调配资源，提高了运营单位的经营管理水平。

## 二、城市轨道交通自动售检票系统架构

城市轨道交通自动售检票系统从空间上可以分为彼此相对独立又紧密联系的五个结构层次，由上至下分别是：清分系统层、线路中央计算机系统层、车站计算机系统层、车站终端设备层、票卡层，如图 9-1 所示。

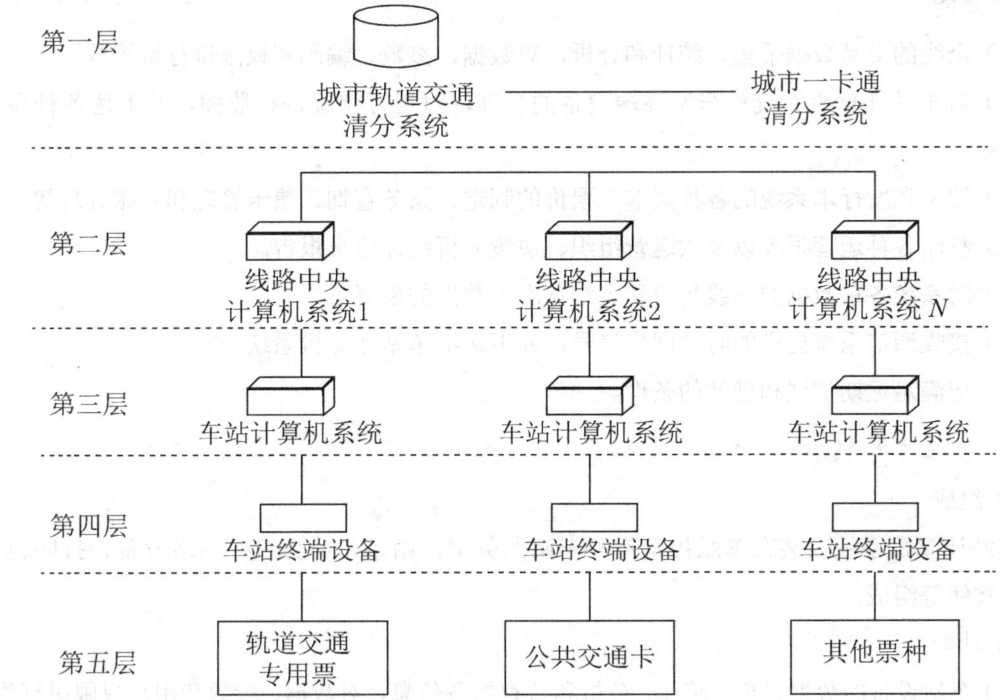


图 9-1　城市轨道交通自动售检票系统结构

### 1. 清分系统（ACC）

1）组成

清分系统安装在票务中心，由服务器、工作站、网络设备、票卡编码 / 分拣机和打印机等设备以及管理子系统、票卡发行子系统、信息管理子系统、系统管理子系统、测试培训子系统、决策支持子系统和异地灾备子系统等组成。

2）功能

（1）统一城市轨道交通系统内部的各种运行参数。

（2）收集全线票卡交易数据，完成账务清分、数据管理、客流分析。

（3）将城市轨道交通系统产生的交易和审计数据进行数据清分、对账和结算。

（4）负责与城市轨道交通以外的系统（如公共交通卡清算中心、银行卡交换中心等）进行互联和数据交换。

（5）进行数据挖掘并辅助各部门分析决策。

（6）规定了对票卡管理、票务管理、安全管理、运营管理和系统监控、维护管理的技术要求。

2. 线路中央计算机系统（LCC）

1）组成

线路中央计算机系统安装在各线路的运营控制中心，由中央服务器、各功能工作站（包括系统维护、设备维护、权限维护、运行监控、财务、统计、计划、票务、决策和审计等）、打印机等组成。

2）功能

（1）全线的交易数据采集、统计和分析，对数据、参数、编码和权限进行维护等。

（2）对车站计算机系统和车站终端设备的管理，对运行状况进行监控，并下达各种参数和控制命令。

（3）编制和发行本系统的各种票卡、票价的制定、票务查询、票卡管理和对账处理等。

（4）打印各种运营报表以及供运营组织、决策分析统计信息报告。

（5）对系统各种数据的在线备份和灾难状态下数据的恢复。

（6）接收通信系统提供的时钟同步信号，并下达给车站计算机系统。

（7）应满足远期扩展和延伸的条件。

3. 车站计算机系统（SC）

1）组成

车站计算机系统安装在车站控制室和车站票务室，由车站计算机、网络设备、打印机、车站紧急按钮等组成。

2）功能

（1）车站设备的数据采集、统计、分析和暂存票务信息，对数据、参数和用户权限进行维护。

（2）对车站终端设备进行实时监控，设置其运行参数和运行模式，以及同步各设备的时钟。

（3）向车站终端设备下传有关中央计算机的参数和控制命令，向中央计算机上传交易信息和各设备的运行和状态信息。

（4）对每日的客流、票务和财务收入进行统计，并打印车站的各种运行报告。

（5）在紧急状态下，使用紧急按钮使全部闸机处于解锁状态，让乘客快速疏散。

（6）当与中央计算机系统通信中断时，车站计算机能脱机工作，其硬盘容量能存储至少 7 天的数据量，并可采用磁盘或光盘与中央计算机交换信息。

4. 车站终端设备

1）组成

车站终端设备安装在各车站的站厅，直接为乘客提供售检票服务，由自动售票机、半自动售票机、进出站检票机、验票机等组成。

2）功能

（1）接收由车站计算机和中央计算机下传的参数和控制命令。

（2）向车站计算机上传设备的运行和状态的各种数据。

（3）具有断电保护功能，即在断电后确保最后一笔交易完成和系统的正常关闭。

5. 票卡

票卡是乘客持有的乘车凭证，目前主要采用符合 ISO/IEC 14443 标准的 RFID 票卡，采用频率为 13.56 MHz 的射频进行通信，包括单程票和储值票（含公共交通卡）两大类，单程票可采用薄卡型封装或筹码型封装，储值票采用标准非接触式 IC 卡的形式封装。

**【拓展提高】**

编码分拣机通常安装在票务系统的制票中心。主要功能如下。

（1）对新购入的票卡按各种类型，进行初始化编码，只有经过编码分拣机初始化的票卡，才能被认作有效票。

（2）根据运营需求，还可以对票卡进行赋值，以满足各种各样的运营需求，这类票卡可直接出售使用。

（3）对从车站回收来的票卡，如果各种类型的票卡混杂在一起（如单程票、储值票、计次票等），设备将自动对混杂在一起的票卡进行分拣分类。可根据票种、票值以及票卡的批号进行分拣。

## 三、自动售检票系统的发展关键点

### 1. 确保安全

自动售检票系统的安全不仅关系乘客的切身利益，也关系各运营单位的经济收益。所以，必须建立一套严格的安全管理体系、规范标准，健全密钥管理体系，强化设备及网络安全等，全面保证系统的安全。

### 2. 加强信息管理和利用

自动售检票系统在给乘客带来方便的同时，也收集了大量的数据信息，如果能强化系统的整理、分析原始数据和信息的能力，把票务系统与线网的信息管理系统相结合，找出票务收益规律，就可以为城市轨道交通服务和管理提供及时、准确的决策分析意见，从而使企业走上可持续发展的道路。因此，提高信息利用率、增强系统的决策分析能力是自动售检票系统的发展趋势。

### 3. 优化维修管理方式

由于自动售检票系统设备数量不断增加，其品种也会越来越多，而软件维护和硬件维护工作量大、技术难度高，需要有高素质的系统维护人员，因此，应优化维修管理方式，如香港地铁的现行维修管理模式非常值得借鉴。当城市具备两条以上轨道线路时，地铁公司宜采用车站一体化管理的维修策略，将大量较为简单的日常设备维护工作交由负责车站维护的人员完成或委外维护，而让具有维修经验的人员集中去做技术含量高的系统维护和车间维修工作，从而充分利用现有的技术资源，提高业务水平。

4. 标准化建设

我国许多城市的信息化建设发展很快，而相应的技术标准和规范制定却比较滞后，造成同一地区、同一行业之间的系统技术标准和水平相差较大，系统的扩展性和兼容性不足。因此，为了使自动售检票系统呈良性发展趋势，还需要制定和完善有关的标准、规范，保证系统的软硬件技术标准一致，实现资源共享，互联互通。

5. 全面实现国产化

城市轨道交通自动售检票系统国产化是运营企业和系统供应商共同关注的问题。虽然目前我国的城市轨道交通自动售检票系统设备的国产化正在逐步推进，国际知名的专业厂家也纷纷与国内厂家联手，在中国制造高品质的车站终端设备，但目前国内还没有非常成熟的城市轨道交通自动售检票系统软件开发商，而国外的专业厂家对软件设计并没有开放，导致用户在项目的维护和升级方面对其依赖性很强，国内厂家暂时也无法给予很有效的帮助。

鉴于这种情况，国内的自动售检票设备厂家和系统供应商应主动寻找合作机会，聘请国际上经验丰富的自动售检票系统设计专家，参与、指导软件设计，弥补系统开发能力不足的缺陷，建立高效、实用、严谨、全面的程序库，逐步实现自动售检票系统软件的国产化。

6. 人性化设计

随着社会的进步和人民生活水平的提高，人们对服务质量的需求越来越高，因此应树立“以人为本”的服务理念，从旅客需求出发，注重细节，加强对特殊乘客个性化服务，从而提供更好的服务。

（1）终端设备的功能、面板设计及购票程序必须简易、统一，便于乘客理解。

（2）设置服务铃和对讲机，乘客可直接与站务人员联系。

（3）增设辅助设备，包含点字、导盲砖及完善的语音系统等设备，以帮助视觉、听觉受损的乘客正确操作及获得信息。

（4）专门设计供孕妇、坐轮椅和提行李的乘客通行的“专用通道”。

（5）增加多元性选择，接受纸钞及硬币付费，并可一次购买多张票卡，提供多样的找零方式，以方便乘客使用。

（6）合理设计钱币投入口的高度，在平台腰部以下留设空间，方便轮椅使用者使用。

（7）售票区间、票价等应使用对比度高的色彩搭配，便于老年乘客及有视力障碍的乘客能够对标识进行清晰的辨识。

（8）终端设备符合乘客右手操作习惯。

## 任务二 自动售检票系统终端设备

城市轨道交通车站自动售检票（AFC）系统的终端设备主要包括自动售票机（TVM）、半自动售票机（BOM）、自动检票机（AG）、自动验票机（TCM）、自动充值机（AVM）等，各设备结构关系如图 9-2 所示。

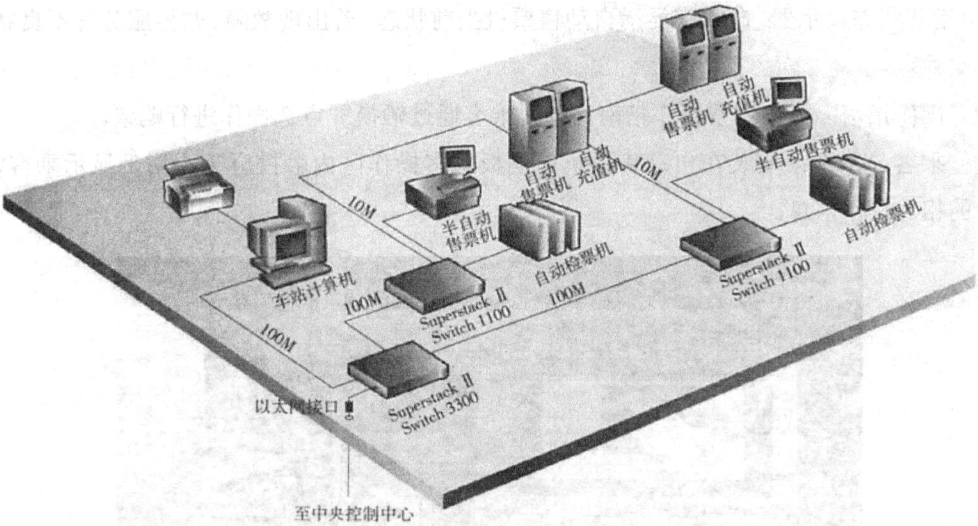


图 9-2 城市轨道交通车站自动售检票各设备结构关系

## 一、自动售票机

自动售票机（TVM）安装在车站的非付费区内，能接受纸币、硬币，发售有效单程票卡。在一些城市，自动售票机也可以用来对储值卡进行充值。自动售票机可识别流通的主要币种，收到假币时自动退回，能通过一次交易发售多张票卡，并识别乘客支付金额与所选购票卡金额，自动出票，实现自动找零，必要时还可以打印购票凭证或充值凭证。自动售票机还可以向车站计算机上传交易及运行状态等数据，接收车站计算机下达的命令及数据。

### 1. 自动售票机的功能

（1）发售系统使用的单程票，并对单程票进行验票，可以同时出售至同一目的地的多张单程票。

（2）具有友好的操作界面，能在乘客购票的过程中给出有关操作说明和提示。

（3）能自动识别乘客投入的现金、储值卡或信用卡等，对无法识别的给予退还。

（4）能自动计算乘客投入的现金额，实现自动找零。

（5）自动完成票卡校验、发售与出票。

（6）接收车站计算机下达的参数及控制命令，执行相应的操作。

（7）具有操作记录和统计功能，并向车站计算机传送所有数据。

（8）具有单机工作能力，完成正常功能和数据存储，在通信恢复后自动上传未传送的数据。

（9）管理本机接收的现金及维护操作。

### 2. 自动售票机的结构

1）外观结构

为实现乘客自助购票的目的，常见的供乘客操作和浏览的自动售票机面板包括：运营状态显示器、操作指南、触摸屏、乘客显示器、储值票读卡器、纸币投入口、硬币投入口、找零口、取票口、打印凭条出口、请求帮助按钮等。自动售票机外观如图 9-3 所示。

(1)运营状态显示器：向乘客显示自动售票机当前状态，若出现故障、暂停服务等不良状态时，及时告知乘客。

(2）操作指南：提供购票操作指南，指引乘客通过触摸屏点选操作进行购票。

(3）乘客显示器：安装在自动售票机前面板乘客操作区内触摸屏下，用于显示乘客购票及充值中的相关操作信息。

图 9-3　自动售票机

(4）硬币投入口和纸币投入口：乘客在触摸屏上点选完毕后，可通过硬币投入口、纸币投入口放入相应的金额购票。

(5）取票口：票卡发售成功后，会自动掉入取票口，乘客可以在此取出票卡。

(6）找零口：需要找零时，找零硬币会自动掉入找零口，乘客可以在此取出找回的硬币。

2）内部结构

自动售票机的内部主要由主控单元（ECU）、纸币处理模块、硬币处理模块、单程票发售模块、票箱、储币箱、硬币钱箱、纸币钱箱、维护单元、电源模块等部件构成，如图 9-4 所示。

图 9-4　自动售票机内部结构

(1）主控单元。主控单元主要负责运行控制软件、票卡处理、现金处理、数据处理、数据通信、自动售票机状态监控、系统时钟等，存储各种数据，负责与车站计算机进行数据通信。

（2）硬币处理模块。硬币处理模块主要包括硬币投币口、硬币鉴币器、硬币钱箱组件和硬币传送机构、找零装置、退币口等。硬币钱箱组件用于硬币存储和周转；硬币传送机构用于硬币馈出和回收；硬币鉴币器用于对投入的硬币进行真伪鉴别。

（3）纸币处理模块。纸币处理模块主要包括纸币箱、入币箱、纸币传输装置、识别模块、暂存器等。用于识别乘客购票的小额纸币，将不符合参数指标的纸币退返给乘客，通过参数设置识别币种，一般带有缓存功能。

（4）硬币钱箱、纸币钱箱：用于储存乘客投入且经过鉴别的硬币、纸币。

（5）票箱：用于存放单程票（通常有 2 个票箱）。

（6）储币箱：用于存放找零硬币。

（7）单程票发售模块。单程票发售模块主要包括票卡传输装置、票箱和废票箱。根据乘客的购票需求从票箱内发售单程票；当需要找零时，硬币模块从储币箱中找出相应零钱。

（8）维护单元：安装在维修门上，供车站工作人员登录、加币、加票、回收清点等日常工作使用。

（9）电源模块。电源模块由配电箱和直流开关电源组成，为自动售票机内部各功能模块稳定供电，以保证其在断电情况下能够短时间工作。

### 3. 自动售票机状态及模式识别

自动售票机的运行模式主要有正常服务模式、停止服务模式、限制服务模式、维修模式和关闭服务模式五种。这些模式可以通过车站计算机下发参数设置，也可以根据自动售票机模块的状态自动调整。在相应的工作模式时，运营状态显示屏和乘客显示器上会有明显的提示信息，工作人员或乘客可以根据乘客信息显示器上显示的字样判断运行模式。

1）正常服务模式

自动售票机在此模式下，能正常发售单程票，实现自动找零，乘客信息显示器显示“正常服务”字样。

2）停止服务模式

当自动售票机发生故障不能正常发售单程票或车站人为设置停止服务后，自动售票机会自动转换为停止服务模式，并将数据信息上传至车站计算机。乘客信息显示器和触摸屏显示“暂停服务”字样。

3）限制服务模式

当自动售票机内部各模块中的任一模块状态不良时，自动售票机会自动进入限制服务模式。在该模式下，自动售票机只具备部分功能，包括只收纸币模式、只收硬币模式、不找零模式三个子模式，会在乘客信息显示器显示模式的类型，工作人员要做好乘客的引导及解释工作。

4）维修模式

自动售票机在此模式下停止售票服务，维修模式可通过内部维护面板或移动维护终端进行设置，乘客信息显示器显示“系统维护中”字样。

5）关闭服务模式

当运营结束或自动售票机经中央计算机、车站计算机系统启动关闭运营模式指令时，自动售票机自动转换为关闭服务模式。自动售票机在此模式下，停止发售单程票，并进入节能状态，但仍保持与车站计算机的通信连接状态。

4. 自动售票机常见故障处理

1）部分售票机故障处理

车站站长或值班站长是现场情况处理的指挥者，应该从以下几方面判断和指挥。

（1）目前的客流情况及发展趋势。

（2）故障是否会导致进站客流积压。

（3）与维修人员协商，是否可以通过站内不同设备组群之间的部件调整缓解进站客流。

（4）在故障短时间无法排除的情况下，安排半自动售票机发售单程票，同时要求客运值班员做好发售预制票的准备。

（5）如果半自动售票机发售单程票仍无法缓解入站客流，下令发售预制票。

2）全部售票机故障处理

（1）值班站长是现场情况处理的指挥者，其行动如下。

①接到全部售票机故障的报告后，立即赶往现场检查。

②到现场确认全部售票机故障后，通知客运值班员、售票员使用半自动售票机发售单程票并做好发售预制票的准备。

③通知行车值班员全部售票机故障。

④如果半自动售票机发售单程票无法满足需要时，通知客运值班员、售票员发售预制票。

⑤向票务管理部门监控员报告发售预制票的原因及预制票的使用情况。

⑥密切注意预制票的站存数量和售卖速度。

⑦当全部售票机故障尚未修复，而站存的票卡仅可继续售卖两小时（根据售卖速度），申请再次配发预制票。

⑧故障修复后，对设备进行开机确认。

⑨通知行车值班员故障修复。

⑩通知客运值班员、售票员停止发售预制票。

（2）客运值班员的配合行动如下。

①接到值班站长全部售票机故障的通知后，给售票员配发一定数量的单程票在半自动售票机上发售。

②做好预制票和零钞的配发准备工作。

③按值班站长的要求给售票员配发预制票和零钞。

④协助售票员发售预制票。

（3）行车值班员的配合行动如下。

①接到值班站长全部售票机故障的通知后，报告轮值监控员和控制中心。

②广播通知乘客到售票问询处购票。

③将故障情况报告给本站站长。

④接到值班站长故障修复的通知后，报告控制中心，并向轮值监控员销障。

⑤广播通知乘客到自动售票机上购票。

**【拓展提高】**

票卡的发售规定如下。

1. 单程票的发售规定

车站正常运营时，乘客可通过自动售票机购买单程票。

2. 储值票的发售规定

车站正常运营时，乘客可在客服中心购买储值票。因成本问题，购买储值票需交纳一定的押金。乘客退还储值票时，若票卡未被人为损坏，可退还押金。

3. 预制单程票的发售规定

预制单程票的发售指令一般由车站站长或值班站长下达，由票务主管部门提前制作配发到站，以应对设备故障或大客流时乘客购票困难的情况。乘客可在客服中心或临时售票亭购买。预制单程票属于预售票，具有较长的使用期限，可在任意车站进站乘车。

一般情况下，预制单程票发售的原因如下。

（1）节假日期间客流较大，超出车站设备发售的最大能力。

（2）由于车站周边组织某类活动导致车站短时间内客流迅速增加。

（3）部分或全部售票机故障，导致车站发售票卡能力下降。

## 二、半自动售票机

半自动售票机（BOM）是自动售检票系统中业务功能较齐全的终端设备，安装在售票亭或车站的客服中心内，由车站售票员操作，为非付费区与付费区的乘客提供票卡发售、充值、退票、卡内信息资料更新、查询、挂失、票卡异常处理、密码设置等票务处理功能。

1. 半自动售票机的功能

（1）发售单程票、对储值票充值。

（2）对票卡进行更新、激活、延期、查询、解锁处理。

（3）对超时或超程的单程票进行补票，出售出站票；对金额不足的储值票进行出站补票。

（4）能对单程票和储值票进行验票分析；检验、分析有疑问的票卡。

（5）处理非即时退款。

（6）设有中英文显示的显示器，对乘客显示票卡、验票的信息。

（7）售票员需要输入识别码、密码等信息，确认后方可进入交互界面；交接班时，需通过交接确认操作，方可重新进入交互界面。

（8）具有钱箱和票箱管理功能。

（9）具有自动检测、自动诊断故障的功能，并发出故障报警。

（10）具有操作记录和统计功能。

（11）具有单机工作能力，完成正常功能和数据存储能力不少于 7 天。

（12）处理车站乘客事务，对行政处理进行记录。

（13）为车站运营部门提供相关信息服务，半自动售票机将自动按照系统设置要求定时将相关资料上传到车站计算机，以便车站管理部门分析、统计，提高地铁运营的整体服务品质和效率。

2. 半自动售票机的结构

半自动售票机由主控单元、操作员显示器、乘客显示器、钱箱、票卡读写器、票据打印机、键盘、鼠标、单程票发售模块、电源模块等组成，其结构如图 9-5 所示。负责非付费区与付费区的乘客票务处理。

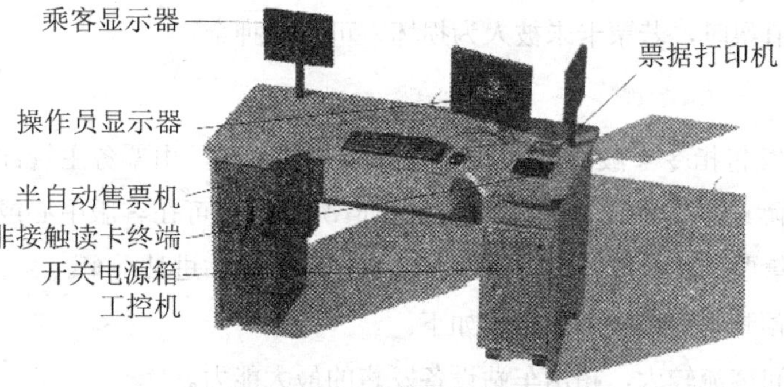


图 9-5 半自动售票机的结构

（1）主控单元。主控单元主要负责运行控制软件、票卡处理、现金处理、数据通信、状态监控等，存储各种数据，负责与车站计算机进行数据通信。

（2）操作员显示器：显示票卡处理、现金处理、状态信息等。

（3）乘客显示器：供乘客查看票卡交易信息。

（4）票据打印机：用于打印票据。

（5）钱箱：用于存放现金收益。

（6）票卡读写器：对乘客的票卡进行检查和编码操作。

（7）单程票发售模块。单程票发售模块主要包括票卡传输装置、供票单元和出票单元等，接收主控单元指令发售单程票。

（8）电源模块。电源模块由配电箱和直流开关电源组成，为自动售票机内部各功能模稳定供电，以保证其在断电情况下能够短时间工作。

3. 半自动售票机状态及模式识别

（1）售票模式：设于非付费区，可以发售除出站票以外的票卡，并进行乘客票务处理和相关的其他服务。

（2）补票模式：设于付费区，对无票乘客发售出站票。

4．半自动售票机常见故障处理

1）部分半自动售票机故障处理

车站站长或值班站长是现场情况处理的指挥者，应该从以下几方面来判断和指挥。

（1）掌握目前需进行乘客事务处理的乘客数量。

（2）引导需要充值的乘客去自动充值机充值。

（3）注意安排自动售票机的及时补币，减少兑零乘客事务处理。

（4）与维修人员联系，了解是否可以进行站内设备调剂。

（5）在紧急情况下，向票务管理部门申请进行站间设备调剂。

2）全部半自动售票机故障处理

（1）值班站长是现场情况处理的指挥者，其行动如下。

①接到全部半自动售票机故障的报告后，通知客运值班员立即赶往现场检查。

②接到现场确认全部半自动售票机故障报告后，通知行车调度员全部半自动售票机故障。

③安排厅巡开放边门处理无法出入检票机的持票乘客。

④接到客运值班员故障修复报告后，通知行车值班员故障修复。

⑤确认故障修复后，通知厅巡关闭边门。

（2）客运值班员的配合行动如下。

①接到值班站长全部半自动售票机故障的通知后，立即赶往现场检查。

②确认全部半自动售票机故障后，报告值班站长。

③引导乘客去自动充值机充值。

④接到售票员故障修复报告后进行确认。

⑤确认故障修复后，报告值班站长。

（3）行车值班员的配合行动如下。

①接到值班站长全部半自动售票机故障的通知后，报告轮值监控员和控制中心。

②广播通知乘客到自动充值机充值，其他业务去其他站办理。

③广播通知乘客由于设备故障，无法正常出站的乘客由边门出站，持储值票的乘客下次乘车时先扣除本次车费。

④将故障情况报告给本站站长。

⑤接到值班站长故障修复的通知后，报告控制中心，并向轮值监控员销障。

⑥广播通知乘客故障修复，可以正常使用。

**【拓展提高】**

自动售票机和半自动售票机全部故障的处理如下。

当自动售票机和票房售票机全部故障时，车站改为售卖纸票，并报告控制中心，以便通知其他车站做好检票的准备工作。若乘客无法正常进站，则引导持卡乘客及持纸票乘客从边门进站；

若乘客无法正常出站时，按以下情况处理后引导乘客从边门出站。

（1）单程票：回收票卡并记入当天暂存票卡。

（2）储值票：告知乘客在下次乘车时先扣除本次车费。

（3）引导无票的乘客按规定补款。

（4）若乘客主动反映票卡超程、超时，引导乘客按规定收取乘客超程、超时费用，单程票回收并记入当天暂存票卡。

（5）对其他按规定发售免费出站票出站的乘客，直接引导其从边门出站。部分设备恢复正常后，车站值班站长根据客流情况决定停止售卖纸票并上报控制中心。

## 三、自动检票机

自动检票机（又称闸机，简称 AG）安装在付费区与非付费区的分界处，用于完成对乘客所持票卡的自动检票操作，且能自动计算车费并扣款。自动检票机通过读取和验证票卡来控制自动检票机的开合，从而达到控制乘客进出的目的。在乘客进入或离开付费区时，自动检票机对乘客的票卡有效性进行检查和判断。持有效票卡的乘客正常通过，对持无效票卡的乘客，自动检票机会发出声光报警。乘客通过自动检票机进入非付费区时，单程票由自动检票机收回，储值票扣除当次乘车费用。一般来说，自动检票机的设计符合右手持票的习惯。

自动检票机按照功能的不同可分为进站检票机、出站检票机、双向检票机和特殊通道检票机四类。进站检票机主要用于在乘客的票卡上记录进站站点；出站检票机主要用于在乘客的票卡上正确扣取票款同时对单程票进行回收；双向检票机同时具备进站检票机和出站检票机的功能，可根据需要将其设置成某一种单向检票机使用；特殊通道检票机是供特殊乘客使用的双向检票机，比一般的检票机通道宽，主要供残疾乘客和携带大件行李物品的乘客使用。

自动检票机按照阻挡装置的不同又可分为扇门式自动检票机和三杆式自动检票机（图 9-6）。

（a）　　（b）

图 9-6　常见的自动检票机

（a）三杆式；（b）扇门式

### 1．自动检票机的功能

自动检票机主要功能是监控乘客的通行行为和正确扣取乘客的车费。

（1）对乘客票卡进行验票，对持有效票卡的乘客开闸放行，持无效票卡的乘客则禁止通行。

（2）出站检票机能回收单程票，对储值票扣除相应的票款。

（3）具有进出站客流记录、扣款记录和黑名单使用记录等功能，并向车站计算机传送所有数据。

（4）对员工票、优惠票的使用有灯光告警功能，对黑名单具有声光告警功能，以便站务人员进行监督。

（5）进出站检票机有通行方向指示和信息显示，显示包括票款（储值票出站时显示余额）、设备故障和停止使用等信息。

（6）具有自动检测、自动诊断故障的功能，并发出故障报警。

（7）在紧急状态下，所有自动检票机处于出站状态，并提示乘客所有自动检票机均可出站。恢复正常运行时，所有自动检票机恢复正常状态。

（8）双向检票机具有进出站功能，并可通过车站计算机设置为双向进站和出站状态。

（9）票箱渐满时，向车站计算机发送状态信息。票箱已满时，自动停机使用。

（10）具有单机工作能力，完成正常功能和数据存储能力不少于 7 天。

## 2. 自动检票机结构

1）外部结构

自动检票机主要由票卡读写器、通行控制传感器、方向指示器、乘客显示器和优惠票指示灯等部分组成，如图 9-7 所示。

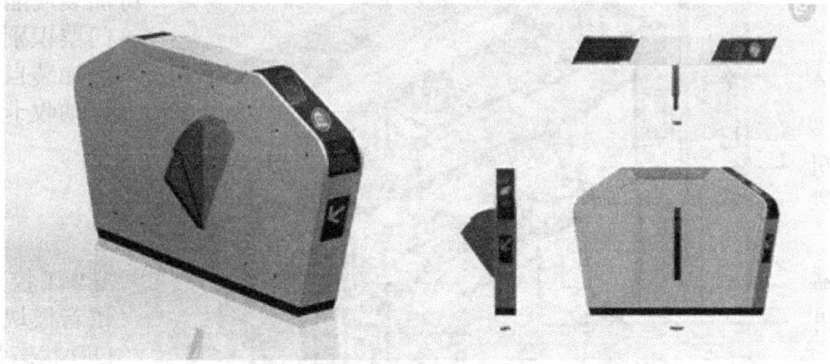

图 9-7 自动检票机的外部结构

（1）票卡读写器：用于读取票卡内的信息，对其有效性进行检验。进站票卡读写器可读取单程票和储值票的信息；出站票卡读写器只可读取储值票的信息；单程票票卡读写器只可读取单程票的信息。

（2）通行控制传感器：安装于自动检票机通道的两侧，对乘客的通行过程进行监控，还能检测通过的乘客身高是否在 1.2 m 以下。

（3）方向指示器：安装在自动检票机两端的前面板上，用以指示乘客在闸机的通行通道方向，由表示“通道可用”的绿色指示灯和“通道不可用”的红色指示灯组成（图 9-8），使乘客可以在远处依据该指示器选择通道。

（4）乘客显示器：安装在自动检票机上盖的端部，向上倾斜 15° 以方便乘客观察显示内容。

自动检票机在正常服务模式下，显示欢迎界面；乘客刷卡时显示票卡是否合法、有效，对有效票卡显示允许进出站的指示；出闸时显示可用余额和扣款金额；对无效票卡做出相应的提示信息。

图 9-8　方向指示灯

(5) 优惠票指示灯：安装在自动检票机的顶部，能用警示声、灯光体现票卡的不同类别和合法性。

2) 内部结构

自动检票机的内部主要由机芯、主控单元、维护单元、储票箱、单程票回收模块、电源模块等部件构成，如图 9-9 所示。

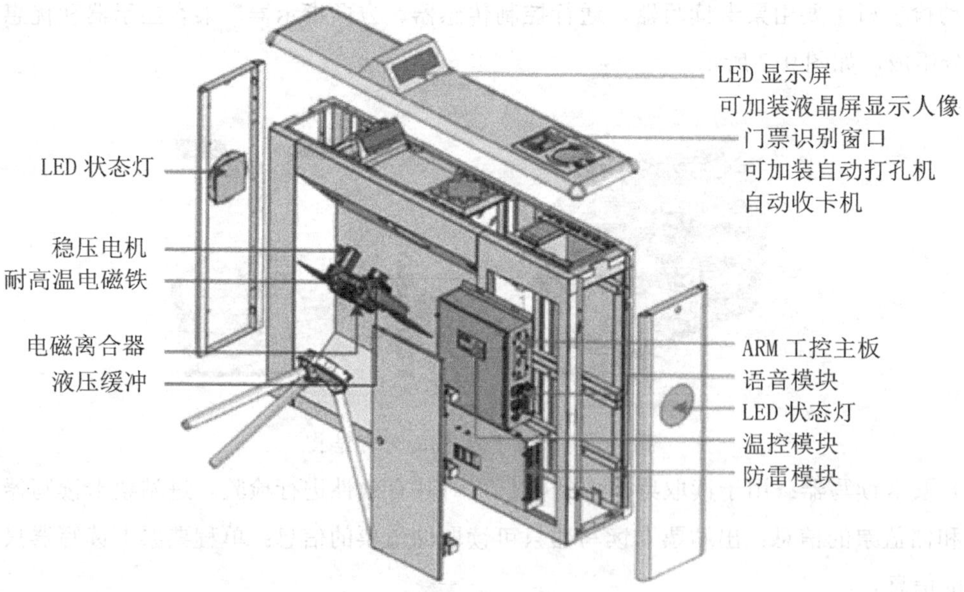


图 9-9　自动检票机内部主要部件

(1) 机芯：安装在自动检票机中间位置，其核心部件接收通行控制传感器的信号传输给工控机，从而打开或关闭闸门，保证持有效票的乘客能安全通过通道。

(2) 主控单元：主要负责控制其他部件的运行，并记录自动检票机的所有交易、状态、操作和台账，且实时上传数据。

(3) 维护单元：安装在自动检票机的内部，位于储票箱的上部，维护人员通过维护单元来检查整机和各个部件的状态以及传感器的状态。

（4）储票箱：安装在自动检票机的内部，位于自动检票机底部，用于存储单程票，内部带有电子 ID 和计数器，以便让系统内所有设备可以直接获取储票箱编号和存储的票数。

（5）单程票回收模块：乘客投入的有效单程票被送入储票箱，而乘客投入的无效票及其他物品（如硬币）被退回到退票口。

（6）电源模块：电源模块由变压器和直流开关电源组成，为自动检票机内部各功能模块提供稳定电源。

### 3. 自动检票机的状态及模式的识别

自动检票机的模式一般有正常服务模式和停止服务模式两种。自动检票机根据系统设置的运营开始和结束时间自动进入正常服务模式和停止服务模式。

1）正常服务模式

自动检票机进入正常服务模式后，方向指示灯显示绿色的“↙”图标，根据事先设置的进站自动检票机、出站自动检票机和双向自动检票机运行模式正常运行，处理票卡，并开合闸门。

2）停止服务模式

当运营结束后或因自动检票机故障等异常情况须关闭时，自动检票机处于关闭状态，方向指示灯显示红色的“×”图标，乘客显示器显示“暂停服务”字样。

### 4. 自动检票机常见故障处理

1）部分进站检票机故障处理

车站站长或值班站长是现场情况处理的指挥者，应该从以下几方面来判断和指挥。

（1）目前进站客流情况及发展趋势。

（2）故障是否会导致进站客流积压。

（3）通过客流组织的方式引导客流从正常运行的进站检票机进站。

（4）与维修人员联系，了解故障排除的大概时间。

（5）在故障短时间无法排除，且进站客流不断积压的情况下，可以安排开设人工检票通道，同时要求行车值班员向控制中心报告，以便其他车站做好准备。

2）部分出站检票机故障处理

车站站长或值班站长是现场情况处理的指挥者，应该从以下几个方面来判断和指挥。

（1）目前出站客流情况及发展趋势。

（2）故障是否会导致出站客流积压。

（3）通过客流组织的方式引导客流从正常运行的出站检票机出站。

（4）与维修人员联系，了解故障排除的大概时间。

（5）在故障短时间无法排除，且出站客流不断积压的情况下，可以安排开设人工检票通道，采用人工回收单程票。

3）全部进站检票机故障处理

（1）值班站长是现场情况处理的指挥者，其行动如下。

①接到全部进站检票机故障的报告后，立即赶往现场检查。

②现场确认故障后，通知客运值班员打开边门，引导乘客从边门进站。

③告知厅巡和保安在故障检票机前放置“暂停服务”的告示牌、设置隔离栏杆。

④告知行车值班员全部进站检票机故障。

⑤收到故障修复报告后，对设备进行确认。

⑥确认故障修复后，通知厅巡撤销隔离栏杆和“暂停服务”告示牌。

⑦告知行车值班员故障修复。

⑧通知客运值班员关闭边门。

（2）客运值班员的配合行动如下。

①接到值班站长的通知后，按值班站长的安排打开边门，组织持票乘客进站乘车，采用人工检票。

②接到关闭边门的通知后，按值班站长的安排关闭边门，组织持票乘客从进站检票机进站乘车。

（3）行车值班员的配合行动如下。

①接到值班站长全部进站检票机故障的通知后，报告轮值监控员和控制中心。

②广播通知乘客从边门进站。

③将故障情况报告给本站站长。

④接到值班站长故障修复的通知后，报告控制中心，并向轮值监控员销障。

⑤广播通知乘客从进站检票机进站乘车。

4）全部出站检票机故障处理

（1）值班站长是现场情况处理的指挥者，其行动如下。

①接到全部出站检票机故障的报告后，立即赶往现场检查。

②到现场确认故障后，通知客运值班员打开边门，引导乘客从边门出站。

③安排保安在故障检票机前放置“暂停服务”的告示牌、设置隔离栏杆。

④通知行车值班员全部出站检票机故障。

⑤通知客运值班员准备好闸门钥匙，监护维修过程。

⑥收到故障修复报告后，对设备进行确认。

⑦确认故障修复后，通知保安撤销隔离栏杆和“暂停服务”告示牌。

⑧通知行车值班员故障修复。

⑨通知客运值班员关闭边门。

（2）客运值班员的配合行动如下。

①接到值班站长的通知后，按值班站长的安排携带闸门钥匙，监护维修过程。

②故障修复后，通知值班站长。

③待确认故障修复后，关闭边门，引导乘客正常出站。

④清点人工回收的单程票，封存后上交。

（3）行车值班员的配合行动如下。

①接到值班站长全部出站检票机故障的通知后，报告轮值监控员和控制中心。

②广播通知乘客从边门出站，单程票人工回收，储值票待下次乘车前先扣除本次票款。

③将故障情况报告给本站站长。

④接到值班站长故障修复的通知后，报告控制中心，并向轮值监控员销障。

⑤广播通知乘客从出站检票机出站。

## 四、自动验票机

自动验票机安装在车站非付费区，是自动售检票系统中的自助查询设备，为乘客提供票卡自动查验和信息通知等服务。可查询票卡的有效性、票卡类型、余额或剩余次数、使用有效期以及历史交易信息。

### 1. 自动验票机的功能

（1）对储值票和单程票进行查验。

（2）显示储值票的余额和最近10次乘车交易记录，显示单程票的票额。

（3）具有中英文显示功能，能显示票卡类别和有效期。

（4）具有自诊断功能，并输出报警信号。

### 2. 自动验票机的结构

自动验票机由主控单元、乘客显示器、票卡读写器、电源模块等组成，其结构如图9-10所示。

（1）主控单元：主要负责控制其他部件的运行，完成信息查询及运营管理等。

（2）乘客显示器：显示设备的工作状态及票卡信息。

（3）票卡读写器：用于读取票卡内的信息，对其进行检验、操作。

（4）电源模块：为自动验票机内部各功能模块提供稳定的直流电源。

图9-10 自动验票机

## 任务三 票卡

票卡是联系城市轨道交通企业与乘客的纽带，也是乘客进出检票机的合法凭证，在城市轨道交通系统内使用时，可以实现不出站换乘不同线路。目前我国各大城市的自动售检票系统中的票卡一般都采用非接触式 IC 卡，它存储容量大，安全性高，具有防伪造、防篡改的能力，并可脱机使用，应用较为灵活。

### 一、票卡种类及发售规定

为了最大限度吸引乘客并获得最大收益，城市轨道交通运营单位往往会推出不同的票种来满足广大乘客的需求。票卡根据使用次数的限制及特点，大致可分为单程票、储值票及特种票。

#### 1. 单程票

单程票是在有效期限内只能进出站一次的票卡，按形式主要分为圆形筹码式和方形卡片式（图 9-11）两种；按应用角度又分为普通单程票和预制单程票。普通单程票是指在车站自动售检票终端设备上发售的当日有效且只能在本站使用的单程票，多数在自动售票机上发售；预制单程票由票务中心提前制作并配发给车站使用，通过人工售卖的方式弥补大客流情况下设备售票能力不足的问题，具有预先赋值、有较使用期限长、在有效期内不限使用车站的特点。

单程票从使用范围来看，一般只限城市轨道交通内部循环使用。采购单程票以后，首先在制票中心进行初始化工作，在票内写入密钥，并在数据应用区写入票卡类型、有效期等信息，再配发到车站通过自动售票机或半自动售票机进行发售，乘客乘坐地铁出站时由出站检票机自动回收，回收后的票卡可以在车站内循环使用，出现异常的票卡需要交回制票中心重新进行初始化工作。

#### 2. 储值票

储值票（图 9-12）是通过反复充值的方式使票卡内备有一定的金额，在有足够金额的条件下，可多次使用的票卡。每次使用时会根据费率扣除乘车费用，出站时不回收。

图 9-11 单程票

图 9-12 储值票

储值票一般分为记名储值票和不记名储值票。记名储值票包括个人记名储值票、学生票、员工票、家属票、老人免费票、残疾人免费票、伤残军人免费票等，其票内存有持卡人的个人信息，如姓名、性别、身份证号等，票面可根据需要印刷持卡人的姓名、性别、照片等。记名储值票可以挂失，办理挂失后的储值卡通常称为黑名单卡（属于非法卡），车站发现黑名单卡需要核对持卡人身份，身份相符时依据相关规定可以解除黑名单卡锁定，身份不符时可以扣押黑名单卡。另外，记名储值票可以享受信用消费和信用增值以及其他服务，印有个人信息的记名储值票只限本人使用，不许转让或退还。不记名储值票的票面上没有持票人的个人信息。使用后如无损坏可以将票卡退还给发卡单位重新发行使用。储值票的卡内金额一般都有一定的上限，不同的城市规定有所不同。

储值票一般由专门的发卡单位制作，一般由发卡单位负责或由发卡单位委托各运营单位办理，在车站正常运营的情况下，乘客需要到车站客服中心办理。发售时需要根据储值票的成本收取一定的押金，乘客乘车时按规定计费，并且在有效期内限单人使用，进站检票、出站扣费，超时时车站会根据规定扣除滞留超时费用。

储值票可通过系统参数设置满足对符合有关条件的学生、老人、残疾人等给予相应票价优惠或免费的政策要求。

3. 特种票

特种票（图 9-13）是运营方针对某些群体的特殊需求，以吸引或方便他们而发行的一种票种，在限定的条件下具有一定的优惠，如日票、周票、月票、旅游票、出站票、测试票等。

票卡按进出站状态分为“已入站”和“未入站”两种状态。“已入站”是指乘客进站刷卡后所处的状态；“未入站”是指票卡经初始化后未使用或乘客持票尚未进站刷卡所处的状态。

图 9-13 特种票

票卡按发售和回收情况分为“已售”“未售”和“回收”三种状态。“已售”是指票卡经过售检票设备售出时所处的状态，预制单程票经过初始化赋值后也处于“已售”状态；“未售”是指票卡经初始化后已发至车站但未经车站发售时所处的状态；“回收”是指单程票由出站检票机回收后所处的状态或经过自动售票机或半自动售票机进行退卡操作后所处的状态，储值票进行退卡操作后也是处于“回收”状态。“回收”状态的单程票可在车站内循环发售。

此外，票卡还具有有效期和合法性等属性。在有效期内可以正常使用，过了有效期则无法正常使用，被称为过期票，通常需要回收进行重新初始化或更改有效期才可再次使用。

## 二、票卡的使用规定

城市轨道交通企业根据当地的经济状况和习俗制定相应的票务政策，在具体内容上不尽相同，纵观各大城市轨道交通企业对票卡的使用规定，均包括以下几方面。

（1）乘客须凭有效票卡进入付费区，票卡实行一人一票制，即乘客须使用同一张票卡进出检票机，一张票卡不可多人同时使用。

（2）一名成年乘客可免费携带一名身高不足 1.2 m 的儿童入站乘车，超过一名的，按超过人数购票。

（3）单程票在发售当天、当站使用有效，出闸时乘客须将票卡插入出站检票机，出站检票机回收。

（4）使用优惠储值票的人群（学生、老年人等）乘坐地铁时，只限本人使用，并须携带本人有效证件，以备核查。

（5）为避免乘客在列车上或车站付费区内长时间逗留，运营单位规定了乘客的乘车时限，对超过乘车时限的乘客，运营单位会按规定收取超时费用。

（6）乘客所使用的票卡（主要是单程票），不足以支付所到达车站的实际车费时，须补交超程车费。

（7）对无票或持无效票卡乘车的乘客，需按最高单程票价补交票款。

（8）为保证乘客安全，运营单位对每位乘客携带的行李做出相应规定，超过免费重量或体积，需补交相应票款。

**【复习思考题】**

1．简述自动售检票系统的结构。

2．自动售检票系统的终端设备有哪些？

3．简述自动售票机的结构。

4．简述自动检票机的种类及结构。

5．简述票卡的种类及使用规定。

# 参考文献


[1] 吴金洪 . 城市轨道交通运营管理 [M]. 北京：国防工业出版社，2012.

[2] 耿幸福，宁斌 . 城市轨道交通运营安全 [M]. 北京：人民交通出版社，2012.

[3] 闫国强，仇海兵 . 城市轨道交通概论 [M]. 北京：人民交通出版社，2012.

[4] 刘莉娜 . 城市轨道交通客运组织 [M]. 北京：人民交通出版社，2012.

[5] 裴瑞江 . 城市轨道交通客运组织 [M]. 北京：机械工业出版社，2012.

[6] 郭平 . 城市轨道交通客流特征及预测相关问题 [J]. 城市轨道交通研究，2010.

[7] 广州市轨道交通网络客流特征及成长规律 [J]. 交通运输系统工程与信息，2012.

[8] 上海申通地铁集团有限公司轨道交通培训中心. 城市轨道交通车站机电设备 [M]. 北京：中国铁道出版社，2013.

[9] 上海申通地铁集团有限公司轨道交通培训中心. 城市轨道交通客运服务 [M]. 北京：中国铁道出版社，2013.